智读汇

连接更多书与书，书与人，人与人。

翟杰论说鬼谷子

翟杰 著

中国教育艺术泰斗、国学大师 **李燕杰** 教授倾力推荐

当代世界出版社
THE CONTEMPORARY WORLD PRESS

图书在版编目（CIP）数据

翟杰论说鬼谷子 / 翟杰著 . -- 北京 ：当代世界出
版社，2017.2
ISBN 978-7-5090-1183-6

Ⅰ．①翟… Ⅱ．①翟… Ⅲ．①纵横家②《鬼谷子》—
研究 Ⅳ．① B228.05

中国版本图书馆 CIP 数据核字（2016）第 326112 号

翟杰论说鬼谷子

作　　者：翟杰
出版发行：当代世界出版社
地　　址：北京市复兴路 4 号（100860）
网　　址：http://www.worldpress.org.cn
编务电话：（010）83908456
发行电话：（010）83908409
　　　　　（010）83908377
　　　　　（010）83908423（邮购）
　　　　　（010）83908410（传真）
经　　销：全国新华书店
印　　刷：北京凯达印务有限公司
开　　本：710 毫米 ×1000 毫米　1/16
印　　张：19
字　　数：320 千字
版　　次：2017 年 8 月第 1 版
印　　次：2017 年 8 月第 1 次
书　　号：ISBN 978-7-5090-1183-6
定　　价：45.00 元

推荐序

　　翟杰，是我门下的大弟子。他在我众多的学生中，堪称佼佼者。他能写，写书近 20 本；能讲，演讲几千场；能干，积极办班、办会；能主持，主持过很多大型会议和国家重要活动。他受到热烈欢迎与好评。 最近，翟杰主讲课程《鬼谷子》又被拍成电视连续剧。我为有这样的弟子感到高兴。人们讲："他是众多山峰中一座独秀峰。"我经常说："当老师的，应当为培养出超过自己的学生，而感到自豪与骄傲。"

　　我生长在国学之家，家父于 1925 年在清华大学，以梁启超、王国维、陈寅恪、赵元任为师；1928 年在北京大学，以"三沈二马两周"（沈尹默、沈兼士、沈士元、马衡、马裕藻、周树人、周作人）为师。我自幼学习"三玄、四书、两经"，即《易经》《道德经》《南华经》《大学》《中庸》《论语》《孟子》乃至《黄帝内经》《山海经》。后来在大学讲中国文学史，在海内外讲中国文化史，又在中国书店讲中国图书史，在上述"三史"教学中，又接触到企业家、政治家，顺便又研究中国的谋略家，包括姜太公、鬼谷子、孙武子、陶朱公、黄石公、诸葛亮、魏征、刘伯温、曾国藩、胡雪岩等。

　　中国是一个智慧大国，鬼谷子是一位值得研究的谋略家，他的智慧、实践对后人多有启示。特别是我在清华、北大的企业家国学班讲课以来，听众对他十分感兴趣。我把前人智慧的火炬拿在手里，让它熊熊燃起，一代又一代地传下去。

　　近年来，翟杰不仅在高校、企业、机关讲学，甚至远渡重洋代表中国学者到美国哈佛大学、加州大学，英国剑桥大学、牛津大学等国外高等学府，传播中华智慧。他讲鬼谷子、讲陶朱公、讲墨子，而且又完成了《翟杰论说鬼谷子》这本书，我更为此而感到欣慰。

　　鬼谷子，是一位活跃在我国春秋战国时代的谋略家。他曾经在官场上有一段政治斗争经验，后来又隐居山林，潜心治学，传道授徒，在著书教学期间形成《鬼谷子》一书，被称为"智慧奇书"。这部书在中国传统文化中，独具特色，被人们称之为乱世之哲学，求胜之谋略。

鬼谷子是伟大的，他不仅培养出苏秦、张仪等世界一流的外交家，还培养出了孙膑、庞涓等世界一流的军事家，这些人都是在战国时期举足轻重的人物。

翟杰在讲课中，较全面地介绍了鬼谷子的生平，同时讲了鬼谷子的谋略与智慧，特别是能紧密联系当今国际政治、经济形势，对当今从政经商者、提升口才者、外交谈判者、销售管理者都会有很大的帮助。

翟杰讲课不是坐而论道，而是理论联系实际，既可增长学识，又很实用。他在讲课中，所传导的谋略与方法，是切实可行，又行之有效的。

《翟杰论说鬼谷子》这本书即将出版了，我愿为之写序，向广大读者推介。我相信翟杰这套新著，将是一套启迪人类智慧的好书，读者一定会从中受益。是以为序。

李燕杰

北京神州智慧传习馆

前言

屈指一算，我在国内外大专院校、国家机关、企事业单位，通过各种形式宣传推广鬼谷子文化与智慧已有十年时间了。俗话说：十年磨一剑。在这十年中，我一边演讲一边深入学习和研究鬼谷子的伟大思想。在其中，我多次得到我的恩师、如今已86岁高龄的中国教育艺术泰斗、国学大师——李燕杰教授的悉心指点和教导，让我受益良多。除此之外，广大听众和学员在我每次演讲和授课过程中，都给予了很多建议和帮助，让我真正感悟到"教学相长"的重要。

《翟杰论说鬼谷子》一书，在原有基础上，根据鬼谷子智慧的特点及我本人十年坚持不懈地研究鬼谷子智慧的最新成果、学习收获编写而成，并在体例上有进一步大胆创新：

论说内容有了较大更新。本着"温故而知新"的国学思想，本书新增很多新鲜案例，更加实战化，以适应当代社会广大从政经商者的需求。

图书体例做了重大调整。在体例结构上，以鬼谷子核心智慧"纵横捭阖"为主线，论述方法采用了"纵论""横论""纵横论"的体例结构，全方位、多角度展现鬼谷子的超人智慧。

案例筛选更加精益求精。在案例筛选时，以毛泽东倡导的"古为今用，洋为中用"为指导思想，按照"古今中外"的思路，选取经典案例，既有古代的，又有现代的，既有中国的，又有外国的。

每篇设置智力测验习题。以"学以致用""教学相长"的国学理念，在每个篇章都设定了智力测验习题，与以往的简单出一些练习题的形式完全不同：它是根据故事的情节发展，案情的逐步变化，抓住某一个重要环节，戛然而止，突然出题的方法，在案情的氛围中，为读者提供最大的智力空间，展示和测试读者的智商、情商、财商等全方位的智慧商数。并在每道习题后，附有该题的原始答案。

我从一名新华书店服务员、图书馆馆员、国家公务员、编辑、记者、节目主持人，一直到今天，能在 10 年之中有近 20 部之多专著问世，是我始料不及的。然而更让我不可想象的是，一名普普通通的培训师，竟把自己的课程内容写成电影剧本，筹拍电影，拍成电视剧，并衍生出一系列文化产业，时至今日我还时时感到这一切犹如梦境一般。

这，就是我的中国梦！而事实上，这也是我已经实现和正在实现的中国梦！

我的这个中国梦，就是即将问世的 52 集大型历史谋略情节电视连续剧《谋圣鬼谷子》和正在筹备之中的电影《鬼谷子》，以及现代网络剧《鬼谷班的故事》等影视作品，此外还有中华鬼谷子文化产业园。

翟杰期待着您！

翟杰

北京

目 录

目　录

contents

目 录

contents

目 录

鬼谷子小传

春秋战国时代，是中国历史上百家争鸣、群雄争霸的变革时代。五百多年的战乱，造就了中国历史上的一代英雄。

这个时代圣人辈出、英雄辈出。鬼谷子，就是最伟大的人物之一。

鬼谷子在他的一生中，培养出了五百多位纵横捭阖、叱咤风云、出将入相的时代精英，最终推翻了历时几千年的奴隶社会，帮助秦国建立了进步的封建帝国，使中国结束了几百年的诸侯割据，达成了统一。鬼谷子就是这场伟大历史变革的幕后总策划师。

鬼谷子，姓王名蝉，字栩，大约出生在公元前 390 年。因晚年隐居鬼谷岭，被尊称为鬼谷子。

关于鬼谷子的生卒年代，千百年来一直是个谜，史学界尚无统一定论。鬼谷子晚年隐居山林，与世隔绝，又精通养生之道，所以据民间传说：鬼谷子活了一千多岁，仅次于姜太公一千二百岁，但这纯属民间演绎，不足为真实史证。

鬼谷子传授的五百名弟子，个个文韬武略。

一天深夜，灰衣营闯入鬼谷岭，目的是抢夺《无字天书》，将鬼谷子斩草除根。

面对危急情况，鬼谷子指挥众弟子，将灰衣营悉数消灭。并用他们的人头祭奠父母和义父行人强。

究竟《无字天书》中记载的是什么秘籍，让灰衣营冒死抢夺呢？从这天晚上开始，鬼谷子几乎每天都在夜静更深、万籁俱寂之时，端坐鬼谷洞口的棋盘前，悉心阅读只有在夜间才闪闪发光的《无字天书》。

鬼谷子一边悉心阅读《无字天书》，一边展开他的神驰遐想：偌大的棋盘，在他的眼前渐渐衍化为战国地图。

鬼谷子手执一枚黑色棋子，落在魏国地图的位置，黑棋子慢慢变成庞涓。

鬼谷子又手执一枚白色棋子，一番举棋不定后，才勉强落下这枚白棋子，白棋子慢慢变成孙膑。

这是他培养的两个军事人才，准备让他们以武力达成中华统一。

在墨子帮助下，庞涓在魏国担任大军师，孙膑任副军师。魏王特别器重孙膑，庞涓心生妒忌，设计迫害孙膑。庞涓以间谍罪名，挖去孙膑髌骨，让孙膑将《孙子兵法》誊写交给他。

孙膑虽遭庞涓陷害，却不知是计，每日潜心写书。

鬼谷子探知内情，派弟子苏秦之弟苏代密告孙膑。

孙膑恍然大悟，在鬼谷子锦囊授意下，装疯卖傻，被囚猪圈。

鬼谷子得知孙膑遭遇，自归隐后第一次、也是唯一的一次，携苏代下山，解救孙膑。

鬼谷子令苏代将追兵引开，救出孙膑，交与墨子。墨子护送孙膑至齐国，将孙膑引荐给齐王，齐王重用，拜为大将军。

魏国得知齐国抢走孙膑，发兵讨伐。两军在马陵一带展开了一场千古绝唱的军事与谋略争斗。

孙膑利用庞涓妄自尊大的心理，采用鬼谷子的摩意智慧，运用减灶法，诱惑庞涓陷入埋伏包围圈。庞涓遭万箭穿身，最后自刎身亡。

马陵之战，鬼谷子对孙、庞二人置统一大业不顾，纠缠个人恩怨，酿成一死一伤的悲剧，非常气愤，命孙膑在庞涓墓前思过，退出江湖。后来在鬼谷子的悉心指导下，写成《孙膑兵法》，留于后世。

孙膑、庞涓手足相残，武力相争，造成两败俱伤的教训，让鬼谷子重新构思统一大业的策略。武略相斗损失惨重，能否文韬博弈求得和平呢？

又是一个漆黑的夜晚，鬼谷子依然端坐在鬼谷洞口偌大的棋盘前。他手执一枚黑色棋子，落在楚、燕、齐、韩、赵、魏六国地图的位置，黑棋子渐渐变成苏秦。

苏秦运用鬼谷子的合纵之策，联合六国，致使秦国十五年未敢越过函谷关，形成势均力敌之势。

然而，这不是鬼谷子要的结果，他求的是天下统一，一个中华。

鬼谷子知道苏秦已江郎才尽，运用合纵策略很难战胜强秦。于是又手执一枚白色棋子，落在秦国地图的位置，白棋子渐渐变成张仪。

鬼谷子授意苏秦用忤合之策，将张仪骗到秦国，帮他站稳脚跟。

张仪运用鬼谷子的连横之策，远攻近交，取得节节胜利。

但是，鞭长莫及，疏于管理，形成拉锯战。

鬼谷子见此状况，知道张仪的智慧已经殆尽，于是又使出了他的另一枚收官棋子——范雎。

范雎将鬼谷子的连横战略与反应策略相结合，一改张仪"远攻近交"为"远交近攻"，就是与远方国家联盟，转而攻打邻国，以卷地毯的方式一步步扩充领土，最终各个击破，使秦国完成统一大业。统治中国几千年的奴隶制度被推翻了，代表文明进步的封建制度建立了。大秦帝国以摧枯拉朽之势，屹立在世界的东方。

鬼谷子的愿望实现了，鬼谷子统一的这盘棋也告一段落。

鬼谷子在鬼谷岭下，一个一个数着五百多座大大小小的坟冢，感慨万千，慨叹统一大业来之不易："孙膑、庞涓、苏秦、张仪、范雎、毛遂、翟璜、陈轸、司马错、甘茂、邹忌……我的弟子们哪，你们都是我华夏的精英，你们都是我民族的英雄，你们都是我中华大统的不朽功臣，你们都是我杰出的弟子。孔老夫子弟子三千，不过七十二贤人；你们兄弟五百，个个出将入相，堪称国家栋梁。我倾尽一生心血，布下你们这五百枚棋子，赢得了中华统一这盘大棋，老师已经心满意足了！只可惜，当和平世界来临之际，你们却永远长眠在这神秘幽静的山谷之中。你们的生命没有白白付出，你们的鲜血没有付之东流；你们换来了一个崭新的世界，你们创造了一个伟大的时代！世世代代的炎黄子孙，将永远铭记你们的丰功伟绩。今天，你们安息了！也让老师过一段和平安宁的生活吧！百年战乱，老师虽隐居山林，却没过上一天安生的日子。现在华夏统一了，战乱消除了，老师也该歇息了。"

这正是：

春秋战国一隐士，

鬼谷智慧鲜人知；

运筹帷幄锁乾坤，

纵横捭阖定大势；

孙膑庞涓皆弟子，

苏秦张仪巧斗智；

更有范雎赴后继，

千古神话翟杰释。

云梦山中鬼谷子

云梦山，云牵梦绕缥缈美景；
鬼谷岭，岭峰幽谷玄妙仙境；
深藏了两千多年的鬼谷智慧，
如今，撩开神秘的面纱脚步轻盈……

桃园万顷的一草一木，
早已习惯了摆兵布阵的喊杀声声；
舍身台上的一石一土，
磨炼着慕名而来拜师弟子的神功；
清溪幽谷的一瀑一溪，
时时点津着鬼门玄机的千古隐情；
五里鬼谷的一沟一壑，
见证着出将入相的旷世奇才精英。

鬼谷子的奇谋韬略，
被人尊为从政经商、为人处世的智慧宝典，
被人誉为谋略权术、神机妙算的百变圣经。
德国的斯宾格勒，日本的大桥武夫，
美国的基辛格，中国的毛泽东，
惊呼鬼谷智慧旷世超群，
慨叹纵横谋略举世精明。

走进云梦山，似云似梦犹入仙境，

每一次脉搏的跳动都在净化心灵；
探寻鬼谷洞，如鬼如神鬼神皆惊，
每一次生命的呼吸倍感耳聪目明。

《鬼谷子》序

　　《隋书·经籍志》："鬼谷子三卷，皇甫谧注。鬼谷子，楚人也，周世隐于鬼谷。"梁有陶弘景注三卷，又有乐壹注三卷。纵横者所以明辩说、善辞令，以通上下之志者也。汉世以为本行人之官受命出疆，临事而制，故曰：诵诗三百，使四方，不能专对，虽多亦奚以为。周官掌交以节，与币巡邦国之诸侯，及万姓之聚，导王之德，意志虑使，辟行之而和诸侯之好。达万民之说，谕以九税之利，九仪之亲，九牧之维，九禁之难，九戎之威是也。佞人为之则便辞利口，倾危变诈，至于贼害忠信，覆乱家邦，监修国史赵国公长孙无忌等上。

上卷

《捭阖》《反应》《内楗》《抵巇》

《捭阖》，是全书的总纲，是纵横学说的主要理论依据。

《反应》《内楗》《抵巇》各篇，主要是阐述谋臣策士从外部环境对人或事物观察、研究、分析，以及解决问题的方法。

把这些谋略运用到从政经商之中，重点阐述的是通过对人或事物的表象观察，了解和探求人或事物本质的方法。

第一回　纵横捭阖阴阳之间　天地之道左右逢源

【捭阖】

　　《捭阖》篇，主要阐述的是开合智慧。鬼谷子认为：一开一合，是人或事物发展变化的普遍规律，是掌握人或事物的关键。它与天地之道相通，而天地之道就是阴阳之道，因此，捭阖又常常被称为阴阳智慧。

　　在当今官场与商场中，如果能够准确分析单位及个人在官场、商场中的地位和处境，根据双方或多方的实力优劣，熟练地掌握运用捭阖智慧，就能在错综复杂的社会中，使自己开合有度、进退自如，攻守兼备、阴阳平衡，稳操胜券。

【《捭阖》原文】

捭阖　第一

粤若稽古圣人之在天地间也，为众生之先。观阴阳之开阖以名命物。知存亡之门户，筹策万类之终始，达人心之理，见变化之朕焉，而守司其门户。故圣人之在天下也，自古及今，其道一也。变化无穷，各有所归，或阴或阳，或柔或刚，或开或闭，或驰或张。是故圣人一守司其门户，审察其所先后，度权量能，校其伎巧短长。

夫贤、不肖；智、愚；勇、怯；仁、义有差。乃可捭，乃可阖，乃可进，乃可退，乃可贱，乃可贵，无为以牧之。审定有无，与其实虚，随其嗜欲以见其志意。微排其言而捭反之，以求其实，实得其指。阖而捭之，以求其利。或开而示之，或阖而闭之。开而示之者，同其情也；阖而闭之者，异其诚也。可与不可，审明其计谋，以原其同异。离合有守，先从其志。

即欲捭之，贵周；即欲阖之，贵密。周密之贵微，而与道相追。捭之者，料其情也；阖之者，结其诚也。皆见其权衡轻重，乃为之度数，圣人因而为之虑。其不中权衡度数，圣人因而自为之虑。故捭者，或捭而出之，或捭而内之；阖者，或阖而取之，或阖而去之。

捭阖者，天地之道。捭阖者，以变动阴阳，四时开闭以化万物。纵横、反出、反复、反忤必由此矣。捭阖者，道之大化，说之变也，必预审其变化，吉凶大命系焉。口者，心之门户也；心者，神之主也。志意、喜欲、思虑、智谋，此皆由门户出入。

故关之以捭阖，制之以出入。捭之者，开也、言也、阳也；阖之者，闭也、默也、阴也。阴阳其和，终始其义。故言长生、安乐、富贵、尊荣、显名、爱好、财利、得意、喜欲为阳，曰"始"。故言死亡、忧患、贫贱、苦辱、弃损、亡利、失意、有害、刑戮、诛罚为阴，曰"终"。诸言法阳之类者，皆曰"始"，言善以始其事；诸言法阴之类者，皆曰"终"，言恶以终其谋。

捭阖之道，以阴阳试之。故与阳言者依崇高，与阴言者依卑小。以下求小，以高求大。由此言之，无所不出，无所不入，无所不可。可以说人，可以说家，可以说国，可以说天下。为小无内，为大无外。益损、去就、倍反，皆以阴阳御其事。阳动而行，阴止而藏；阳动而出，阴随而入。阳还终始，阴极反阳。

以阳动者，德相生也；以阴静者，形相成也。以阳求阴，苞以德也；以阴结阳，施以力也；阴阳相求，由捭阖也。此天地阴阳之道，而说人之法也。为万事之先，是谓"圆方之门户"。

【翟杰纵论《捭阖》篇】

《捭阖》篇是鬼谷子谋略十七篇中的总纲篇，是以下各篇的基础，相当于一座高楼大厦的地基，也是鬼谷子核心理论和思想的根本依据，它对各篇有着战略性的指导意义。常言道"纲举目张"，有了《捭阖》篇这个"纲"举，以下各篇才能"目"张。

无论是政治家、管理者还是企业家，要引领员工成就一番事业，就要具有领袖风范，对世界、对国家、对社会、对市场、对企业、对管理、对内、对外，都要具有高瞻远瞩的洞察力和预见性。要通过上述环境状况的起伏跌宕、捭阖阴阳变化，作出明智的分析和判断，找到解决问题和处理问题的方法，掌握人或事物的发生、发展、趋势及走向等变化规律，把握其实质性的关键之处。这些都需要捭阖智慧。

俗话说：穷则独善其身，达则兼济天下。静观秘修时，独善其身练内功，完善企业文化、人才培养、产品研发等；大展宏图时，兼济天下发外力，掌控市场风云、撒豆成兵、无往不胜。

在从政经商中，遇到强劲对手，可采用"捭"的战略，以势压人；也可采用"阖"的战略，以柔克刚。遇到弱小对手，可采用"善意阖"的战略，以德服人；也可采用"强硬捭"的战略，兼并收购。

总而言之，在从政经商中，掌握了捭阖智慧，就掌握了制胜方法，让您始终处于主动地位，当进则进，当退则退，进退自如，永远立于不败之地。

纵论《捭阖》篇主要智慧点：

一、处世智慧

我们生活在人世之间，各种人或事物的变化是无穷无尽的，但他们各有归宿。或者属阴，是隐秘的；或者归阳，是公开的；或者柔弱，令人同情；或者刚强，令人生畏；或者开放，大张旗鼓；或者封闭，鲜人所知；或者松弛，闲情逸致；或者紧张，迫不及待。这些都是自然社会现象，我们应该有所了解。

二、为人智慧

人际关系与社会形态有着千丝万缕的联系，无不打上社会的烙印。人世间每个人都有其个性，而且千差万别，有贤德善良之人，有不肖忤逆之人，有聪明绝顶之人，有愚蠢庸腐之人，有勇敢仗义之人，有胆小怯懦之人。

对于这些人，要因人而异，对不同的人性，要用不同的办法管理对待。对于贤德善良之人，就要给予奖励褒扬；对于不肖忤逆之人，就要严厉惩处；对于聪明绝顶之人，就要提拔重用；对于愚蠢庸腐之人，就要舍弃辞退；对于勇敢仗义之人，就要给予尊敬；对于胆小怯懦之人，就要令其卑贱。只有这样，才能对症下药，人尽其才，管理到位。

三、谈判智慧

谈判是从政经商、接人待物经常遇到或必须完成的事项。如何能获得最佳效果，就要精通鬼谷子捭阖谈判智慧。

在谈判时，首先要了解对方的嗜好和欲望，进行认真分析，以此来考察人或事物的有无虚实，从中揭示对方的志向和意愿，然后再寻找合作方法。

在有些情况下，与对方谈判时，可先略微驳斥一下对方观点，观察对方反应，诱使对方启齿讲话，在对方的言语中找到漏洞或弱点加以反驳。这样既可以削减对方的锐气，又可以得知对方的真实情况，更可以了解他的行动意图，以便制定行之有效的谈判方案。谈判谈判，就是通过谈，做出判断，最后决断。

四、进出口智慧

我把口才作一个幽默的定义，叫做"进出口公司"。因为俗话说：病从口入，祸从口出。这一进一出，正如进出口公司一样。

口是人心灵的门面和窗户，心灵是精神的主宰，意志、情欲、思想和智谋都要从这个门窗出入。用捭阖智慧把好这个关口，当说则说，不当说则不说。否则，可能一句话，成就一件事；也可一句话，坏了一件事。正所谓：一言可兴邦，一言可丧国。这些都是有历史事实的。

要把口才当成一个进出口公司来经营，该进则进，为阖；该出则出，为捭；这一捭一阖，就构成了鬼谷子口才智慧。

父母生下我们，赏赐给了我们这个不需营业执照的"进出口公司"，并把我们送到学校去学习，目的是让我们经营好这个"进出口"生意。

经营好这个公司，需要两个基本条件：

（1）伶牙俐齿。牙齿像哨兵站岗，任务是把好大门，门牙尤为重要。

（2）唇枪舌剑。舌头像军师管理，任务是管好财政，舌尖尤为重要。

因此，不是要言，绝不开张！只有这样我们才能做好、做活这个特殊的"进出口公司"。

五、捭阖智慧

这就是开与合的规律，捭，即开放、发言、公开，用一个字解释，就是"动"、就是"阳"、就是"刚"；阖，即封闭、缄默、隐蔽，用一个字解释，就是"静"、就是"阴"、就是"柔"。在对人或事物的分析、研究、处理上，能够从动、静两个方面考察，从阴、阳两个方面研究，从刚、柔两个方面处理，就算很好地运用了捭阖智慧。

对于光明正大的人，也就是阳刚之人，给他以崇高的待遇，以崇高求索博大。对于卑微低贱的人，也就是阴柔之人，以卑下求索微小。只有这样，人才可自由出入，没有什么办不成的。用这个道理，可以治人，可以治家，可以治国，可以平天下。

捭阖智慧给我们的另一个重要启示是：做小事时，没有"内"的界限，不以小而不为之。说的是不要以为小生意、小事就不屑做。有些企业家就是这样，一心要做大生意、大买卖，小的不做。反之，我们举个例子，我国浙江很多企业，生产的产品是：喝饮料的吸管，利润还不到一厘钱；打火机，利润还不到一毛钱；一次性水笔，利润才几分钱甚至几厘钱，等等。利润虽少，生意不小，薄利多销，收获颇丰，在国际市场上的占有率达到百分之几十，每年获利几十亿元。

因此，不要小事小生意不屑做。小事小生意做好了，就是大事大生意。很多人小事做不来，大事又不敢做、不会做，结果一事无成。

做大事时，没有"外"的疆界，不要大事大生意不敢做，不会做。机会一旦来了，却害怕了，不敢做了，不会做了，错过了良好的商机。

掌握了捭阖智慧，无论是小事还是大事，无论是大生意还是小生意，都能够控制好自己的心态，掌握好自己的方法，这样才能遇到任何人或事物都能纵横捭阖，小事小生意做得好，大事大生意跑不了。

【翟杰横论《捭阖》篇】

所谓纵横家，就是以全方位、多角度、综合各方面因素观察问题、分析问题、解决问题，简言之就是纵横。这一纵一横就形成了纵横家的思想。

上面我们对鬼谷子《捭阖》篇做了纵向分析，下面从横向的角度，进行分析。

一、所谓纵横，就是当纵则纵，当横则横，方能纵横驰骋

天地为纵，曰：上下；江河为横，曰：左右。我们要以这样的观念纵观天下，横看世界；做到连横合纵，左右逢源。

历史为纵，曰：古今；现实为横，曰：内外。我们要以这样的观念来捭阖纵横，透析古今中外。

二、所谓捭阖，就是当捭则捭，当阖则阖，方能捭阖兼备

做人要能抬头，曰：捭；更要学会低头，曰：阖。一仰一俯之间，不仅是个姿势，也是一种态度，更是一种品质。该出手时就出手，如梁山好汉一般；该低头时就低头，像卧薪尝胆的勾践一样。

逆境时，抬头是一种勇气和信心；顺境时，低头是一种冷静和藏锋；位卑时，抬头是一种骨气和动力；位显时，低头是一种谦卑和含蓄。因此，要有昂首挺胸的勇气，更要有肯于低头的大气。

三、所谓阴阳，就是当阴则阴，当阳则阳，方能阴阳互补

量得出的尺寸叫胸围，即看得见的，曰：阳；量不出的尺寸叫胸怀，即不易看见的，曰：阴。以此类推：看得见的地方叫视线，看不见的地方叫视野；看得见的表情叫气色，看不见的表情叫气魄；说出的话叫内容，未说出的话叫内涵。

四、所谓刚柔，就是当刚则刚，当柔则柔，方能刚柔相济

过刚之人，树大招风，曰：刚愎自用；过柔之人，弱不禁风，曰：柔情万种；外刚内柔之人，属假强真弱之人；外柔内刚之人，属假弱真强之人。做人要学会示强，以刚克柔；更要学会示弱，以柔克刚。

纵观古今，横看内外；做到纵则古为今用，横则洋为中用。

五、所谓动静，就是当动则动，当静则静，方能动静结合

不是因为有了机会才争取，而是因为争取了才有机会，机会曰：静；即在动中寻找静态的机会。以此类推：不是因为已经学会才去做，而是因为做了才可能学会；不是因为已经拥有才付出，而是因为付出才能拥有；不是因为有了市场才

开拓，而是因为开拓才可能有市场；不是因为当上领导就有水平，而是不断提高水平才能当好领导。

六、所谓进退，就是当进则进，当退则退，方能进退自如

人们经常说：世界是大宇宙，人是小宇宙。也许，人的生理现象能给我们如下启示：

（1）人为什么有两只眼睛？答案是告诫我们要学会睁一只眼，闭一只眼。但这绝不是，无原则地文过饰非，视而不见。而要学会该看的要看，不该看的绝对不看。

（2）人为什么有两只耳朵？答案是告诫我们要学会兼听则明，能够左右视听。就是我们在听取别人意见或建议时，本着多听、多方面听的原则，然后对所听到的意见和建议，进行分析研究，找出正确的意见和建议，加以采纳。而不是听风就是雨，更不是道听途说，不假思索，信以为真。

（3）人为什么有两只手？答案是告诫我们要学会取舍，做到取舍得当。有时不取不舍，有时取而不舍，有时不取而舍，有时小取小舍，有时大取大舍，有时小取大舍，有时大取小舍。

（4）人为什么有两条腿？答案是告诫我们要学会进退，做到进退自如。毛泽东的十六字战略方针总结道："敌进我退，敌驻我扰，敌疲我打，敌退我追。"就是说，对待任何问题，要学会当进则进，当退则退。当进则退，贻误战机；当退则进，必遭失败。所以，我们对待各种问题，要学会进退，有时需要以进求进，以进求退；有时需要以退为进，以退为退。

七、所谓急缓，就是当急则急，当缓则缓，方能急缓相通

在人际关系处理中，宜先交流，再交心。交流曰：急，在先；交心曰：缓，在后。以此类推：在沟通时，先求相同，再求差异；在职场里，先求升值，再求升职；在执行中，先求完成，再求完美；在学习时，先求记录，再求记住；在做人时，先求成长，再求成功；在做事时，先求站稳，再求站高。

八、所谓张弛，就是当张则张，当弛则弛，方能张弛有度

人们在从政经商及与人交往中，积极主动热情曰：张；沉着冷静矜持曰：弛。譬如我的恩师李燕杰教授对为人处世的总结，就体现了张弛有度的哲理：

"仁爱而持重，勇敢而从容，智慧而淡定，博识而谦恭。"

这其中仁爱为"张"，持重为"弛"；勇敢为"张"，从容为"弛"；智慧为"张"，淡定为"弛"；博识为"张"，谦恭为"弛"。

九、所谓圆方，就是当圆则圆，当方则方，亦圆亦方

方略、方向、方案、方针曰：方；圆通、圆润、圆满、圆融曰：圆。方是目标，圆是路径；方是原则，圆是变通。方以不变应万变，圆以万变应不变；方而不圆处处碰壁，圆而无方事事无成；方圆相融依方求圆，圆方相融随圆达方；在方中做人做事，在圆中达人达己。有时需要以方求方，有时需要以圆求圆，有时需要以方求圆，有时需要以圆求方。

十、所谓虚实，就是当虚则虚，当实则实，方能虚实相间

任何人或事物都有虚有实。看不见摸不着者曰：虚；看得见摸得着者曰：实。很多人或事物，虚中有实，我们可以以虚求实；很多人或事物，实中有虚，我们可以以实探虚。以此类推，我们还可以以实求实，更可以以虚求虚。这样虚虚实实，实实虚虚，在虚实相间中，了解真正的虚实，才能万事豁然，迎刃而解。

三国时期，诸葛亮以虚求实——草船借箭；唐朝时亦有张巡以虚求实——城墙借箭，皆属虚实智慧之运用。

十一、所谓言默，就是当言则言，当默则默，言语入木

言，即讲话，开诚布公曰：言；默，即沉默，默默无语曰：默。一言一默，既体现人的修为，更体现人的智慧。当言不言，时过境迁，错过了机会；不当而言，废话连篇，令人讨厌；言而有信，言前要三思而行；沉默有度，静默中似乎已言。以此类推：不问即言，说明彼此间心心相印；问之即言，说明彼此间尚有信任；不问不言，说明彼此间稍有隔阂；问后不言，说明彼此间隔阂很深。

十二、所谓正反，就是当正则正，当反则反，正反两面

任何人或事物都有正、反两个方面，鬼谷子纵横捭阖的核心就是一分为二辩证法。下面的经典哲言，哪个没有道理呢？可是为什么对立呢？

宰相肚里能撑船	有仇不报非君子
大丈夫宁死不屈	男子汉能屈能伸
书到用时方恨少	百无一用是书生
金钱不是万能的	有钱能使鬼推磨
自古礼轻情意重	从来礼多人不怪
车到山前必有路	不撞南墙不回头

出于污泥而不染　　近朱者赤近墨黑

　　近水楼台先得月　　兔子不吃窝边草

　　好马不吃回头草　　浪子回头金不换

　　瘦死骆驼比马大　　落魄凤凰不如鸡

　　通过上述哲言可以证明：任何人或事物都是辩证统一的。关键是我们要把握好这个度，不能片面地单向思维，而要全面地辩证考量。

【翟杰纵横论《捭阖》】

　　《鬼谷子》的十七篇，就像一座智慧大厦，《捭阖》就像地基，地基打好了之后，才能学习和理解之后各篇。之后各篇就像大厦的第一层、第二层、第三层、第四层，一直到第十七层。当你完全掌握了《鬼谷子》的十七篇内容及要领，就相当于站在十七层的高楼之上，一览众山小，高瞻远瞩，高屋建瓴，达到高人一筹的境界。

　　捭阖篇，以纵横智慧为总起。多角度、多层次地详尽阐述了领袖的修养，体现了纵横家的总体风貌，对纵横智慧进行了全面的经验总结，并上升到理论高度。

　　古时纵横家，是指从事外交活动的谋略家。当代社会的企业家、领导者，从某种意义上讲，就相当于纵横家。因此，必须要有纵横家的思维、方法和韬略。

　　捭阖篇，以捭阖智慧为收官。捭阖，就是开合的意思。鬼谷子认为，一开一合，是事物发展变化的普遍规律，它与天地阴阳之道相通，所以，捭阖智慧又被称为阴阳智慧。

　　在当今官场、商场中，如能准确分析单位、个人在官场、商场中的地位和处境，根据双方或多方的实力优劣，熟练地掌握和运用捭阖智慧，就能够在竞争激烈的社会中，使自己开合有度、进退自如，攻守兼备、阴阳平衡，最终达到稳操胜券的目的。

　　古人言：弱肉强食，优胜劣汰。也就是说弱者就应该被强者吃掉，劣势就应该被淘汰。而鬼谷子则不然，他以辩证法的观点分析问题。他认为：人或国家无论处在弱势还是强势，优势还是劣势，都有取胜的可能。而这种改变命运的智慧就是合纵连横。

　　所谓合纵，可以联合众多弱小形成合力攻击强者；所谓连横，可以联合一个强者攻击众多弱者。这就是纵横。

纵横捭阖，是鬼谷子的核心智慧；纵横捭阖这四个字，是鬼谷子的核心思想。下面我来逐字加以解释。

[纵] 上下五千年，纵观天下事。

纵的第一层含义是对任何人或事物都要用纵向思维观察分析。即看这个人或事物的过去、现在和将来，然后再做出判断和决定。

纵的第二层含义是当我们弱小时，要不畏强者。因为众人拾柴火焰高，团结起来力量大。只要将广大的人民团结起来，任何力量都是可以战胜的。

纵的第三层含义是当我们强大时，不要倚强凌弱。因为独木不成林，孤掌难以鸣，众志可成城。

进一步解释就是在自己不够强大时，联合多个同样弱小的单位或个人，形成一种合力。这种合力可与强者抗衡或相持，以此来保护自己或战胜对手。

在自己已经强大时，仍与众多弱小联合，成为领头羊，使众人跟随。避免墙倒众人推的不利局面发生。亦称合纵。

在中国，最早把合纵智慧运用到举世无双的人，就是鬼谷子的得意门生——被誉为合纵之父的苏秦。

苏秦曾经十次上书秦惠王求职，但十次被驳回。因找不到工作，连贴身的貂皮袄都变卖了，穷困潦倒回到家中，他的老婆不给他缝衣，他的嫂嫂不给他烧饭，就连他的父母都不认这个儿子。于是，苏秦发奋努力钻研，以"锥刺骨"的学习精神，练就了"走马观碑"的奇术。然后游说楚、燕、齐、韩、赵、魏六国，建立了合纵联盟，并且身挂六国相印，也就是兼任六个国家的总理，这在古今中外的历史上，绝无第二人。他凭借六国联盟，抑制了强秦的进攻，使秦国十五年未敢越过函谷关，避免了战争的发生，使百姓们在战国时代，过上了一段难得的和平生活。

当时的苏秦，用今天的名词来解释，可以说是联合国的发明人，并且是联合国第一任秘书长。

[横] 东西南北中，横看五大洲。

横的第一层含义是对任何人或事物，要用横向思维观察分析。即看人或事物的内外、远近和周围环境，然后再做出判断和决定。

横的第二层含义是当我们弱小时，要向强者靠拢。因为大树底下好乘凉，借力使力不费力。只要紧跟强者的步伐，就可以轻松达到胜利的彼岸。

横的第三层含义是当我们强大时，不要以强恃强，要强强联合。因为两虎相争，必有一伤；两强相斗，两败俱伤。

进一步解释就是在自己还不够强大的时候，找一个强大的伙伴，作为靠山，大树底下好乘凉，借力使力，壮大自己。

在自己已经强大的时候，再与一个强大的伙伴联合，形成强强联合，强上加强，处于更加优势的地位。亦称连横。

在中国，最早把连横智慧运用到精彩绝伦的人，就是鬼谷子的另一位得意门生——被誉为连横之父的张仪。

张仪因为一次谈判失败，丢了和氏璧，被人诬陷为窃贼，惨遭毒打。回到家中，老婆一看吓了一跳，马上要为他包扎伤口，他说不要紧，只需看看他的舌头是否还在。当老婆告诉他舌头还健在时，他不顾满身伤痕和疼痛，精神抖擞地说："只要我张仪三寸不烂之舌尚在，就有东山再起，卷土重来之时。"果然，在鬼谷子的精心设计下，在他的师兄苏秦的帮助下，他前往秦国，两度出任秦国相国，运用连横策略，各个击破，帮助秦国奠定了统一大业基础，确立了他在中国历史上的重要地位。

这正是：

纵横

天地纵，江河横，
沧海桑田人为中。
春秋雨，战国风，
炎黄后裔尽英雄。
上下求索天地间，
左右逢源任驰骋。
方圆世界巧博弈，
黑白人伦斗智勇。
为求天下大一统，
千古绝唱论纵横。

[捭] 就是开放、发言、公开的意思。用一个字概括就是"动"。

任何事情到关键时刻，必须要采取行动才能达到完成，没有坐享其成、天上掉馅饼这等好事，再者说，即使有也未必能被我们碰上。

但是这个动，不是盲动、乱动、骚动、浮动，而是有目标、有方向、有方法、有技巧地动。这样才能动之有理、动之有利、动之有节、动之有效。

2014年6月，我与颜永平、侯希平率领"中国梦·环球行"演讲团，应邀赴美国哈佛大学、加州大学巡回演讲，用中国语言，讲中国故事。

在我们演讲团的行程中，在纽约自由女神游览区，我们遭到了少数反华分子的反华宣传和挑衅骚扰，他们用尾随、跟踪、死缠烂打等无耻手段，在我们面前打出标语、播放录音、向我们散发传单，散播污蔑我党、我国的言论，蛊惑大家退党、退团，甚至劝退少年队，其卑劣行径既令人发指，又让人啼笑皆非。

美国纽约自由女神像景区，是游客较为集中、流动人群较多的地区，反华分子便借势更加嚣张。当我与之劝说时，他们竟以"言论自由"为借口，死缠烂打地挤进我们的团队，用微型喇叭变本加厉地进行反华宣传。面对反华分子的无理行径，我回应他们说："你们的所谓自由，已经影响到了我的心理和行为自由，劝你们马上离开。"

在我多次劝告无效的情况下，我迅速展开随身携带的中华人民共和国国旗和"中国梦演讲艺术团"团旗，率领全体团友一边奋力挥舞着国旗和团旗，一边高唱《义勇军进行曲》《没有共产党就没有新中国》《歌唱祖国》等爱国主义主旋律歌曲，与反华分子进行有理、有利、有节的斗争。雄壮悦耳的歌声在景区此起彼伏，响彻天空。见此情景，很多中国参观者和游客也加入歌唱的行列中，在短短的几分钟时间里，就形成了几十人参加的大合唱。我们一步步勇敢前进，反华分子一步步节节败退，直至逃之夭夭。

在场目睹这一场景的华人、华侨和游客甚至美国市民，都纷纷驻足，伸出大拇指，拍摄、照相，鼓掌声援。就这样，我们用正义的力量、用雄壮的歌声、用中华民族的正气，压倒了反华分子的邪气。这正如我们的开国领袖毛泽东主席所说："凡是反动的东西，你不打他就不倒。""扫帚不到，灰尘照例不会自己跑掉。"

我们的这个举动，就是鬼谷子所说的"捭"。

[阖] 就是封闭、缄默、隐匿。用一个字概括就是"静"。

2014 年 6 月在美国纽约与反华分子斗争现场

当我们对人或事物进行研究判断时，都有一个思考和准备过程，这个过程就是静的过程。

静，并不是我们不奋斗、不进取，而是在研究如何奋斗？怎样进取？

阖是捭的基础，静是动的准备，只有科学地静静思考，才能有效地去动，才能达到动的真正目的。

【智慧案例：周生生生生不息】

1990 年，我应邀赴香港采访周生生珠宝集团第二代掌门人——周君廉，时间定在到港后的第二天傍晚，地点定在香港最豪华的商业街——弥敦道上的拿破仑扒房，那是一家六星级自助餐厅。

我们宾主落座之后，边吃边谈，大约过了半个小时，不时有人来到我们桌前，问一声："您是周君廉先生吗？"然后递上名片，连声道谢；一个小时过后，几乎当晚所有来此用餐的客人都来向周先生致谢。

这是怎么回事？难道今晚所有客人都认识周先生？如果认识，为什么还要问一句："您是周君廉先生吗？"显然是不认识；既然不认识，为什么主动前来问候、递名片，还要一谢再谢呢？

★智慧测试题：人们都来感谢周君廉，其中的原因是什么？

特别提示：请先不要着急阅读下一页的答案，开动自己的大脑，设想几套方案，来测试一下自己的智慧。

然后再将自己的方案与周君廉的方法对照比较，孰高孰低，以便继续努力。

这样实战式的演练学习，对你的智慧提升和学习效果，会有超乎寻常的帮助。

以下各篇，都会相应安排这样的智慧练习题。这也是鬼谷子培养人才的有效方法之一。

★智慧测试答案

作为资深记者的我，凭着职业习惯和新闻敏感，认定这其中必有缘由，定有文章。

如果我直接问周先生这些人是否都认识，显然不妥。于是我便趁机来到前台服务小姐的柜台前问道："今晚来的所有客人都认识周先生吗？"

服务小姐微笑地回答："这个问题我可不知道，我只知道，今晚来本店用餐的所有客人，不论是否认识，都是周先生买单。"

"啊！"听到这番话，我大吃一惊，马上问道，"你们这里多少钱一位？"

服务小姐："2000 港币的啦！"

"啊！"我又大吃一惊，这一顿自助餐，是当时大陆自助餐价格的 1000 倍。

了解到这些，我回座问周先生："您为什么这样做？"

周先生淡淡一笑，轻松地说："今晚来这里的人，一定有我的新老客户，尽管我们不认识，但他们是我的衣食父母，有缘在此相会，就当回报也该请他们吃一餐。也一定还有不是我客户的人，通过今晚的相识，他就是我的潜在客户，也许不久会成为我的客户。"

这一番话，揭开了今晚的一切秘密，这不正是鬼谷子的"阖"智慧吗！鬼谷子的"阖"智慧，就是这样于无声处大智慧，默默无语巧经营。

不怪周生生珠宝集团已有 80 多年的历史，周而复始，生生不息，其秘籍可略见一斑。

亲爱的读者，你的答案是什么呢？你从中悟到了什么呢？你的答案你自己满意吗？你还有更好的计策吗？

这正是：

捭阖

阳为捭，阴为阖，
日月星辰任出没。
刚克柔，柔克刚，
刚柔相济忤与合。

动中静，静中动，
动静结合揣与摩。
急制缓，缓制急，
急缓相通阡与陌。
统一大业垂青史，
扭转乾坤尽捭阖。

上下为纵，也就是上下求索的谋略；左右为横，也就是左右逢源的谋略；捭，是指对外事物；阖，是指对内事物。将这一纵一横、一外一内，组合在一起，便形成一个立体几何的十字坐标，在这个坐标交叉处，便会产生一个"焦点"。这个"焦点"，基本上就是我们要面对的人，要找的事物，要解决的问题，也就相当于射击的"靶心"，这个"靶心"就是问题的核心。接下来的程序，就是如何针对这个核心解决问题。

俗话说：解决问题并不难，难的是发现问题。发现问题被称为慧眼识珠、一针见血、明察秋毫，等等；解决问题被看作办法总比问题多。这样一比较，不难看出，发现问题大大地难于解决问题。

所以，纵横捭阖智慧，就是既能发现问题，又能解决问题的顶级智慧。无论是从政官员还是企业家、管理者，都应该掌握纵横捭阖智慧，都应该称为纵横家，最起码要有纵横家的风范。

那么，究竟何为纵横家呢？用我们现在的称谓解释，叫做外交家。从政经商及管理，要和方方面面的人打交道，对上、对下、对左、对右、对内、对外等各方人士，都要进行交往、沟通、谈判及合作，这不就是外交家吗！这不就是纵横家吗！

所以，当你有了纵横家的思想、纵横家的韬略、纵横家的思维，你所面临的一切人或事物，都会最大程度地在你的掌控之中。

历史上无数成功人士，都堪称伟大的纵横家。从秦皇汉武到唐宗宋祖，从成吉思汗到努尔哈赤，从毛泽东到习近平，都可称为伟大的纵横家。

就拿毛泽东来说，在国内国际斗争中，他运用纵横捭阖智慧，取得了伟大的胜利。

在国内革命战争时期，在与强大的日本帝国主义侵略者和国民党反动派斗争中，毛泽东运用合纵智慧，发动人民战争，打败了日本帝国主义和国民党反动派。新中国成立后，面对复杂的国际斗争局势，毛泽东又以合纵智慧，创立"三个世界"的理论学说，团结亚非拉美各国，战胜了强大的西方列强，恢复了中华人民共和国在联合国的合法席位，让中华民族自立于世界民族之林。

毛泽东在革命生涯中，运用连横智慧，同样取得了伟大胜利。无论国内国际发生什么变化，毛泽东始终将两个人紧紧地团结在自己的周围，一个是文韬最强者——周恩来，一个是武略最强者——朱德。他知道，只要将这两个举足轻重的人物团结在自己的身边，国家就有保障。面对复杂的国际斗争局势，毛泽东又以连横智慧，将世界上的两个超级大国——前苏联和美国，掌握在股掌之中。创造了"新三国时代"，形成当代国际的"三足鼎立"之势，让中国人有了主宰自己命运的能力。

因此，从政者掌握了鬼谷子的纵横捭阖智慧，便可做到：

引——能屈能伸
尖——能大能小
斌——能文能武
卡——能上能下

经商者掌握了鬼谷子的纵横捭阖智慧，便可做到：

生财——从无到有
聚财——由小到大
散财——由己及人
理财——尽善尽美

善学者掌握了鬼谷子的纵横捭阖智慧，便可做到：

纵——虽弱犹强　由弱变强
横——强不压强　强上加强
捭——动如蛟龙　通天彻地

阖——静如神龟 力擎千钧

数学家掌握了鬼谷子的纵横捭阖智慧，就是加减乘除：

纵——就是加法 由少变多
横——就是减法 由多变少
捭——就是乘法 倍数增长
阖——就是除法 商数多变

综上所述，可以确定地说，立天之道曰阴阳，立地之道曰柔刚，立人之道曰纵横。《捭阖》篇是以后各篇的基础，将《捭阖》篇与以下各篇纵横捭阖，便可派生出变化无穷、神出鬼没的超人智慧和谋略。

这正是：

浪淘沙·纵横捭阖

世间人之性，
百变多情，
贤德聪明人常有，
愚蠢怯懦不足惊，
因人而应。

开施贤德之人，
闭施愚蠢，
智圆行方天地道，
纵横捭阖细思忖，
以人治人。

欲知后事如何

且听下回分解

王银茂篆书作品《纵横捭阖》

第二回　欲擒故纵潇洒应对　张网而待不争不费

【反应】

　　《反应》篇，主要阐述以逆向思维、反向行动、高人一筹的智慧了解人或事物的真实情况，从而出其不意、出奇制胜。这一谋略是纵横家所独创，鬼谷子把它安排在第二篇，实为总纲篇之后第一篇的位置，足以证明纵横家与众不同、出手不凡的谋略特点。

　　反应智慧的基本技巧就是要在商场上、在谈判中、在与人交往中，学会反听，即会听话外之音；学会反说，即说不言之言。这种南辕北辙的谋略，往往能产生声东击西、张网而待的效果。

　　反应者，反向对应也。知己知彼，为正应。

　　知彼知己，为反应。这是反应的最高境界。

【《反应》原文】

反应　　第二

古之大化者，乃与无形俱生。反以观往，复以验来；反以知古，复以知今；反以知彼，复以知己。动静虚实之理，不合于今，反古而求之。事有反而得复者，圣人之意也，不可不察。

人言者，动也。己默者，静也。因其言，听其辞。言有不合者，反而求之，其应必出。言有象，事有比；其有象比，以观其次。象者象其事，比者比其辞也。以无形求有声，其钓语合事，得人实也。其犹张纲而取兽也，多张其会而司之。道合其事，彼自出之，此钓人之纲也。常持其纲驱之，其言无比，乃为之变，以象动之，以报其心，见其情，随而牧之。己反往，彼复来，言有象比，因而定基。重之袭之，反之复之，万事不失其辞。圣人所愚智，事皆不疑。

古善反听者，乃变鬼神以得其情。其变当也，而牧之审也。牧之不审，得情不明。得情不明，定基不审。变象比必有反辞以远听之。欲闻其声反默，欲张反敛，欲高反下，欲取反与。欲开情者，象而比之，以牧其辞，同声相呼，实理同归。或因此，或因彼；或以事上，或以牧下。此听真伪，知同异，得其情诈也。动作言默，与此出入；喜怒由此以见其式；皆以先定为之法则。以反求复，观其所托，故用此者。己欲平静，以听其辞，察其事，论万物，别雄雌。虽非其事，见微知类。若探人而居其内，量其能，射其意；符应不失，如腾蛇之所指，若羿之引矢。

故知之始己，自知而后知人也。其相知也，若比目之鱼；其伺言也，若声与之响；其见形也，若光之与影；其察言也不失，若磁石之取铁，舌之取燔骨。其与人也微，其见情也疾；如阴与阳，如阳与阴，如圆与方，如方与圆。未见形，圆以道之；既见形，方以事之。进退左右，以是司之。己不先定，牧人不正。事用不巧，是谓忘情失道。己审先定以牧人，策而无形容，莫见其门，是谓天神。

【翟杰纵论《反应》篇】

《反应》篇虽是第二篇，但鬼谷子把它安排在总纲篇《捭阖》之后，实为第一篇的位置，而且一出手，便与众不同，足以证明《反应》篇在鬼谷子谋略中的重要地位。将《反应》与《捭阖》篇相结合，体现了鬼谷子阴阳互补的智慧。

反应篇，主要阐述以逆向思维、反向行动、高人一筹的智慧了解对方人或事物的真实情况，然后出其不意、出奇制胜。这一谋略是纵横家所独创，体现了纵横家与众不同、出手不凡的谋略特点。

反应智慧的基本技巧就是在商场上、在谈判中、在与人交往中，学会反听，即会听话外之音；学会反说，即说不言之言。这种南辕北辙的谋略，往往能产生声东击西、张网而待的效果。

反应者，反向对应也。知己知彼，为正应。

知彼知己，为反应。这是反应的最高境界。

纵论《反应》篇主要智慧点：

一、抚往察今断未来

在制定计划、研究对策时，既要了解研究历史的经验和方法，又要结合当前实际情况，对未来发展趋势进行预见。当自己经验不足时，就要参考他人成功或失败的经验和教训，引以为鉴。也就是毛泽东所说："古为今用，洋为中用，去粗取精，去伪存真，由此及彼，由表及里。"因此，懂历史的人观察问题、分析问题的能力较强，因为他把前人的智慧精髓吸收过来，加以学习、整理并运用，然后再根据现实情况，作出推断，便高人一筹。

二、钓人之网宜张开

在聆听他人言辞时，要根据他的言辞测听其中的弦内之音和弦外之音，以此掌握对方的内心想法、性格特征，掌握对方的特长和嗜好，这样就等于掌握了这个人。把这种方法运用到人或事物中，就叫钓人之"网"，就等于在对方的周围布下了一张无形的"网"。

如果对方没有说出实情，表情上又没有什么显现怎么办？那就要变换一种方法，也就是运用反应智慧；如果还没有看清人或事物的实质，就再换一张"网"，最终以达到了解情况，控制对方、驾驭对方的目的。

三、反说智慧测真情

要学会说反话，即正话反说，反话正说，用这样的方法，观察对方的反应。这里所说的反话不是假话，而是经过变化了的虚实相间的智慧语言。

反应智慧告诉我们：想要讲话，反而先沉默，所谓沉默是金；想要敞开，反而先收敛，所谓欲张先敛；想要升高，反而先下降，所谓欲上先下；想要获取，反而先给予，所谓欲取先予。这些都是反应技巧。

在必要时，用反说的方式，用反向的对应，更能探测对方的实情，更能了解对方的用意，这比正向探测更高一筹，而且不易被察觉。要学会用反应智慧阅人察事，通过对人或事物某些重要细节或细微变化，分析和判断人或事物的发展趋势。

四、反听智慧探鬼神

善于从反面听取他人言论，可以刺探对方的实情，甚至具有改变鬼神的能力。这就要求我们随机应变要得当，控制局面要周到。

如果对方城府很深，很内向，我们可以采取感动对方或激怒对方的方法，让对方暴露真情，这样就能更多了解对方。一旦了解了对方，无论合作，还是谈判，就能找到方法和切入点，最后达成一致，取得共识。

五、探寻智慧摸内情

要考察对方的内情，就要静听对方的言辞。对方在明处，你在暗处；对方在动，你在静；静观动容易，动察静较难。在对方论说万物中，辨别对方雌雄，探寻对方真情，就像战场上刺探敌情而深居敌境一般，首先要估计敌人的能力，其次是摸清敌人的意图，像验合符契一样可靠，像蛇一样迅速，像后羿张弓射箭一样准确。

六、不言而言赛神仙

冯梦龙著《警世通言》中有这样一段顺口溜："广知众事休开口，众会人前只点头；若是连头俱不点，一生无恼又无忧。"这其中从某个侧面阐述了语言的妙用，即不言之言。对方不讲话，是最难了解内情的，但也不是绝对无能为力，而是在考验你的智慧。例如：口吃卖报、哑巴卖刀的故事，足以让你茅塞顿开，在本篇【翟杰横论《反应》篇】中，将会详细讲解。

七、知彼知己无距离

对人或事物的处理。在事前，要先了解自己，再对照别人；在事中，要先了解别人，再对照自己；在事后，要彼此明了。

了解对方心理，要像比目鱼一般没有距离；掌握对方言论，要像声音与回响一般相符；观察对方形态，要像光和影子一般不走样。只有这样，自己暴露给对方的微乎其微，而侦察对方的行动却迅速准确。

所谓明智就是自知者明，知人者智；二者皆知，是为明智。

八、先圆后方圆亦方

中国古代铜钱体现了"圆""方"智慧，它外面呈圆形，中间呈方形。这就暗示我们：凡事要用顺畅的方式来探讨问题、解决问题，就像铜钱的外圆；当问题了解清楚后，方略不能改变，目标不能改变，方针不能改变，方寸不能混乱，就像铜钱中间的方。

什么叫先圆后方圆亦方？比如：我们要从深圳到北京，方向确定了，这为"方"；可是由于气候原因，飞机不能从深圳直达北京，怎么办？于是我们根据气候和交通情况，从深圳到广西，经云南、新疆、内蒙古，最后到达北京，而不是直接奔向目的地北京，我们绕了一个圈，划了一个"圆"，最后到达了目的地，达到了"方"。如果不划这个"圆"，也许不能到达目的地，这就是"圆"和"方"的关系。先"圆"，最后达到了"方"。

如果我们绕了一个圈，划了一个"圆"，绕到俄罗斯去了，没到北京，这就叫跑题了，就像小沈阳说的"跑偏了"。所以，只求"圆"而忘记了"方"不行，而要先圆后方圆亦方。

九、说、听、问的智慧

人们常说"会说的不如会听的"，我要再加一句"会听的不如会问的"。为什么这样说呢？

我们先来对说、听、问这三个字进行结构组合分析。"说"字，从"言"，从"兑"，古人发明"说"字时，就在告诫我们说话要兑现。所以通过对方言谈话语的真实性、可行性、逻辑性等，再对照他的语言与语言、语言与行为是否一致、是否兑现，就可判断这个人的品行。

再来分析"听"字，繁体字"听"字，写作"聽"。把"聽"字拆开分析就是"耳＋王＋十＋目＋一＋心"。就是说我们在听对方说话时，是竖起"耳"朵，像对待"王"公贵族一样，"目"不转睛，"一""心"一意，才为"聽"。正如俗话"说者无心，听者留意"，说的就是这个道理。因此，会说的不如会听的。

最后分析"问"字。"问"字，从"门"，从"口"。意思是说恰当的语言，可以打开任何一扇门，这个恰当的语言就是"问"。

因为通过"问"，可以了解对方的真情、对方的需求、对方的想法、对方的意愿、对方的决定等，简言之，可以知道对方的一切。但这其中千万别忘了一个字，那就是会"问"。我加的那句话是"会听的不如会问的"。那么如何做到会问？

我仅举一例加以说明：

1992 年，长春电影节在吉林省长春市举办，我当时身为辽宁人民广播电台记者兼节目主持人，应邀赴长春电影节采访。在长春电影制片厂，我采访了张艺谋、李前宽、梁音、浦克、梁小龙、陈强、中野良子、陈裕德、陈汝斌、陈佩斯等著名导演及演员，尤其在采访陈佩斯时，体现了"问"的作用。

当时，陈佩斯的小品，赢得了全国观众的热捧，他更是长春电影节上备受关注的人物，几百名记者蜂拥而至，大多问陈佩斯同一个问题：关于小品！

面对众多记者的提问，陈佩斯不卑不亢地说："关于小品的问题，我已在众多报纸、电台、电视台上有详尽的介绍，你们可以查找一下。"

这句不冷不热又非常合情合理的回答，让在场的记者无以应对，渐渐纷纷离开。见众多记者纷纷离开，我来到陈佩斯身边，举起话筒问道："佩斯，请您谈谈小品与大品的区别。"

一句话，引起了陈佩斯的高度兴趣。于是，他就小品与大品的区别，谈了近半个小时。我的采访就这样获得了成功，成为独家新闻。这其中的关键问题，就是要"会"问。

【翟杰横论《反应》篇】

孙子说："知己知彼，百战不殆。"我说这句话是错的，而且大错特错！这是对孙武著作《孙子兵法》的一个误传。《孙子兵法》第三章《谋攻篇》原文是："知彼知己者，百战不殆；不知彼而知己，一胜一负；不知己不知彼，百战必殆。"

这其中第一句话是"知彼知己者，百战不殆"，而不是人们说的"知己知彼，百战不殆"。可能有人会说"知己知彼"和"知彼知己"无非是词序的前后，没什么区别，怎么就错了呢？

古人的智慧就在这里。有些人学习，只学些皮毛，浅尝辄止，望文生义，所以酿成了大错。

"知彼知己"告诉人们的是先了解对方，然后再对照自己；而"知己知彼"说的是先知道自己，再去了解别人。这其中有个时间差，因为在同一时间，既了解自己，又了解别人，是很难做到的。

举例说明：假如我们四个人参加一个鬼谷子文化研讨会，我先以"知己知彼"

的方式参会发言，我对自己很了解，研究讲解鬼谷子智慧已有十年之久，编写了《鬼谷子智慧》系列丛书，并担任文化部中华鬼谷子文化发展委员会主任，又在电视剧《谋圣鬼谷子》中担任总策划、出品人、制片人，正在筹拍电影《鬼谷子》，筹建鬼谷子文化产业园，还开发了一系列鬼谷子文化产品，诸如鬼谷子青花酒、鬼谷石酒、鬼谷子神像、鬼谷子茶壶、鬼谷子箱包、鬼谷子扑克、鬼谷子手表等，于是我便忘乎所以，自认为是鬼谷子研究专家，当代鬼谷子第一人，等等。

这一番话说完，我的风险来了。因为我并不知道另外三位专家对鬼谷子的研究成果如何。于是下面的一幕幕就可能出现。

第一位专家说："我在中国社科院研究鬼谷子四十多年，有几十篇论文，在鬼谷子国际学术研讨会上获金奖。"我一听，比我水平高，比我学识深。我此刻什么感受？自愧吹牛了，很尴尬，很惭愧，很后悔了，怎么办？没办法，谁让你不了解别人就瞎吹牛了。

另一位专家又说了："我对鬼谷子的研究如何如何……"又是一番高谈阔论；第三位专家又是一番高屋建瓴的论述……都比我高，怎么办？此时如果有个地缝我都想钻进去，无脸见人，见不得人。

这就是"知己知彼"可能带来的弊端。遇到这样的情况，基本没有退路。唯一的退路就是，承认自己才疏学浅，承认自己口无遮拦，承认自己吹牛说大话。

下面，换一个方式，以"知彼知己"来做一个推测。同样来到这个会议，我先不阐述自己的观点，也不先发表我的见解，而听别人讲。假如第一位讲了，一听比我高；第二位又讲了，一听也比我高；第三位也讲了，一听还比我高。这时，我还能吹牛吗？我还会说大话吗？显然不能了。这时的我想进则进，想退则退，进退自如，尽情发挥。

我们先做第一种推测，假如前面三位专家都比我高，如果我想退的话，可选择谦虚。我说："各位专家谈得非常好，学识非常高，我远远不如。今天我抱着学习的态度，来向各位请教，请你们不吝赐教。"这样一番话，即使是我水平比他们低，人们也不免想起印度诗人泰戈尔说的一句话："当一个人谦虚的时候，他就步向了一个伟大的起点。"我今天的谦虚，已经步向了一个伟大的起点。多好哇！相信在场的人，不会因为我谦虚而看低我，相反会认为，敢于谦虚的人，善于谦虚的人，才是伟大的人。

还有第二种推测，假如前面三位专家谈了自己的观点后，我觉得比我高，我已没有更新的见解，就可以选择总结。尽管我的学识没有他们高，但是通过他们的讲话发言，我可以作总结式发言："这三位专家讲得非常好，第一位专家谈了三个问题，一二三；第二位专家谈了五个问题，一二三四五；第三位专家谈了七个问题，一二三四五六七。"这么一总结，大家会觉得总结的这个人条理清晰，逻辑性强，高度概括，更厉害！

这两种推测，尽管都是退，但是，人们普遍认为：你是伟大的人，你更厉害。事实上，你已经达到了"以退为进"的效果。

再做第三种推测，如果前面三位专家和我水平差不多，我可以选择另辟蹊径，也就是避开他们的强项，寻找自己专长的领域，阐述自己的独到见解，尽情发挥。最后，无非是春兰秋菊，各领风骚，也同样保持着专家的应有身份。

接着做第四种推测，假如前面三位专家确实没有我高的话，心里就更有把握了，完全可以高屋建瓴地阐述我更深的理论，更高的见解，高人一等。

最后做第五种推测，前面三位专家所阐述的问题，也许会对我在某个方面、某个思路有所启发，我又得到新的提升、新的感悟，我又有了新的进步，岂不更好。

这样，他们等于扮演了"知己知彼"的角色，我扮演了"知彼知己"的角色。

所以说，一旦掌握了"知彼知己"的智慧，便可达到左右逢源、进退自如的境界。这就是"知己知彼"与"知彼知己"的区别。

我希望每一位读者，从今天的这一刻开始，千万别再说"知己知彼"，一定要说"知彼知己"。更重要的是要将"知彼知己"的智慧，落实到从政经商、人际交往过程中，这才是真正把《孙子兵法》这一著作原原本本地掌握了。

有人把《孙子兵法》与《鬼谷子》做了一个比较：《孙子兵法》侧重于战略，《鬼谷子》侧重于战术，两者缺一不可。然而，世间知《孙子兵法》者多，知《鬼谷子》者少，所以智者多，圣人少。

那么究竟鬼谷子的反应智慧高在哪里？妙在何处呢？

【智慧案例一：苏秦巧撒复仇网】

话说鬼谷子的弟子——掌握六国相印的苏秦，合纵政策失败后，逃到了齐国。美慕嫉妒恨苏秦的人，雇佣了刺客，在苏秦上朝时，用一把带毒的尖刀刺进了苏秦的小腹，然后逃之夭夭。

苏秦捂着小腹，忍着疼痛，跟跟跄跄来到齐愍王的大堂之上，见到齐愍王说："大王，我为了您的社稷江山，为了齐国的利益，被小人陷害。我知道这把刀子是有毒的，我一旦把刀子拔出来，就会一命呜呼，大王，您一定要替我报仇哇！"

大家想想：齐愍王是国王，苏秦是相国，相当于现在的总理，一个国家的总理被刺，国王是个什么滋味？

齐愍王又气愤又心痛地说："我一定要替你报仇，此仇不报，我枉为大王。"

苏秦问："大王，您准备怎样替我报仇呢？"

★智慧测试题：如果你是苏秦，你将如何破案呢？

特别提示：请先不要着急阅读下一页的答案，开动自己的大脑，设想几套擒拿刺客的方案，来测试一下自己的智慧。

然后再将自己的方案与苏秦的方法对照比较，孰高孰低，以便继续努力。

★智慧测试答案

齐愍王说："明天我就贴出告示，三军全部出动，全国缉拿刺客，为你报仇！"

苏秦说："大王，不可。您用这种常规手段，不仅兴师动众、劳民伤财，而且还会让刺客躲得更远、藏得更深，犹如大海捞针。"

齐愍王问："你说怎么办？"

苏秦说："我有一计，大王如果按我之计，不费一兵一卒，不发一枪一弹，定能轻而易举擒拿刺客，让他们自投罗网，把他们一网打尽。"

齐愍王一听非常高兴："马上说来我听。"

苏秦凑到齐愍王耳边说："大王，待会儿当我把刀子拔出，一命呜呼之后，明天您在大庭广众之下将我五马分尸，然后将我的头颅挂在城墙之上，悬赏全国，说我是燕国的间谍，幸好昨天有人将我杀掉，为齐国除掉一害，您把这个人视为民族英雄，重金悬赏，这个人必然自投罗网，您便可不费吹灰之力抓到刺客，为我报仇。"

齐愍王一听，苏秦高啊！不仅他这张嘴可以说活一个人，说死一个人，就连他死后都可以用智慧为自己报仇雪恨，于是说："好，依你之计。"

这时，苏秦拔出短剑，血流遍地，一命呜呼。

第二天，齐愍王按照苏秦的计谋，一切布置停当，在众人聚集的广场之上将苏秦五马分尸，将苏秦的头颅挂在城墙之上，并贴出告示："昨日幸有吾国家之英雄，将燕国间谍苏秦刺死，此人为国除害，乃国家之栋梁，本王悬赏黄金五十两。"

告示贴出之后，没过多久就来了一个人，站在悬赏告示前说："昨日刺杀苏秦者，乃某人也。"

看榜的兵丁马上将他带到齐愍王的大堂之上，齐泯王说道："将你昨天行刺全部经过如实说给本王听听。"

那人将行刺苏秦的过程叙述一遍，与苏秦介绍的情况完全吻合，可以确定刺客就是这个人。

齐愍王又说："这位壮士，你跟苏秦认识吗？你们往日有冤、素日有仇吗？"

刺客答："没有。"

齐愍王："那你为什么杀他呢？"

刺客："有人雇佣我，我是职业杀手，我大哥给我钱了。"

齐愍王装作恍然大悟："既然你有大哥，就一定有弟兄了？"

刺客："对！我们是一个组织，有四五十人，分工明确。"

齐愍王佯装惊喜地说："太好了！按国家规定，凡对国家有功之士，我们宁赏一群不落一人，你大哥和你的这帮兄弟，都是国家有功之臣，你把这些人都请来，本大王要悉数奖赏，一个不能落下。"

刺客一听，好啊！不仅我自己有两份赏，全体弟兄都有赏，何乐而不为呢！

没过两天，刺客便将所有与此事有关人员，一共四五十人，全都带到了齐愍王的大堂之上，听候领赏。

齐愍王说："你们自我介绍一下，我也好量情赏赐。"

这个团伙一行每个人都一一作了自我介绍。

齐愍王又问："都到了吗？一个都不能少！"

全体回答："全部到齐，听候大王奖赏！"

齐愍王把脸一沉，一拍桌案，厉声宣布："奖赏开始！"

话音未落，埋伏在大堂四周的兵丁蜂拥而至，冲进大堂，两人一个，将这个团伙的四五十人，个个五花大绑，捆了个结结实实。

众人慌忙问："大王怎么回事？您不是要奖赏吗？怎么这么对待我们？"

这时齐愍王朗声大笑："哈哈哈哈！你们这等小人，只能用江湖鼠辈小人之计，杀害我国之重臣苏相国。但是你们的智慧跟苏秦相比，相差甚远。苏秦虽死，但他临死之前，只略施小计，便让你们自投罗网，并把你们一网打尽。"

齐愍王将苏秦之计，一五一十地和盘托出。众人听后，大呼上当，但为时已晚。接着，齐愍王一声令下，将这个团伙全部成员悉数斩尽杀绝，为苏秦报了这血海深仇。

这就是苏秦运用鬼谷子反应智慧，张网而待，巧撒复仇网，报夺命之仇的真实历史故事。

横论此案，我们来分析一下，按照常人思维，缉拿凶犯一定是通缉罪犯，派出兵丁搜查等。可是苏秦反向对应，不但不抓，而且悬赏，用赏的方式把刺客和这个团伙的其他人吸引过来，也就是把他们骗过来，然后悉数斩尽杀绝。这就是反应智慧高人一筹之处。

借这个案例将《反应》与《捭阖》横向论述，此案可"捭"，用正向思维，全国通缉，捉拿凶犯，结果往往会如苏秦所料，不仅兴师动众、劳民伤财，还会使凶犯逃得更远、藏得更深，犹如大海捞针，而且未必能够抓到刺客及其团伙。相反，此案用"阖"，即采用反应智慧，不费一兵一卒，不动一刀一枪，在神不知鬼不觉中，不费吹灰之力，将刺客及其团伙一网打尽。这一捭一阖，决定了此案的成功与失败，简洁与复杂。这就是鬼谷子纵横捭阖智慧中反应智慧之"巧"。

亲爱的读者，你的答案是什么呢？你从中悟到了什么呢？你的答案你自己满意吗？你还有更好的计策吗？

【智慧案例二：全聚德妙德聚全】

北京全聚德始建于 1864 年，距今已有 150 多年历史，像这样的老字号，中国已经不多了。那么，这家以烤鸭为主导产品的餐饮企业，为什么能百年不衰呢？

下面这个真实故事，也许能说明一二。

故事发生在 20 世纪 80 年代。有一段时间，北京全聚德的一家门店，经常丢失烤鸭，什么原因呢？

仓库保管这个重要岗位，交给了一位在岗二十多年，勤勤恳恳、任劳任怨的大师傅来掌管，这位大师傅是久经考验、品德技术都非常高超的人，每天都是他将剩下的烤鸭送到仓库冰箱保管，只有他有这样的机会。

难道是他？谁也不敢相信。于是董事会的几位领导开会研究，要认真调查一下。经过研究，全体领导认为，直接用"捭"的方式问大师傅"烤鸭是你偷的吗？"当然不好，对人格有伤害。于是，他们采用了"阖"的方式，暗中调查。

几位领导商定，买了一套监控设备。现在这种监控设备很多，公路、银行等公共场所都有，但是在那个年代很少，也很贵。监控设备买来之后，安装在仓库门前。过了几天，查看监视录像，果然是大师傅在晚间下班后，借工作之便，一手拿一只烤鸭回家了。

根据调查结果，领导再次开会研究，一致认为：大师傅的所作所为，已经构成盗窃国家财产的犯罪行为。那么该怎样处理呢？领导班子内部产生了两种意见。

第一种意见认为：大师傅犯了盗窃国家财产罪，应该交给公安机关，依法处理，让他通过法律惩罚接受教训，也就是用"捭"的方法。

第二种意见认为：大师傅是一位品德技术一流的人才，不能轻易下结论，要认真调查研究一番。经过一番调查研究了解到，原来大师傅的爱人下岗回家，没有了基本生活来源，家里两个孩子要吃饭、要读书，家庭的全部重担，落在大师傅一人身上，家庭生活出现拮据，使得大师傅迫于生活压力，一念之差、一步之错，做了不该做的事情。

如果按照第一种意见办，把大师傅送到监狱判个三年两载，对他自己固然有教育作用，可是这一家人怎么办？那就可能妻离子散，家破人亡。

领导班子经过多次认真研究，决定用"阖"的方式。也就是说，既让大师傅认识到错误，以后不能再犯，又能解决他的家庭困难及公司的工作需要。

于是，一套缜密的工作方案便产生并实施了。

几天后的一个晚上，几位高层领导秘密埋伏在仓库周围，当大师傅晚上又拿着两只烤鸭，从仓库出来准备回家时，几个领导一拥而上，有的抱住大师傅，有的夺下他手里的两只烤鸭，有的大声喊："捉贼呀！捉贼呀！"大师傅被这突如其来的情景吓得目瞪口呆，不知如何是好。这时，其中的一个领导说："大师傅，你真是我们的好员工，你不仅赶走了窃贼，又夺回了国家财产——两只烤鸭，明天早上我们要召开全体职工大会，授予你见义勇为保护国家财产优秀员工的光荣称号。"

第二天上午，公司果然召开全体员工大会，给大师傅披红挂花，一份鲜红的证书颁发给了大师傅。

大家想想：大师傅拿到这个证书，心里是什么滋味？愧疚、后悔、感激，等等，他的心情复杂交错。接着，工会又到大师傅家里，给予适当生活补助，这件事情就这样过去了。在这之后，大师傅再也没有发生类似事件。

借这个案例将《反应》与《捭阖》横向论述：在可正向思维"捭"，即将大师傅送交公安机关；可反向对应"阖"，即让大师傅感激涕零；这两种选择中，全聚德的领导选择了"阖"。

这个"阖"，既体现了全聚德领导"惩前毖后，治病救人"的领导韬略，又在默默中把这位大师傅的心牢牢抓住了，并没有给大师傅家庭和公司工作造成损失。不然，大师傅的家庭完了，公司也失去了一个业务骨干。而此时的大师傅更会在心里想：这是领导给我一个改正错误的机会，这是领导对我的宽容，这是领导对我的教育，在未来的工作中，在未来的人生道路上，我绝对不能再做这样的事，我要用我全部的身心精力、用我全部的智慧和工作态度将功折罪。

事实证明确实如此。在未来的工作中，不论分内、分外、业余时间、节假日工作，只要领导一句话，大师傅从不讲条件，从不讲价钱，任劳任怨，全力以赴地工作，还唯恐自己做得不够，唯恐领导不满意。

说到这里，您一定也悟到了其中的奥妙。

上述两个经典案例，一个是古代的，苏秦运用反应智慧——张网而待"抓人"，体现一个"巧"字；一个是现代的，全聚德运用反应智慧——欲擒故纵"放人"，体现一个"妙"字。这一"抓"一"放"，一"巧"一"妙"，可谓古人今人有着殊途同归之巧，异曲同工之妙，谓之"巧妙"。

【翟杰纵横论《反应》】

《反应》篇告诉我们，要这样运用反应智慧：

一、从思路上说

（1）换一个角度，让开大路。开国领袖毛泽东在军事战略中提出的"让开大路，占领两厢"就是反应智慧的科学体现。面对强大的敌人，在军事力量不敌的情况下，不去攻打敌人力量强大的大城市，以卵击石；而是让开大城市，到偏远地区发动群众，积蓄力量，壮大自己，"以农村包围城市，最后夺取城市"，取得最后胜利。

（2）换一个思路，高人一筹。以全聚德为例，如果把大师傅抓起来也可以，但是大师傅身陷囹圄，一家人饥寒交迫，企业也失去了一个兢兢业业的业务骨干，两败俱伤。而换了一个思路，可谓两全其美。

（3）换一个方法，出其不意。以苏秦为例，如果按照常规抓刺客，兴师动众，劳民伤财；而换了一个方法，不费吹灰之力，让刺客自投罗网，将团伙一网打尽。

（4）换一种效果，出奇制胜。以毛泽东四渡赤水为例，在长征途中，蒋介石以几十倍兵力围剿毛泽东，当蒋介石把毛泽东逼到赤水河畔时，蒋介石高兴了，毛泽东犯难了。赤水河乃自古天险，无数英雄豪杰在此全军覆没。蒋介石知道毛泽东是历史专家，对赤水河古今战例非常了解，毛泽东绝对不会、也不敢渡赤水河，于是放松了警惕，河对岸基本没有布兵。但毛泽东借用蒋介石的正向推测，运用鬼谷子反应智慧，一渡赤水，打破了蒋介石的围剿，虽然损失惨重，但避免了全军覆没，最大限度地保护了革命力量；当第二次来到赤水河边，蒋介石推断，一渡赤水毛泽东损失惨重，第二次毛泽东不会再冒险渡过赤水，但毛泽东出乎意料地二渡赤水，因为有一渡赤水的经验，伤亡很少；当第三次来到赤水河边，蒋介石推断，毛泽东一而再，不可能再而三，但毛泽东成功地三渡赤水；当第四次来到赤水河边，蒋介石推断，毛泽东第四次绝不会渡赤水，但毛泽东出奇制胜地四渡赤水。就是这样，毛泽东运用反应智慧创造了人类战争史上的一个奇迹，这个奇，就是出奇制胜。不怪当美国记者采访毛泽东时问道："您指挥了众多伟大的战役，得意之作是什么？"毛泽东毫不犹豫地回答："四渡赤水。"这正像长征组歌《红军不怕远征难》所唱的那样："四渡赤水出奇兵……毛主席用兵真如神。"

二、从方法上讲

（1）正面攻不下侧面攻。不管遇到什么问题，正面攻不下时，不要硬攻，硬攻那叫莽夫。例如：《世说新语》中"匈奴使者探营，曹操代人捉刀"的典故。崔琰是曹操手下的一个普通士兵，但他声姿高畅，眉目疏朗，须长四尺，是个不折不扣的美男子。匈奴使者要来探营，与曹操谈合作，于是曹操便让崔琰坐在正座上，假扮自己，而曹操本人则提刀立于崔琰床头，也就是崔琰座位旁边，装做侍从的样子。事后，曹操派间谍去问匈奴使者印象如何。使者不假思索地说："魏王雅望非常，然床头捉刀人，此乃英雄也。"这里，曹操运用反应智慧，达到了威慑匈奴，谈成合作的目的。因为古代军事战略上有"不怕一君王，唯怕将军强"的说法。曹操正是借此说法上演了一出主仆互换的精彩戏剧。

（2）侧面攻不下反面攻。相反方向也许就是对方的弱点，也许就是对方没有设防的地方，这样就容易被攻破。例如：张功耀正话反说巧成功。中南大学教授张功耀，一直从事弘扬中医的工作，然而效果并不好。2006年他摇身一变，一反常态，突然在网上抛出一篇《告别中医中药》的文章，提出"废除中医"的大胆观点，并且征集促使中医中药退出国家医疗体制签名的活动，还到处演讲游说。一时间张功耀及其言论引发了全国乃至海外的风波。得到的结果是，国家卫生部有关部门出面郑重声明：中医不可废除。甚至美国等外国对中医有研究的部门和专家都站出来证明中医是科学的。

（3）反面攻不下正面攻。这个正面不是回到原点，而是又一个智慧的转换，是一个变化的轮回。这个智慧很难解释，我以《三国演义》第五十回"诸葛亮智算华容，关云长义释曹操"为例加以说明。

话说曹操被张飞追杀至华容道旁。书中说：

正行时，军士禀曰："前面有两条路，请问丞相从哪条路去？"

曹操问："哪条路近？"

军士曰："大路稍平，却远五十余里。小路投华容道，却近五十里，只是地窄路险，坑坎难行。"

曹操令人上山观望，回报："小路山边有数处烟起，大路并无动静。"

曹操教前军便走华容道小路。

诸将曰："烽烟起处，必有军马，何故反走这条路？"

曹操曰："岂不闻兵书有云：'虚则实之，实则虚之。'诸葛亮多谋，故使人于山僻烧烟，使我军不敢从这条山路走，他却伏兵于大路等着。吾料已定，偏不教中他计！"

诸将皆曰："丞相妙算，人不可及。"遂勒兵走华容道。

后人有诗曰：曹瞒兵败走华容，正与关公狭路逢。只为当初恩义重，放开金锁走蛟龙。

这个案例就是典型的反应之反应智慧，是一个连环反应计，正如反应之反应等于正应，又相当于逻辑学中的否定之否定等于肯定，还相当于数学中的负负得正。看似曹操按照常理选择道路，实则做了两次反应的思辨。常人运用第一次反应，已属智者，而诸葛亮和曹操乃智中之智者，两人的博弈堪称举世无双！

从另一个角度讲，对方运用反应智慧，您如能及时识破，您也可同样运用反应智慧加以应对。这样环转往复，便形成了上面总结的反应之反应、否定之否定、负负为正的局面，关键看谁的应变能力更快、更好、更高！

这正是：

西江月·反应

欲闻其声反默，

欲擒故纵反作；

声东击西知彼己，

南辕北辙而过。

用心投石问路，
天神看门守护；
螳螂捕蝉黄雀后，
张网而待胜数。

欲知后事如何

且听下回分解

漆一蓉山水画作品《烟水银山天地宽》

第三回　察言观色一语千金　把握时机入木三分

【内楗】

　　《内楗》篇，主要讲述如何向他人谏言献策，如何拉近彼此关系，如何把握对方内在情绪，如何找准突破口，找到接纳点，打动对方采纳己见的谋略。

　　这是鬼谷子为人处世的秘诀。这些秘诀，对于今天的官场、商战仍有可借鉴作用。如何掌握市场动态，如何把握对方心理状态，如何处理对上、对下、对内、对外的关系，使自己言行分寸得当，进退有度，这些都可以通过内楗智慧得到启发。

【《内楗》原文】

内楗　第三

君臣上下之事，有远而亲，近而疏；就之不用，去之反求。日进前而不御，遥闻声而相思。事皆有内楗，素结本始。或结以道德，或结以党友，或结以财货，或结以采色。用其意，欲入则入，欲出则出，欲亲则亲，欲疏则疏，欲就则就，欲去则去，欲求则求，欲思则思。若蚨母之从其子也，出无间，入无朕，独往独来，莫之能止。

内者进说辞，楗者楗所谋也。欲说者务稳度，计事者务循顺。阴虑可否，明言得失，以御其志。方来应时，以和其谋。详思来楗，往应时当也。夫内有不合者，不可施行也。乃揣切时宜，从便所为，以求其变。以变求内者，若管取楗。言往者，先顺辞也；说来者，以变言也。善变者审知地势，乃通于天，以化四时，使鬼神，合于阴阳，而牧人民。

见其谋事，知其志意。事有不合者，有所未知也。合而不结者，阳亲而阴疏。事有不合者，圣人不为谋也。

故远而亲者，有阴德也。近而疏者，志不合也。就而不用者，策不得也。去而反求者，事中来也。日进前而不御者，施不合也。遥闻声而相思者，合于谋待决事也。故曰：不见其类而为之者，见逆；不得其情而说之者，见非。得其情乃制其术，此用可出可入，可楗可开。故圣人立事，以此先知而楗万物。

由夫道德、仁义、礼乐、忠信、计谋。先取《诗》《书》，混说损益，议论去就。欲合者用内，欲去者用外。外内者必明道数，揣策来事，见疑决之，策无失计，立功建德。治民入产业，曰楗而内合。上暗不治，下乱不寤，楗而反之。内自得而外不留，说而飞之。若命自来，己迎而御之。若欲去之，因危与之，环转因化，莫之所为，退为大仪。

【瞿杰纵论《内楗》篇】

《内楗》是在《捭阖》《反应》两篇基础上，进一步阅人察事的谋略篇，更是前两篇的延续。介绍的是：在运用《捭阖》《反应》智慧的基础上，找到人或事物关键点的秘诀。将《内楗》与《捭阖》篇相结合，体现了鬼谷子洞察一切的智慧。

内楗篇，主要讲述如何向他人谏言献策，如何拉近彼此关系，把握对方内在情绪；如何找准突破口，找到接纳点，打动对方，采纳己见的谋略。

这是鬼谷子为人处事的秘诀。这些秘诀，对于今天的官场、商战仍有可借鉴作用。如何掌握市场动态，如何把握对方心理状态，如何处理对上、对下、对内、对外关系，使自己言行分寸得当，进退有度，这些都可以通过内楗智慧得到启发。

《内楗》之"内"，是通假字，通"纳"，即入的意思。"楗"，本意指古代的门栓，可引申为机关、要害、关键。内楗，就是找到人或事物关键问题的方法。鬼谷子通过下面几种人际关系的特点，分析他们之间关系的关键，阐述了找到"楗"的秘诀。

纵论《内楗》篇主要智慧点：

一、内楗途径秘诀

所谓"内"就是采纳意见，所谓"楗"就是进献计策。要说服他人，必须事先细心揣测，如何揣测？我将在《揣情》第七回中详细介绍；要度量策划事情，必须选择顺畅途径，如何选择？我将在《量权》第九回中详细介绍。经过"揣情"和"量权"后，暗中分析是可是否，透彻辨明所得所失。只有将"道""术"相辅相成，有机结合，把握好进言时机，才能与他人的谋划默契配合，就像管家开启门楗一样顺畅。

二、君臣关系秘诀

（1）虽然君臣相距遥远，但关系很亲密，那是因为君臣心意暗合。

（2）虽然君臣相距咫尺，可是关系疏远，那是因为君臣志向不一。

（3）虽然已经就职在任，却总未被重用，那是因为工作没有效果。

（4）虽然已经革职离去，但又重被召回，那是因为工作得到认可。

（5）虽然君臣朝夕相见，但却不被信任，那是因为言行皆不得体。

（6）虽然君臣遥远陌生，但却反被思念，那是因为君臣思想一致。

三、知晓君心秘诀

（1）若要说服他人并获得成功，一定要选择适当的时机，这个时机就是"楗"。在不适当的时间，不适当的地点，不适当的人群，说了不适当的话，说明没有摸透时机之"楗"。

（2）若要了解他人谋划的事情，就要知晓他人的真正意图。只有了解了他人的真正意图，也就是找到了"楗"，才容易去谏言，提建议，而且谏言和建议，才容易被采纳。

（3）若是所办之事不合他人之意，说明对他人了解还不透彻，还没有找到他人真正的"楗"，你的主意自然不能被采纳。

（4）若与他人意见一致，却达不到默契，他人既不反对，也不采纳。说明你们彼此之间关系之"楗"，只停留在表面的亲热上，而实际心里差距很大。

四、谏言献策秘诀

（1）任何事物都有采纳和建议两个方面，若要建议和采纳达到一致，可以靠道德相结合，因为彼此志同道合；可以靠朋党相结合，因为彼此感情亲密；可以靠钱物相结合，因为彼此利益相同；可以靠艺术相结合，因为彼此互为认可。

（2）要推行自己的主张，就要做到想进来就进来，想出去就出去；想亲近就亲近，想疏远就疏远；想接近就接近，想离去就离去；想被聘用就被聘用，想被思念就被思念。这一切只要抓住了"楗"，皆可实现。

五、化育四时秘诀

（1）与他人谈过去的事情，要顺着他的意思分析，文过饰非，既往不咎。因为过去的已经过去，过分追究势必引起对方不爽。

（2）与他人谈未来的事情，要用容易变通的言辞，留有余地，随机应变。因为未来还未发生，变数很大，必须用进退两可、分析利弊的语言，不要轻易把话说绝。

（3）善于随机应变的人，必须详细了解各种形势的变化，依变而变，这样才能沟通天道，化育四时，驱使鬼神，附和阴阳，牧养人民。

六、成功谏言秘诀

在情况还没有明朗之前就去游说的人，定会事与愿违；在还不掌握实情时就去游说的人，定要受到非议。只有了解情况后，再依据实际确定方法，才能推行自己的正确主张，才能做到既可以随心所欲地出去，寻找空间；又可以游刃有余地进来，找到缝隙；既可以适时进谏他人，坚持己见；又可以放弃自己的主张，随机应变。

七、内部团结秘诀

要想与人合作，就要把力量用在内部，注重心灵的互通；要想离开现职，就要把力量用在外面，有效地采取行动。对出现的各种疑难问题善于当机决断，善于管理人民，用我们积累的德政，带动人民心悦诚服地从事工作，并且不断建功立业，这是处理内外大事小情必须明确的理论和方法。

【翟杰横论《内揵》篇】

所谓"内揵"，可对人，可对事，也可对物。那么如何"内"？如何找到"揵"呢？

【智慧案例：张仪一语值千金】

话说鬼谷子的弟子张仪，有一段时间在楚国很贫困，他的几个侍从看他这么贫困，没什么指望，都纷纷提出要跳槽，要离开他。企业也是如此，如果你的企业经营不好，职工的待遇不好，人家也要跳槽，也要离开的。张仪两千年前，就遇到这样的问题了。

张仪想：人都走了，我身边没有侍从，谁来服侍我呀？不行，得把他们留住。于是说："你们不要走，别看我现在贫困，可是我有文凭，鬼谷子发的；我有智慧，鬼谷子教的；书中自有黄金屋，你们跟着我，想富非常容易；钱，对于我来说，犹如探囊取物一般，不费吹灰之力。"

这些侍从们早就听厌了张仪的这番话，纷纷说："我们跟你好几年了，也没看你富起来，你无非是用这样的话来诓我们，不让我们走。不行，今天我们一定要走！"

张仪一看，侍从们动真格的了，心想：时机到了，这次我让他们见识一下我张仪的功力。于是说："好，既然这样，那就让你们领教一下我张仪的厉害吧！我们打个赌，只要你们给我三天时间，我张仪就会成为千万富翁。"

侍从们一听，更不相信了。心想：我们跟你好几年了，都没见你富有，如今三天时间就能成为千万富翁？不相信。但是转念一想：几年都等了，再等三天也无妨。如果三天之内，张仪果真成为千万富翁，我们就留下，继续跟随他；如果不然，再走也不迟。于是异口同声地说："好！等你三天。"

结果，张仪真的仅仅用了三天时间，分别到楚王、楚王夫人南后和楚王最宠爱的妃子郑袖那里，与每人一番话，就成为千万富翁，并且还富富有余。

★智慧测试题：如果你是张仪，你将如何在三天之内成为千万富翁？

特别提示：请先不要着急阅读下一页的答案，开动自己的大脑，设想几套方案，来测试一下自己的智慧。然后再将自己的方案与张仪的方法对照比较，孰高孰低，以便继续努力。

★智慧测试答案

第一天一大早，张仪出门了。找谁去了？到楚王那里了。见到楚王，张仪说："大王，我听说作为一个国君，应该有'三美'。第一美，叫美景，也就是您的国土幅员辽阔，名山大川，美景如画，这些楚国有；第二美，叫美食，就是您的土地肥沃，五谷丰登，您也有；第三美，叫美女。大王，前两美您已经有了，差的就是第三美，美女。"

楚王说："我们楚国也有很多美女，比如南后、郑袖，都是美若天仙的美女。"

张仪说："大王，我听说韩国美女是世界一流的美女。"接着，张仪开始描绘韩国美女，肌肤如何白如凝脂，身材如何婀娜多姿，走起路来飘飘欲仙，等等，把韩国美女描述得天仙一般。

楚王听后心想：作为一个君王要"三美"，别人都有"三美"，我只有"两美"那不行，面子上过不去。再者，楚王是"爱江山更爱美人"的人。于是，楚王对张仪说："张仪，既然是这样，我就派你到韩国给我寻找美女。"

张仪答道："大王，遵命！我一定帮您找到韩国最美的美女。可是韩国路途遥远，我没有那么多盘缠呀！"

楚王说："您给我办事，盘缠我付。"随即叫侍从拿来一些金银珠宝送给张仪说："这叫定金。你去韩国寻找美女回来之后，我量情再行加赏。"

于是，张仪拿了一些楚王给他的珠宝回家了。侍从们一看：哎呀！不错啊！这么多的金银珠宝。但仔细一清点说："钱数不够啊！你不是说千万富翁吗？这远远不够一千两黄金呀！"

张仪说："别着急，我们约定的不是三天吗？还有两天呢。"

第二天，张仪又出门了。到哪儿去了？到楚王最宠爱的王后——南后那里去了。

张仪见到南后说："南后，我来向您道别！"

南后问："张先生，你要去哪里？"

张仪说："我要去韩国，去给大王寻找美女。"

南后一听，倒吸一口冷气："啊！我失宠了？大王不喜欢我了？要到韩国寻找美女，这不行！张仪你不能去！"

张仪说："没办法，我已经答应大王了，不去就是违抗王命，杀头之罪！"

南后忙说："要不这么办，你悄悄地到其他地方去转一圈，就说没找到。"

张仪说："这叫欺君之罪，也要杀头的。"

南后为难了："那怎么办呢？"

张仪接着说："您看我这孤家寡人，穷困潦倒，我靠给大王找来美女，得点赏钱来维持生活呀！"

一句话提醒了南后："张仪，你开个价，要多少钱？"

张仪心里想：我跟人打赌，千万富翁，那就一千两黄金。于是，狮子大开口："一千两黄金。"

南后心想，什么？一千两黄金，太多了！可她转念又一想：一千两黄金算什么？我有了黄金却失宠，再多的钱也没用呀！我今天能用一千两黄金，得到大王的宠爱，以后要多少有多少，这舍和得的关系，我还是算得出来的，于是说："好！一千两黄金没问题，但你一定要答应我不去韩国寻找美女。"

张仪说："我答应您，一定不去韩国寻找美女！"于是，拉上这一千两黄金，赶着牛车回家了。

张仪到家后，侍从们一看："好家伙！我们的张先生真厉害，果真成了千万富翁。好！我们谁也不走了，继续跟着您干！"

人有的时候，你越说他胖，他就越喘。张仪一高兴，来劲儿了，骄傲地说："一千两黄金算什么？这还没完呢。告诉你们，我还有办法得到更多金子。不是三天吗，还有一天，看我的！"

第三天早上，张仪又出门了，到哪儿去了？到楚王的另外一位最宠爱的妃子——郑袖那里去了。到了郑袖那里，他把在南后那里说的一番话又讲了一遍。因为郑袖和南后一样怕失宠。一听这样的情况，马上问："那怎么办呢？"

张仪说："昨天南后给了我一千两黄金，作为我们这次交易的代价。"

郑袖说："人家南后实力比我强，我没那么大实力，只能给您五百两。"

张仪心想：五百两也行，反正一千两已经够了。于是，又把这五百两黄金驮回家了。

于是，全部侍从大摆宴席庆贺。

这一餐过后，侍从们酒醒了，有些反过劲儿来了，纷纷对张仪说："张先生，我们还是要走哇！"

张仪不解地问："我没钱时，你们说要走，现在我有钱了，你们怎么还要走呢？"

侍从们说："张先生，你闯下大祸了！我们如果不走，和你一块儿没命了！你答应大王去韩国寻找美女，又答应南后和郑袖不去寻找美女，无论你去还是不去，大王、南后、郑袖这三个人，你谁都得罪不起呀！这不是闯下大祸了吗！"

张仪听罢，微微一笑说："不着急，不是还有半天时间吗！看我张仪如何处理。"

临近傍晚时分，张仪再次来到楚王的大堂之上，张仪说："大王，明天一大早，我就要和您分别了，这次去韩国为您寻找美女，我一定尽心竭力。我们君臣即将分别，不知何日才能相见，今夜我们是否叙叙离别之情呢？"

楚王一听，这是必须的："来！准备好送行宴，美酒端上，佳肴备上。"于是，君臣二人推杯换盏，畅叙离别之情。

酒过三巡，菜过五味，张仪讲话了："大王，您让我去韩国寻找美女，此事责任重大，我张仪一定不辱使命。可是张仪有些疑惑。"

楚王说："疑惑什么？"

张仪说："这次寻找美女，什么样为美女？什么样的美人是大王最喜欢的？我没个标准呀！大王，请您把您最喜欢的美女请出来，我看一看，然后我按照这样的标准，再找更能讨大王欢心的美女，您看如何？"

楚王一听："对啊，有道理，没有比较哪有鉴别呀？把后宫里我们楚国倾国倾城的两位美女给我传上来。"

话音刚落，南后、郑袖两个人迈着婀娜多姿的小步走上来。南后、郑袖看到张仪在这儿，彼此心照不宣，掩面窃喜。

楚王美滋滋地介绍说："这就是我们楚国的两位美女，这位是南后，这位是郑袖。"

楚王话音还未落地，张仪突然大声喊道："大王！臣有罪啊！臣有罪啊！"马上跪在地上连连磕头。

张仪的这一举动把楚王吓了一跳，忙问道："张先生，怎么回事？"

张仪说："哎呀！大王啊！大王啊！饶恕饶恕啊！张仪有罪啊！"

楚王又问："张仪何罪之有？"

张仪一本正经地说："大王啊，张仪走遍世界各国，也是见多识广、阅人无数之人，什么美人我没见过，可是今天看到南后、郑袖，这美如天仙的美女，是我张仪这辈子都没见过的，这真是天香国色，世上无双，他们两个才是世上的第一美女呀！大王您真有眼力呀！我张仪实在无法再到各地寻找到比南后和郑袖更美的美女了！"

这番话说出之后，南后和郑袖自然高兴，可楚王却很尴尬：第一，张仪当着自己心爱的两个美女，把自己要寻找美女这件事给捅破了，脸上挂不住；第二，张仪的这番话满足了楚王的虚荣心和自尊心；第三，最后一句话，又给了楚王一个很好的台阶下。

楚王见此情景，只好顺着台阶说："你看，我就说我们楚国的美女是天下最美的美女，你非说韩国的美女好。好了好了！关于去韩国寻找美女之事，我看就算了吧。"

就这样，去韩国寻找美女之事，就此不了了之。

张仪凭他的三寸之舌，获得了"一语获千金"的千年佳话。

那么张仪为什么能够单凭寸舌，就能获得千两黄金，而又金蝉脱壳呢？因为张仪抓住了这三个人物各自的"楗"。

楚王之"楗"是：第一，别的君王有"三美"，我只有"两美"不行，他要的是面子；第二，张仪当着楚王的面，把寻找美女这件事捅破，楚王要维护自己及南后、郑袖的面子；第三，张仪最后给楚王一个台阶，楚王只能顺阶而下；还有更重要的一点，楚王是个爱江山更爱美人的人。抓住这几个"楗"，既能引起楚王的兴趣，又让楚王完全在张仪的掌控之中。

至于南后、郑袖之"楗"，她们是共同的，南后怕失宠，郑袖也怕失宠。她们知道，一旦失宠之后，没有了地位，也就没有了一切，所以她们会竭尽全力维护自己的这个"楗"。

张仪正是抓住了这三个人心中最关键的"楗"，然后深入到他们心里，使自己得以一语获千金。

关于"内楗"智慧的当代应用，我再介绍两个发生在"学鬼谷智慧，走财神之路"企业家高端弟子班的真实案例。

古希腊物理学家阿基米德曾说过："给我一个支点，我就能撬动地球。"按照鬼谷子智慧解释，阿基米德说的这个"支点"，就是鬼谷子所说的"楗"。

●小案例一 "找准一个内楗，我谈成了国际大单。"

大连万讯电力仪表有限公司董事长王建和，是一位文化底蕴深厚，精通唐诗宋词的成功企业家，三十多年来一直从事仪器仪表行业企业管理经营工作。

在鬼谷子高端弟子班的毕业典礼上，他以一部记录自我人生经历的诗词集《八千里路云和月》，作为毕业作业，令人刮目相看。

2004 年，他率领公司十多名高管，就一项国际领先的高科技设备引进项目，赴美国谈判。然而，此次谈判的难度令人始料未及，美方强势出击，双方针锋相对，火药味十足。经过两个月，耗资近百万的艰苦谈判，最后以失败告终。

全体人员准备打道回府，中美双方谈判代表不欢而散。但是王建和心想：不管谈判结果如何，我们中国是礼仪之邦，礼节不能少。于是，在临回国登机之前，将随身携带的诗词集《八千里路云和月》送给美方总经理。

另一位高管随口解释道："这是我们董事长的个人诗集。"

没想到这一本诗集，本来是应酬之举，却产生了扭转乾坤的巨大作用。美方总经理瞪大眼睛惊讶地问："这是您的大作？中国唐诗宋词天下 Number 1。"随后频频高举大拇指！

更让人不可想象的是，美方总经理立即决定，退掉机票，费用美方承担，重新回到谈判桌，继续谈判。此举大有当年中美外交谈判、中美朝鲜谈判的味道。

当中美双方再度回到谈判桌前，仅用半个小时，便签订了几亿美元的合同。这正是：

> 赴美谈判两月整，
>
> 针锋相对龙虎争；
>
> 即将回国赠诗集，
>
> 峰回路转功告成！

●小案例二 "找准一个内楗，我将带动一个产业。"

这个"楗"，就是鬼谷子文化，带动了一系列鬼谷子文化产业。

在研究学习传播鬼谷子文化过程中，我一边研究学习，一边付诸实践，在鬼谷班学员及相关专家的参与支持下，开发了一系列鬼谷子文化产业，其中包括：大型历史谋略情节电视连续剧《谋圣鬼谷子》、鬼谷子塑像、鬼谷青花酒、鬼谷石酒、鬼谷财神范蠡酒、鬼谷子茶壶、鬼谷子手表、鬼谷子《无字天书》、鬼谷子系列图书光盘、鬼谷子神扇、鬼谷子扑克、鬼谷子箱包，并经文化部批准成立了中华鬼谷子文化发展委员会、鬼谷子智慧学院，目前正在筹建鬼谷子文化产业园，其中设有鬼谷子文化影视城、鬼谷子养生文化园、鬼谷子文化大酒店、鬼谷子文化会所、鬼谷子学堂等，还有正在筹拍电影《鬼谷子》、网络剧《鬼谷班的故事》，以及评书、山东快书、快板书、地方戏等以鬼谷子文化为主题的文化产业项目。

我计划将开发五百个鬼谷子文化产业项目，以应对鬼谷子五百弟子和世界五百强企业，让鬼谷子文化占领全国，走向世界，让中华国学文化，为人类文明建设做出应有的贡献。

【翟杰纵横论《内揵》】

《内揵》篇告诉我们，要如此运用内揵智慧：

一、凡事要找到解决问题之"揵"

无论多么复杂的问题，总有一个或几个最重要的关键问题，也就是我们所说的"揵"；然后再想方设法去寻找解决的途径，也就是"内"；只有这样，才能使复杂问题简单化、明了化，直至最后彻底解决。

二、凡人要了解要害的穴位之"揵"

对人要像中医了解穴位一样，哪个穴位控制哪条神经？哪个穴位能治哪些病症？然后根据这个穴位的功用，点到要害部位，这个人就会有反应，就会有效果；点到这个穴位，这个人的病就会痊愈。这就是治人之"揵"。

三、凡说要掌握恰当的语言之"揵"

口才是我们沟通交流最有效的工具，要说服一个人，就要在与之沟通交流时，掌握运用恰当的语言，适时适度，合情合理，有理有利有节，具有科学性、原则性、逻辑性，还要有亲和力，平易近人，让人容易接受。具备了这些特质，说明你找到并运用了语言之"揵"。

四、大事在先小事在后，先后有序对待

凡事有轻重缓急，凡人有男女老少，凡说有先后顺序。我们在处理这些人或事物问题时，不能眉毛胡子一把抓，而要根据情节轻重，急缓程度，科学排序，

分别对待。对于急难险重问题，要先抓、快抓、重点抓，这就是抓住了"楗"。

从另一个角度讲，隐藏自己的"楗"，不让对方发现自己的"楗"，更不让对方抓住自己的"楗"，您就能做到无懈可击。这就是下一篇"抵巇"所阐述的智慧。

这正是：

菩萨蛮·内楗

察言观色知其情，
投其所好控其行。
语中藏智慧，
万事皆大成。

思间须时当，
邹忌讽齐王。
以变求内术，
阡陌尽通畅。

欲知后事如何

且听下回分解

胥力浦山水画作品《杏花春雨江南》

第四回　见缝插针高瞻远瞩　攻守兼备开合有度

【抵巇】

　　《抵巇》篇，是《内楗》的姐妹篇。主要阐述应对各种漏洞的方法。所谓：人无完人，事无尽善。任何人或事物都会出现失误和漏洞，而漏洞的出现，都是有征兆的。如何做到敏锐地发现对方的漏洞，切中要害，及时发现自己的漏洞，予以弥补。这是《抵巇》篇重点阐述的问题。抵巇的方法多种多样，既可通过抵使缝隙闭塞、减小或消失，也可以通过抵维持现状、保持平衡，更可以通过抵使缝隙扩大，彻底解决。抵巇智慧，是弥补自己之隙、抓住对方之隙，保全自我、进退自如的大法则。

【《抵巇》原文】

抵巇　　第四

物有自然，事有合离。有近而不可见，有远而可知。近而不可见者，不察其辞也；远而可知者，反往以验来也。

巇者，罅也；罅者，涧也；涧者，成大隙也。巇始有朕，可抵而塞，可抵而却，可抵而息，可抵而匿，可抵而得，此谓抵巇之理也。事之危也，圣人知之，独保其用。因化说事，通达计谋，以识细微。经起秋毫之末，挥之于太山之本。其施外，兆萌牙蘖之谋，皆由抵巇。抵巇之隙，为道术。

天下纷错，上无明主，公侯无道德，则小人谗贼，贤人不用，圣人鼠匿，贪利诈伪者作，君臣相惑，土崩瓦解而相伐射，父子离散，乖乱反目，是谓萌牙巇罅。圣人见萌牙巇罅，则抵之以法。世可以治，则抵而塞之；不可治，则抵而得之。或抵如此，或抵如彼；或抵反之，或抵覆之。五帝之政，抵而塞之；三王之事，抵而得之。诸侯相抵，不可胜数，当此之时，能抵为右。

自天地之合离终始，必有巇隙，不可不察也。察之以捭阖，能用此道，圣人也。圣人者，天地之使也。世无可抵，则深隐而待时；时有可抵，则为之谋；可以上合，可以检下。能因能循，为天地守神。

【翟杰纵论《抵巇》篇】

《抵巇》篇是《内楗》的姐妹篇，更是《捭阖》《反应》《内楗》三篇的延续。重点介绍的是：在找到"楗"之后，如何抓住"楗"，如何弥补"楗"之"缝隙"和"漏洞"的智慧。将《抵巇》与《捭阖》篇相结合，体现了鬼谷子进退自如的智慧。

《抵巇》篇，主要阐述应对各种漏洞的方法。所谓：人无完人，事无尽善。任何人或事物都会出现失误和漏洞，而漏洞的出现，都是有征兆的。如何做到敏锐地发现对方的漏洞，切中要害，及时发现自己的漏洞，予以弥补。这是《抵巇》篇重点阐述的问题。

抵巇的方法多种多样，既可通过抵使缝隙闭塞、减小或消失，也可以通过抵维持现状、保持平衡，更可以通过抵使缝隙扩大，彻底解决。抵巇智慧，是弥补自己之隙、抓住对方之隙，保全自我，进可攻退可守，进退自如的大法则。

纵论《抵巇》篇主要智慧点：

一、 世间万物皆"缝隙"

自从天地之间有了"合离""终始"以来，万事万物就必然存在裂痕，这是必须研究的问题。万物都有规律的存在，任何事情都有对立的两个方面，有时彼此距离很近却互不了解，说明中间有缝隙、有裂痕；有时相互距离很远却彼此很熟悉，说明双方非常和谐、没有缝隙。距离虽近却互不了解，那是因为没有互相考察言辞；距离虽远却能够彼此熟悉，那是因为经常往来互相体察。这些讲的都是人与人之间的关系，人与人之间的缝隙，人与人之间的和谐。所以万事万物都有缝隙，人与人之间，事物与事物之间，国家与国家之间都是如此。

二、 纵横捭阖抵"缝隙"

对于工作、事业以及家庭，出现的各种各样缝隙该如何治理？按照鬼谷子的说法，就是抵：上有缝隙上面抵，使缝隙堵住；下有缝隙下面抵，使缝隙消失；内有缝隙里面抵，使缝隙停止；外有缝隙外面抵，使缝隙减小；上下内外皆缝隙，取而代之矣。

这就告诉我们：遇到什么样的问题，遇到什么样的缺陷，遇到什么样的漏洞，在尚有可救的前提下，我们就要用相应的方法去弥补，也就是"抵"；对于上下内外乱得一团糟的情况，已经病入膏肓无可救药的事物，我们也别吝惜，干脆推翻重来。这就是抵巇的根本原理。

三、 见微知著察"缝隙"

当人或事物出现危机之初时，我们就要观察到事物的细微变化，作出判断。万事万物在初始时，像秋毫之末一样微小，很难观察，而一旦发展起来，就像泰山的根基那样宏大，事情发展基本都是这样的规律。所以，我们在发现问题、分析问题、解决问题时，在初期容易掌控、容易解决、容易处理。依此类推，我们在制订计划、执行任务时，首先要发现哪些人会带来负面效应？哪些人会拆台？有什么人会搞破坏？遇到这样的情况怎么办？一定要做好各方面的准备。这就要求我们具有见微知著的洞察力，见到微小的端倪，就知道未来大的变化、发展的趋势。使漏洞在微小状态就得到处理，不至于使事态扩大到不可收拾的地步。如果不是这样，等到事态扩大了再去"抵"，不仅损失大，而且也许无法"抵"，只能承受更大的损失。

四、动静进退皆为神

当事业家庭没有缝隙，一切正常运转，不需要"抵"时，我们不能盲目乐观，沾沾自喜；要利用这个有利时机隐居修炼，养精蓄锐，等待更大的发展时机。这样表面上看很休闲、很潇洒，似乎成了人间的逍遥神。别人整天忙得不可开交，你却悠闲地翻阅《翟杰论说鬼谷子》这本书，别人一定很羡慕。

当事业、家庭出现缝隙时，经过一段隐居修炼和养精蓄锐，精力充沛了，智慧增强了，能力提高了，这时挺身而出，施展才华，出谋划策，出奇制胜，似乎就成了人间的守护神。

我们讲的"动"，是挺身而出；讲的"静"，是隐居修炼；讲的"进"，是施展才华；讲的"退"，是等待时机。无论是动是静，是进是退，都可成为"神"，一种是逍遥神，一种是守护神，总之是神人。

五、进退为神大智慧

一个人只会进不会退，那是莽夫；只会退不会进，那是懦夫；又会进又会退，那才是大丈夫。进能发现对方的"缝隙"，乘隙而入；退能发现自己的"缝隙"，予以弥补；这才称得上真正掌握了抵巇智慧。

【翟杰横论《抵巇》篇】

中国有句成语：班门弄斧。班，指的是古代一位大工匠，叫公输班，因为他在鲁国，所以人们习惯称他为鲁班。这句成语的主要意思是说，像鲁班这样的大工匠，没人敢在他面前玩弄木匠工具，如果玩弄也是不自量力。这里的斧，虽然说的是工具，但实际指的是手艺。同时，也是暗喻鲁班的手艺天下第一，无人匹敌。

然而在中国历史上，就有一个人，不仅在鲁班面前弄斧，而且战胜了鲁班，这个人就是诸子百家中墨家代表人物墨翟（原名翟乌），人称墨子，他与孔子、老子、鬼谷子等圣人齐名。

话说鲁班受楚王之托，为楚国制造攻城器械——云梯，准备攻打宋国。墨子听到消息，不辞辛苦，昼夜兼程，走了十天十夜，赶到楚国京城——郢，制止这场非正义战争。

到楚国后，墨子对鲁班说："我听说你造了云梯，要去攻打宋国，这是不理智、不仁义的行为。"

鲁班把责任推到楚王身上说："这是楚王的意思。"

墨子又见了楚王，说明来意。楚王也推脱说："鲁班已给我造好了云梯，我不打不行啊！"

于是，墨子便与鲁班在楚王面前，试演云梯攻城和墨子防御的方法。墨子解下自己的腰带，弯作弧形，作为城池，再用一些木片作为攻守的器械，两人便你来我去地演练，鲁班用了九种方法，进攻了九次，结果都被墨子一一击退。最后，鲁班攻城的器械全部用完了，而墨子防守的办法还有富余。

鲁班失败了，可他心里不服，说道："我知道用什么办法赢你，但我不说。"鲁班只愿对楚王说，于是凑到楚王耳边，耳语了几句。

见此情景，墨子回应说："我也知道你用什么办法赢我，但我也不说。"

这时楚王忍不住了，想探探墨子的智慧和实力，于是对墨子说："如果你能猜到鲁班赢你的办法，证明你技高一筹，我可以不攻打宋国。"

墨子胸有成竹地说："鲁班所说赢我的方法，就是让你把我杀掉。他以为杀掉我，宋国就可以攻破了。可是我的学生禽滑厘等三百多人，已经用我的守城器械，在宋国城池上，等待敌人自取灭亡呢。你就是杀掉我，宋城也还是攻不下的。"

楚王听罢，心服口服，放弃了攻打宋国的计划。这就是止楚攻宋的典故。

这个故事告诫我们：任何人或事物都有缝隙和漏洞，其中包括事物方面、物质方面、心理方面等。墨子通过与鲁班的博弈，找到了鲁班攻城器械之"巇"，予以攻击；并且又抓住了鲁班的心理之"巇"，予以打击；同时又不让自己的计划有"缝隙"，使对方无"巇"可击，做到了动静结合皆为神，进退自如，攻守兼备，大获成功。

无独有偶，在当代外国又有"官门弄斧"者，也获得了成功。

那是2001年5月20日，美国一位名叫乔治·赫伯特的推销员，将一把斧头成功推销给小布什总统，获得了布鲁金斯学会的"金靴子"奖。

布鲁金斯学会创建于1927年，是美国著名智库之一，其宗旨是开展高质量的独立研究，提出具有创新精神和实用性的政策建议。它有一个传统，在每期学员毕业时，设计一道最能体现推销员能力的实习题，让学员去完成。完成任务的学员将获得一只刻有"最伟大的推销员"的金靴子。

克林顿当政期间，布鲁金斯学会出了一道题：请将一条三角内裤推销给总统。八年间，无数学员为此绞尽脑汁，都无功而返。

克林顿卸任后，布鲁金斯学会把题目改成：请将一把斧头推销给小布什总统。

鉴于前八年的失败和教训，许多学员垂头丧气，个别学员甚至认为，这道毕业实习题会和克林顿当政期间一样徒劳无功。因为布什总统什么也不缺，再说即使缺少，也用不着他亲自购买，再退一步说，也不一定赶上你去推销的时候。

然而，乔治·赫伯特却做到了。

面对记者的采访，赫伯特说："我认为，将一把斧头推销给小布什总统是完全可能的，因为布什总统在德克萨斯州有一个很大的农场，里面绿树成荫。于是我胸有成竹地给他写了一封信，'总统阁下，有一次，我有幸参观您的农场，发现里面长着许多矢菊树，有些已经死掉，木质已变得松软。我想，您一定需要一把小斧头，但是从您现在的体质来看，这种小斧头显然太轻，因此您急需一把不甚锋利的老斧头。现在我这儿正好有这样一把斧头，它是我祖父留给我的，很适合砍伐枯树。如果您有兴趣的话，请按这封信所留的信箱，给予回复……'然后布什总统真的给我汇了十五美元。"

赫伯特正是找到了下面三个"巘"，才轻而易举获得成功。

（1）小布什之"巘"：锻炼身体，需要老斧头。

（2）同行之"巘"：没人认为可做、敢做、能做。

（3）克服自身之"巘"：没有不可能，只有不努力。

上述两个案例，讲的是国家之间博弈和销售市场竞争的"抵巘"故事。下面再讲一个家庭之间的"抵巘"故事。

【智慧案例：张英修书六尺巷】

在安徽省桐城市西南角，有一条小巷，名曰：六尺巷。该巷全长一百米、宽两米。这条小巷看似普通，却有一个百年流传的感人故事。

据姚永朴《旧闻随笔》《桐城县志略》载：老宰相张文端——清康熙文华殿大学士张英，在桐城老家旁有一块空地，在修缮旧宅时，占用了这块地。而与之相邻的吴家——吴文楼，也是当地的显贵官员，提出疑义，认为是张家占用了吴家的宅地。因此张、吴两家为此争执，闹得不可开交。当地官府一权衡，一个是京城宰相大学士，一个是当地显贵高官；一个强龙，一个地头蛇，官府谁也不愿招惹是非，接这个烫手的山芋。

于是，张家人飞书京城，将此事告知在京城为官的张英，请他以官位和影响力，打赢这场纷争。

★智慧测试题：如果你是张英，你将如何处理这个问题？

特别提示：请先不要着急阅读下一页的答案，开动自己的大脑，设想几套方案，来测试一下自己的智慧。然后再将自己的方案与张英的方法对照比较，孰高孰低，以便继续努力。

★智慧测试答案

张英阅过来信，释然一笑，挥书一首诗：

千里修书只为墙，
让他三尺又何妨？
万里长城今犹在，
不见当年秦始皇。

写好之后，交给来人，命快速带回老家。家里人一见书信回来，高兴万分，以为张英一定力挽狂澜或施以锦囊妙计。打开一看，一切都明白了，更不敢怠慢，于是按照张英的要求，退让三尺。

对面相邻的吴文楼，见此情景，深受感动，也退让三尺。故形成一条六尺小巷，"六尺巷"之名由此得来。

开国领袖毛泽东，在1958年会见苏联驻华大使尤金时，曾引用此诗来表达两国之间的问题应该平等谦让。

张、吴两家因为宅基地产生"缝隙"，于是两家各不相让，都要"进"，使得两家关系的"缝隙"越来越大，以致闹到京城。张英的一首小诗，解开了两家的疙瘩，抵住了两家关系之"巇"，于是六尺宽的小巷，让两家人的宽宏胸怀路人皆知。心宽了，路宽了，房产之"巇"，仇恨之"巇"，全部抵住了。

亲爱的读者，你的答案是什么呢？你从中悟到了什么呢？你的答案你自己满意吗？你还有更好的计策吗？

班门弄斧，讲的是"进而抵巇"；六尺巷讲的是"退而抵巇"。这一进一退都体现了"抵巇"的非凡妙用。

最后再论述一个特殊案例，无法抵的"巇"。

2012年11月29日，中央电视台新闻报道：在江苏破获了一起酒驾诈骗案。诈骗人利用跟踪、尾随、碰瓷等手段，诈骗钱财，成功率百分之百。为什么这一伙骗子作案成功率如此之高呢？

经深入研究发现，这伙诈骗团伙，就是专门找酒驾司机之"巇"，碰瓷行骗。

对于酒驾司机来说，如果报案，民警到现场，酒驾之"巇"一定会被发现，受到处罚；而酒驾之"衅"，面对诈骗团伙，只能自认倒霉，觉得损失会小些。这就是这伙诈骗犯之所以能够百分之百得逞的原因所在。

不难看出，酒驾司机所面临的是，前有民警法官抓，后有碰瓷坏人诈；进退维谷，难以抵"衅"；只好束手就擒，让诈骗团伙得逞。这就是在本篇【翟杰纵论《抵巇》篇】讲过的"上下内外皆缝隙"，只能取而代之矣。所以，驾车不喝酒，喝酒不驾车，才能不留缝隙，彻底解决这个问题。

【翟杰纵横论《抵巇》】

《抵巇》篇告诉我们，要如此运用抵巇智慧：

一、善于观察细节并掌握隐情

要学会发现漏洞、发现缝隙、观察细节。在漏洞、缝隙还没有发展到破坏性很强、不可救药时，也就是初起萌芽阶段，就要预见性地观察到这些细节，掌握这些隐情，然后想方设法加以有效抵巇。

二、善于防微杜渐并预料未来

善于防微杜渐并预料未来。通过今天的小事，可以看到未来的发展趋势。通过今天的细节，可以看到未来的发展方向，让一切控制在萌芽之中，不要等到病入膏肓时再着手解决，那样会加大解决的成本，或造成根本无法挽回的损失。

三、善于发现漏洞并攻击对手

官场、商场竞争是必然的、也是客观的、回避不了的。如何发现官场上、商场上、市场上的漏洞，并予以攻击，用合理竞争的方法战胜对方，我们把它叫做"矛"。然后用这个"矛"击中要害，战胜一切困难。

四、善于弥补漏洞并保护自己

在从政经商过程中，还要学会发现自己身上的漏洞。发现漏洞之后，要及时弥补。如果不及时弥补，也许他人会用同样的"矛"来攻击你。因此，弥补自己的漏洞，就相当于有了"盾"，让人无懈可击，有效保护自己。

五、善于扩大漏洞并摧毁重建

对于那些不可救药的人，不能继续经营的项目，干脆放弃、摧毁或重建，这就是不破不立。该破的就破，不要背个大包袱。很多企业或个人整天背着很多大包袱，步履蹒跚，停滞不前，最后被拖得一败涂地。该立的就立，创新方法，科学预测未来，这些都是值得我们大力发展和树立的。

从另一个角度讲，抵巇是双向的。既要找出自己的"巇"，加以"抵"；又要发现对方的"巇"，善于"抵"；这样才能做到全面了解双方底细，有效进行"抵巇"。

这正是：

采桑子·抵巇

天地日月离合始，

离中有合，

合中有离，

女娲后羿举手治。

人间百事矛盾系，

你中有我，

我中有你，

攻守兼备万事吉。

欲知后事如何

且听下回分解

郑文彬书法作品

中 卷

《飞箝》《忤合》《揣情》《摩意》《量权》
《谋虑》《决物》《符言》《转丸》《祛箧》

　　《飞箝》《忤合》《揣情》《摩意》《量权》《谋虑》《决物》各篇，是告诉谋臣策士要对组织进行分析，从外部环境着手一直到内部环境，按照人或事物发展的逻辑思路，讲述说服对方各个过程中所需要运用的策略。

　　《符言》篇，作为国君或统治者，言行修养的标准，是第一篇《捭阖》的前后照应篇。即无论是游说，还是谋略，更或权术，都要力争达到这样的标准。

　　把它运用到从政经商之中，就是作为一个合格官员或企业家，要讲究自己的言行修养。无论是讲话、制订计划和策略，还是在官场和商场的竞争中，都要修炼和保持这些道德和行为标准。

第五回　投其所好顺水推舟　扭转乾坤胜券在手

【飞箝】

　　《飞箝》篇，阐述如何用褒扬赞美之词获取人心，使对方产生好感，达到看似被动、实则主动的效果。飞箝可用于合作，可用于管理，可用于谈判，可用于一切领域。用赞美的语言让对方显露真情，以此为突破口，以友善的态度达成合作。既可实现合纵，也可实现连横，一切尽在掌握中。但要小心谨慎，不可丧失其节度。

【《飞箝》原文】

飞箝　　第五

凡度权量能，所以征远来近。立势而制事，必先察同异，别是非之语，见内外之辞，知有无之数，决安危之计，定亲疏之事，然后乃权量之。其有隐括，乃可征，乃可求，乃可用。

引钩箝之辞，飞而箝之。钩箝之语，其说辞也，乍同乍异。其不可善者，或先征之，而后重累；或先重累，而后毁之；或以重累为毁，或以毁为重累。其用或称财货、琦玮、珠玉、璧帛、采色以事之；或量能立势以钩之，或伺候见涧而箝之，其事用抵巇。

将欲用之于天下，必度权量能，见天时之盛衰，制地形之广狭，阻险之难易，人民货财之多少，诸侯之交孰亲孰疏、孰爱孰憎，心意之虑怀。审其意，知其所好恶，乃就说其所重，以飞箝之辞钩其所好，以箝求之。

用之于人，则量智能、权材力、料气势，为之枢机。以迎之、随之，以箝和之，以意宣之，此飞箝之缀也。用之于人，则空往而实来，缀而不失，以究其辞，可箝而纵，可箝而横，可引而东，可引而西，可引而南，可引而北，可引而反，可引而覆。虽覆能复，不失其度。

【翟杰纵论《飞箝》篇】

从《飞箝》篇开始，进入鬼谷子谋略的中卷。从此，开始由外而内地层层递进，深入到鬼谷子谋略的核心领域。

《飞箝》篇作为中卷的第一篇，是鬼谷子谋略的重点篇。它既以上卷《捭阖》《反应》《内楗》《抵巇》四篇为基础，又是上卷四篇的延续，更是中卷的开篇。

经过上卷四篇的准备，到《飞箝》篇，便进入对人或事物观察分析研究的实际运用阶段。将《飞箝》与《捭阖》篇相结合，体现了鬼谷子张弛有度的智慧。

《飞箝》篇，阐述如何用褒扬赞美之词获得人心，使对方产生好感，达到看似被动、实则主动的效果。飞箝可用于合作，可用于管理，可用于谈判，可用于一切领域。用赞美的语言让对方显露真情，以此为突破口，以友善的态度达成合作。既可实现合纵，也可实现连横，一切尽在掌握中。但要小心谨慎，不可丧失其节度。

所谓"飞",就是用赞美的语言赞美对方、褒扬对方;所谓"箝",就是钳制、控制、管理。

纵论《飞箝》篇主要智慧点:

一、用于招才

运用飞箝智慧的目的是:揣度人的智谋,测量人的才干,吸引远处的人才,招来近处的人才,为我所用。主要有以下三个步骤:

(1)横向比较。在招聘人才时,要考虑思想相同与不同之处,区别各种正确与错误言论,了解对内对外各种意见,掌握能力的强弱程度,适应岗位的风险系数,再了解确定与谁亲近与谁疏远的问题,认真衡量这些关系后,再决定是否聘任。如果还有不清楚的地方,就要进行第二个步骤——纵向测试。

(2)纵向测试。用飞箝策略引导对方,赞美对方,使其表达真意,让我们对其人有进一步深入了解,并使对方相信我们。这样就达到了"钩箝"目的。所谓"钩",就是让对方愿意接受我们的聘用;所谓"箝",就是我们掌控管理对方。如果这两个步骤还不能确定,就要进入第三个步骤——反复考察。

(3)反复考察。在横向比较、纵向测试之后,认为还不够的话,也许是前面步骤工作不细,也许是对方喜怒不形于色,城府很深,那就需要进行第三个步骤——反复考察。反复考察就是或"赞美飞箝",或"威胁利诱",用忽同忽异的变化手段察言观色,观其表现和变化。如果运用这些方法把对方了解透彻了,便可先聘用;如果还有一些了解得不够透彻,可先找到他的弱点,挫其锐气,消其傲气,然后再根据具体情况聘用。

由此可见,考察一个人很不容易,横向比较,纵向测试,还要反复考察。只有这样,才能掌握这个人的真实情况,为我所用。

二、用于选才

招才重要,选才更重要。也许这个人是人才,但是没有安排在适合的岗位,不仅是人才浪费,还会给工作造成损失。鬼谷子告诉我们:想要重用某些人时,可以赏赐他们一些财物、珠宝等贵重物品,试其是否贪心;也可以赋予他一定权力,以名利地位吸引之,试其能力优劣;还可以运用抵巇,暗中找到他们的弱点漏洞,最后予以钳制。

三、用于管理

将飞箝用于管理,就是要在人与人交往方面,考察谁与谁亲密?谁与谁疏远?

谁与谁友好？谁与谁相恶？详细考察对方的愿望和想法，深入了解他们的好恶和性格，然后，针对对方重视的问题进行游说，先用"飞"的方法诱出对方的爱好所在，再用"箝"的方法把对方控制在股掌之中。

四、用于谈判

将飞箝用于谈判，就要揣摩对方的智慧与才能，度量对方的实力，估计对方的士气，然后，以此为突破口与对方周旋，进而争取以飞箝达成议和，以友善的态度建立邦交。在谈判桌上，要多赞美对方。当赞美对方时，便很容易得到对方认可，谈判会比较容易。

五、用于人际

将飞箝用于人际关系，就是用美好的语言探出对方实情，再通过连续的行动，与对方建立和谐的关系。有了这种和谐关系，既可以实现合纵，也可以实现连横；既可以引而向东，也可以引而向西；既可以引而向南，也可以引而向北；既可以引而返还，也可以引而复去。这样纵横捭阖，一切尽在掌控之中。

六、莫丧节度

将飞箝用于任何地方，都能获得惊人的效果。但是有一点，必须特别提醒：不能丧失其节度。也就是要把握好"度"，既不能不够度，也不能过度，更不能无度。否则，不仅不能达到应有的作用，还会适得其反。比如：任意拔高的赞美，让人觉得言过其实；虚情假意的赞美，让人认为言不由衷；长篇大论的赞美，让人感觉犹如裹脚；违背事实的赞美，让人觉得言之无物。

【翟杰横论《飞箝》篇】

一般人心理总有一种感觉：当赞美别人时，好像贬低了自己。其实不然，这种看似被动、实则主动的赞美，所达到的效果是意想不到的。当你赞美了别人，好像你有些被动，但是对方高兴了，高兴之际就对你有好感，有了好感就会对你信任，当信任你的时候，你提出的一些要求或请求，对方就容易接受，你就达到了主动的效果。从过程和结果上看，过程上你也许是被动的，结果上你却是主动的。因为你的要求和请求，对方都会心悦诚服地接受、服从、配合。这样就达到了看似被动、实则主动的效果。

也许有人会说：如果遇到一个不愿意听好话的人怎么办？这样的人的确有，

清朝一位著名诗人、理论评论家——袁枚，他的老师尹文瑞就是这样的人。

话说袁枚在他的老师尹文瑞教导之下，经过一段刻苦努力，中第成功，入选了县令。在上任之前，他去拜见老师尹文瑞。一是向老师道别，二是感谢老师的教导之恩。

来到老师家里，老师非常高兴地说："袁枚，你这么年轻，就能被国家重用，成为国家栋梁，非常好！但是现在官场大兴溜须拍马、阿谀逢迎、官官相护之风，你要坚持原则，不能同流合污，你要做好方方面面的准备呀！老师想问问你，上任之前，你都做了哪些准备？"

袁枚微微一笑说："老师，我没什么更多的准备，只准备了一百顶高帽。"

尹文瑞一听，马上眉头一皱，心想：我的学生怎么能够这样？心里很不快，非常生气地说："袁枚，老师这么多年的谆谆教导，让你有朝一日被国家重用，为国家、为人民多做一些有益之事，没想到你却这样没有原则，还没到官场就学得这样世故，太庸俗了！"尹文瑞把袁枚狠狠地批评了一通。

袁枚对老师的这番批评不仅虚心接受，而且还不停地点头说："老师，您说得非常对！非常好！学生这一次能够中第，做了县令，实属来之不易，我一定会珍惜。但是老师您有所不知，现在官场黑暗，官官相护、阿谀逢迎之风盛行，我不准备高帽不行啊！我是不得已而为之呀！"

尹文瑞听到这里，欲加反驳，被袁枚示意拦住，并马上话锋一转说："老师您再想一想，现在官场之上，有几个人能像您这样品德高尚，修养高古，不喜欢别人逢迎，不喜欢拍马屁，更不喜欢戴高帽呢？这样的人太少了！"

尹文瑞听完这番话，觉得有道理，不时频频点头，而且转忧为喜。

袁枚告别了老师，第二天又和他的同学告别。同学之间无话不说，大家纷纷询问："袁枚，听说昨天你到老师那里辞别，给老师准备了什么礼物啊？"

袁枚说："我没给老师准备什么特别礼物，只是我准备带到官场的一百顶高帽少了一顶，那一顶最大的高帽，送给了老师，老师欣然接受。"

这个故事告诉我们：任何人都希望听好话，包括袁枚的老师——清代乾隆时期的大文人、大学者尹文瑞。在袁枚的赞美之言面前，就连尹文瑞这样最讨厌阿谀逢迎、溜须拍马、心高气傲的人，也抵挡不住飞箬的威力，欣然笑纳了。这其中的关键，就是你的赞美语言、赞美方式、赞美智慧是否处理得当。

从上述故事不难看出，一句恰当的"飞箬"，可以打动像尹文瑞这样的高古之人，接下来的故事告诉你，一句恰当的"飞箝"，可以救人一命。那就是"翟璜巧谏魏文侯，任座免罪拜上卿"的故事。

【智慧案例：翟璜只言救任座】

话说魏文侯攻取中山国，大获全胜之后，高兴地宴请几位士大夫一同畅饮，席间魏文侯问大家："我是一个什么样的君主？"

大家你一言我一句，尽是赞美之词。魏文侯非常高兴。

轮到任座发言，他说："您是一位不贤明的君主。攻取了中山国，不封给立下大功的弟弟，却封给了没有功劳的儿子，因此，我认为你不贤明。"

魏文侯听罢，勃然大怒，拍案而起，准备处罚任座，吓得任座离席一路小跑，逃之夭夭。

轮到翟璜发言……

★智慧测试题：如果你是翟璜，你将如何处理这个问题？

特别提示：请先不要着急阅读下一页的答案，开动自己的大脑，设想几套方案，来测试一下自己的智慧。

然后再将自己的方案与翟璜的方法对照比较，孰高孰低，以便继续努力。

★智慧测试答案

翟璜说："您是贤明的君主。我听人说，君主贤明，他的臣子才敢仗义执言。刚才任座敢在您面前口无遮拦，这进一步证明您是贤明君主。"

魏文侯听了这番话，非常高兴，急忙命人将任座找回来，赐请上坐，拜为上卿。

这个故事告诉我们：本来魏文侯喜欢听大家的赞美话，可是任座却无情地批评了他，惹怒了魏文侯，一怒之下准备杀任座；翟璜见此情景，既想肯定任座的意见，又想不再度惹恼魏文侯，更想让魏文侯重用任座。于是，就在君臣关系上巧设玄机，把君主贤明与臣子直率，联系在一起，既解除了魏文侯的心中之怨，又让任座官升一级。

通过这两个故事，你再理解"一言可兴邦，一言可丧国"的说法，也就不足为奇了！

亲爱的读者，你的答案是什么呢？你从中悟到了什么呢？你的答案你自己满意吗？你还有更好的计策吗？

【翟杰纵横论《飞箝》】

一、《飞箝》篇告诉我们，要如此运用飞箝智慧

（1）见面且带三分笑，缩短彼此距离。

在一些文明发达的国家，人们在电梯上、在走廊里、在任何一个地方迎面相遇时，不论认识不认识，都会给对方一个微笑。现在我们国家的文明程度也在提高，在这方面也好了许多，见面哪怕不认识，也给对方一个微笑。一个小小的微笑，表示了你对对方的友好，对对方的尊重，同时你也接收到一个同样的微笑，心里是很舒畅的。这个微笑，其实也是一种表情"飞箝"，你与别人之间的距离就缩短了。

（2）言谈且说三分好，搞好彼此关系。

当你与人交往时，熟悉的也好，陌生的也好，先看人家身上的优点，给予赞美，给予欣赏，也就是先说三分好话，这样便于你跟周围的人建立很好的人际关系，而不是刻意找他人的缺点和弱点。这样，不仅体现你文明有礼，更容易获得他人的尊重和好感，结下好人缘。但这绝不是说假话，说瞎话，而必须是实话。

（3）察人且留三分意，做到知彼知己。

对待任何人，害人之心不可有，但防人之心不可无。察人且留三分意，不是怀疑一切，至少是七分信任，留三分意即可。这样，主体上还是主动的、热情的、善良的。正如第二回《反应》篇所说：知彼知己。只有这样，才能准确把握你与任何人的彼此关系。

（4）逢事且让三分利，力求成人达己。

在与人交往中，会遇到各种各样情况，尤其遇到名利方面的问题，我们逢事且让三分利。有时我们让一让，仅让三分，也许就做到了成人达己。只有对方有收益，你的一份收益才有保障。就算是对方欺骗了你，你也不过损失三分利，而对方的丑恶嘴脸却完全暴露在众人面前，原形毕露。

二、飞箝智慧的三种变化

（1）借己之威，飞箝对方。

先夸自己，再夸对方，给人以更高一筹的好感。譬如说："我本来觉得我的课讲得很不错了，可是今天听了你讲的课，才觉得你比我讲得更好！在某些环节上，你处理得比我更好。"用这样的语言，首先对方会对你有好感，还感觉你很谦虚，便不好意思骄傲了。

（2）借人之威，飞箝对方。

先夸他人，再夸对方，给人以真实可信的好感。譬如说："我觉得谁谁谁非常不错，但是今天见了你，感觉到你比他更好。"这样一说，对方觉得可信，比直接说"你真好！你不错！"效果更好。

（3）先抑后扬，飞箝对方。

先贬对方，再褒对方，给人以真诚实在的好感，也就是下一回《忤合》篇的核心智慧。譬如对方个子很矮，你可以说："虽然你的身材不高，但在整个活动中，发现你身材小巧玲珑，思维敏捷迅速，各方面都体现着机灵、机智。"先实事求是地说对方身材不高，但接下来又把身材矮小的优点一一道来。对方感觉你说的是真话、实话，让人容易接受。

三、最后谈谈运用"飞箝"的注意事项

很多人没有掌握"飞箝"的要领，到处乱"飞"，结果适得其反。

（1）赞美要发自内心，要诚恳，不要做作。什么地方令你满意，要说得很具体；不要敷衍，不要让对方一听你就是应付。

（2）要实事求是，不要言过其实。本来一名员工在工作中作出一点点贡献，可你却说："为世界、为人类作出了伟大贡献。"对方一听就是假的，而且还会认为你是在讽刺、挖苦或别有用心，让对方产生怀疑心理。

（3）间接赞美比直接赞美更加有效。什么叫间接赞美？就是不直接赞美对方，而用第三者或者其他事物来做比较或引导，用老百姓的话说：拐个弯儿进行赞美。在这方面女士比男士做得好，男士要多向女士学习。

一般情况下，两个女士都带着孩子见面的时候，女士在表扬赞美对方时，总是指着孩子说："这是你的姑娘吧？哎呀！跟你长得一样漂亮！"那位又说了："哦！这是你的儿子吗？这么帅气，一定像他爸爸。"她们都是利用第三者来进行比较式、引导式赞美，一句话赞美了两个甚至更多人，效果特别好。

（4）赞美的机会要选择得当，不可乱发议论。什么事就是什么事，不要胡乱联系，乱发议论，把不相干的人或事物拿来比喻。

从另一个角度讲，您不但要学会运用飞箍，更要学会发现飞箍、认识飞箍、应对飞箍，千万不要被飞箍冲昏头脑；学会冷静分清飞箍的性质、方法和目的，有针对性地加以区分，千万不要辜负了一个好人的赞美，更千万不要上了坏人的当。

对于企业家、经营者来说，运用好"飞箍"智慧，就等于获得了"飞钱"，也就是神来之钱，飞来之钱！

这正是：

忆秦娥·飞箍

量智能，
萧何月下追韩信。
追韩信，
财力气势，
尽在手心。
恶语伤人六月寒，
良言一句三冬暖，
三冬暖，

冰雪漫天，
阳光灿烂。

欲知后事如何

且听下回分解

秋色连波碧烟翠

胥力浦山水画作品《秋色连波碧烟翠》

第五回　投其所好顺水推舟　扭转乾坤胜券在手

第六回　刚柔相济软硬兼施　恩威并重忤合曲直

【忤合】

　　《忤合》篇，是《飞箝》的姐妹篇。阐述的是顺与逆的谋略方法。相背相逆为忤，相向相顺为合，即点头还是摇头、说是还是说否；是以逆求顺，以摇头求点头、以否求是的应变谋略。

　　世间万物逆与顺、相背与相合是普遍存在的。它们时而互逆，时而互补，时而互换；或者合于此而忤于彼，或者合于彼而忤于此；左右逢源，变化多端。欲成大事者，必精忤合智慧。

【《忤合》原文】

忤合　第六

凡趋合倍反，计有适合。化转环属，各有形势。反复相求，因事为制。是以圣人居天地之间，立身、御世、施教、扬声、明名也，必因事物之会，观天时之宜，因知所多所少，以此先知之，与之转化。

世无常贵，事无常师。圣人无常与，无不与；所听，无不听。成于事而合于计谋，与之为主。合于彼，而离于此，计谋不两忠，必有反忤。反于是，忤于彼；忤于此，反于彼。其术也，用之于天下，必量天下而与之；用之于国，必量国而与之；用之于家，必量家而与之；用之于身，必量身材气势而与之；大小进退，其用一也。必先谋虑计定，而后行之以飞箝之术。

古之善背向者，乃协四海，包诸侯，忤合之地而化转之，然后求合。故伊尹五就汤，五就桀，而不能所明，然后合于汤。吕尚三就文王，三入殷，而不能有所明，然后合于文王。此知天命之箝，故归之不疑也。

非至圣达奥，不能御世。不劳心苦思，不能原事；不悉心见情，不能成名；材质不惠，不能用兵；忠实无真，不能知人；故忤合之道，己必自度材能知睿，量长短远近孰不如，乃可以进，乃可以退，乃可以纵，乃可以横。

【瞿杰纵论《忤合》篇】

《忤合》是《飞箝》的姐妹篇。将《飞箝》《忤合》与《捭阖》篇结合，既是对立又是统一，充分体现了鬼谷子的辩证思想。《忤合》与《飞箝》同样，是对人或事物观察分析研究的实际行动阶段。将《忤合》与《捭阖》篇相结合，体现了鬼谷子亦圆亦方的智慧。

《忤合》篇，阐述的是顺与逆的谋略方法。相背相逆为忤，相向相顺为合，即点头还是摇头、说是还是说否；是以逆求顺、以摇头求点头、以否求是的应变谋略。

世间万物逆与顺、相背与相合是普遍存在的，它们时而互逆、时而互补、时而互换，或者合于此而忤于彼，或者合于彼而忤于此，左右逢源，变化多端。欲成大事者，必精忤合智慧。

忤，就是我们所说的忤逆不孝；背反，就是背叛的意思。《忤合》篇与《飞箝》篇，正好是一正一反。《飞箝》篇讲的是如何赞美，《忤合》篇讲的是如何批判。这一正一反，体现了鬼谷子纵横家的特点和要领。

鬼谷子讲："欲成大事者，必精忤合之术。"我来做一个解释："忤"，用最简单的方法来解释，就是摇头！你说这样，我说No！你说那样，我还说No！什么事都说No！这就叫忤。如果你身边有这样一个人，你愿意与他合作吗？你愿意和他共事吗？显然不愿意。

再换另一种方法，叫做"合"。凡事都是"是！是！是！好！好！好！行！行！行！"全都是Yes！这样的人行吗？这样的人最多只能做一个跟随者、服从者，因为他没有自己的主张，没有自己的立场，做不成大事。

作为领导和管理者，只会"忤"，只会说No！否定一切，必然没人与你合作；另一种情况，只会"合"，只会说Yes，没有主见，不会成就大事。所以，不同意时会摇头，叫会"忤"；该同意时会点头，叫会"合"。这样的人才能成大事，这就是忤合智慧。

纵论《忤合》篇主要智慧点：

一、忤合之必然

世间人或事物变化，虽各有各的形态，但彼此间却环转反复，互相依赖，我们需要根据实际情况进行控制。在处理各种问题时，要学会忤与合的互动，忤与合的转变，忤与合的掌控；当忤则忤，当合则合，以忤求合，忤中有合，合中有忤，这样才能做到忤合并重，恩威并举，变化无穷。

二、忤合难两忠

很多事情，很多时候，为人处世，合乎一方利益，就要损害另一方利益。同时忠于两个对立的君主，很难做到。合乎这一方意愿，就要违背另一方意愿；违背另一方意愿，才可能合乎这一方意愿。古人说：忠孝不能两全。从政经商也如此，绝对的两全其美是很难的。

三、忤合之运用

忤合主要运用在弱于你的人或事物上，对强者，轻易不能用。如果你对领导、上级、把握你命运的人用忤合，你刚一"忤"，上级领导就把你"忤"掉了。

那么，平级可不可以"忤"呢？可以，但是你的力量最好要强于对方才有把握。

当然，忤合之运用也有特例，那就是如果真的要运用在强于自己能力的人身上，就必须纵横捭阖兼用，既要连横又要合纵。因为对方能力太强，你的风险很大，所以，必须加倍小心。

再有一种特例：你的上级领导是贤达之人，有智慧头脑，能够接受并理解你的忤合。当然这种情况属于特例之特例。

四、忤合之规律

在运用忤合时，要衡量一下自己的能力，试探一下对方的实力，再分析远近范围环境如何、有利还是不利，最后再作出有利于自己的选择，是"忤"还是"合"。只有这样，才能达到可以逆势"忤"，可以顺势"合"，顺逆皆宜；可以前进"忤"，可以后退"合"，进退自如；可以合纵"忤"，可以连横"合"，纵横驰骋。

【翟杰横论《忤合》篇】

《忤合》篇讲的忤合，忤是过程，合才是目的。也就是逆势而为的目的是忤中求合。

鬼谷子在"孙庞斗智一死一伤"的教训中，总结出一个原则：弟子各为其主，但不能互相残杀。接下来的这个故事，讲的就是鬼谷子摆下"忤合"之阵，让他的两个弟子苏秦、张仪，在"忤"中求"合"的经典案例。

【智慧案例一：智激张仪赴秦邦】

话说苏秦经过一番努力，完成了合纵大业，成为楚、燕、齐、韩、赵、魏六个国家的相国，用我们现在的话说就是当上了六国的总理。

苏秦已成就大业，可他的师弟张仪还未出山。于是便发生了两兄弟之间千古绝唱的一段佳话。

苏秦在师父鬼谷子的授意下，给师弟张仪写了一封信，邀请他到赵国，为张仪谋个职业。帮他成就一番伟业。

苏秦心想：如果直接请张仪来我这谋个一官半职，不成问题，可张仪的水平不在我之下，把他安排在我身边，只能做我的副手，他的才华未必能得到最大限度的发挥；再者，我听说秦国正准备攻打赵国，依靠赵国现在的军事力量不堪一击。于是，苏秦眉头一皱，计上心来。

★智慧测试题：如果你是苏秦，你的计策是什么？

特别提示：请先不要着急阅读下一页的答案，开动自己的大脑，设想几套方案，来测试一下自己的智慧。

★智慧测试答案

苏秦想好计策之后，派人送上帖子给张仪。张仪接到师兄苏秦的邀请，高兴万分，告别了师父，一路来到赵国。到赵国之后，张仪首先到相国府送上帖子，告诉苏秦我到了。苏秦接到张仪的帖子，没有亲自接见，而是安排专人让张仪先在馆驿歇息，等候召见。

张仪一连等了五天，苏秦没有任何消息。张仪数数身带的盘缠不多了，怎么办呢？师兄苏秦现在是六个国家的相国，公务繁忙，我现在还是个小人物，可能把我给忘了。于是，又写了一封帖子，送到相国府。

帖子送上去之后，张仪又等了五天，还是没有苏秦的消息。这时张仪身上的盘缠全部用完了，馆驿天天催结账。张仪情急之中，又写了一封措辞严厉的帖子，大意是：我盘缠用完了，你再不接见我，我就回家了。

见到第三封帖子，苏秦马上给张仪回了一封信："明早相国府见，请你吃国宴。"

第二天一大早，张仪来到相国府。看门的兵丁拦住张仪说："苏相国有令，让你在此听候。"

张仪苦苦等了一上午，直到中午才传下话来："苏相国有请！"

张仪走进相国府，拜见苏秦。可是苏秦却冷冷地坐在桌案后，连屁股都没抬，并阴阳怪气地问道："来者是张仪吗？"

张仪一听，哎哟！昔日的手足之情，同窗好友，亲兄弟一般的苏秦，升官后不一样了，官升脾气长啊！但又不能不应，回答道："然也，在下张仪，求见苏相国。"

苏秦仍官气十足，漫不经心地说："好！坐下吧。现已经临近午时，我们共进午餐。"

张仪心想：还行！尽管语言冷淡一点，但这顿国宴定能让我大开眼界，饱餐一顿。

说时迟那时快，一会儿工夫，府内传菜的侍从左一道菜、右一道菜，山珍野味、生猛海鲜、鸡鸭鱼肉，都摆到苏秦的餐桌上。

张仪都看呆了，从来没见过这么丰盛的国宴，饿了几天的肚子更是叫得咕咕直响；于是，准备起身坐到苏秦的餐桌前。张仪刚刚起身，还未离开座位，苏秦马上说："慢！张仪，这是我的相国宴，你的宴食在下面，你哪有资格享用这样的国宴哪！"

话音刚落，侍从送上一饭一菜一汤，摆在张仪面前。

张仪一看，气得呀，好你个苏秦，把我请来，就给我吃这饭？我盘缠用完了，这几天饥一顿饱一顿，本想今天借相国宴一饱方休，没想到你竟如此这般待我！可转念一想，这肚子不争气呀。常言道：人是铁，饭是钢，一顿不吃饿得慌。先不跟他计较，等吃完了饭，有了劲儿再说。

张仪狼吞虎咽地吃完饭，把碗筷"啪"地狠狠一放，厉声斥责苏秦道："苏秦，我受你盛情邀请，真诚拜见，以求谋个一官半职，你我兄弟共同发展。没想到对我如此怠慢，是何用心？你对得起师父吗？还念我们的兄弟之情吗？"

一番言辞斥责之后，苏秦不但没有感到悔悟和愧疚，反而更加强势地说："张仪，这是在我的相国府，你有什么资格与我这样讲话？告诉你，此次你来赵国，想让我推荐你谋个一官半职，休想！依你的才华不在我之下，可你现在却衣衫褴褛，蓬头垢面，一事无成，我如果推荐你，还怕脏了我的名声呢！"

这番话一出口，张仪更没想到：不对啊！不是你请我来的吗？是你说帮我谋职，帮我找工作，怎么说话不算数呢？张仪不解道："苏秦，你到底是什么意思？"

苏秦说："什么意思？明确告诉你，在我这里你休想谋到任何职位，七个国家中我身揣六国相印，没有我的命令，不仅赵国不会用你，其他五国谁都不会用你！"

说到这儿，苏秦马上语调一转说："尽管如此，但我还是念我们的手足之情、同窗之友，给你十两黄金，爱上哪儿上哪儿去吧！"说着把十两黄金，无礼地往地上一扔。

张仪何许人也？张仪也是一身才华的血性男儿，遭到师兄苏秦如此奚落，怒火中烧，抓起地上的黄金"啪"地砸向苏秦，苏秦闪身躲过。

张仪怒目圆睁，留下一句话："苏秦，告诉你，今天你对我的羞辱，日后我张仪必报此仇。"说罢拂袖而去。

面对此景，苏秦没作任何道歉或挽留的姿态，更加洋洋得意。

张仪回到馆驿，刚进大堂就被大堂的保安团团围住："好，你个骗子，你说我们的苏相国接见你，你说店钱苏相国给你付，我们都知道了，你被苏相国赶出来了，现在必须结账交房钱，不然，休想离开！"

无论张仪怎么解释，店家就是不依不饶。

正当他们纠缠的当口，来了一个人："什么事？什么事？干吗这么吵吵嚷嚷的？"

馆驿老板马上说："大人，这位张先生，在本店骗住了半个多月，不给房钱，要逃债！"

来人一听，厉声呵斥酒店老板说："不就一点房钱嘛，放手！放手！差多少钱？我替张先生还。"

说话间，来人真的把张仪所欠的账全部还清了。

张仪一时不知所措，不知说什么好，一再叩首致谢，并连连问道："请问这位大人尊姓大名，日后张仪定当厚报。"

在张仪的一再催问下，来人才漫不经心地说："我叫贾舍人，区区小事，何足挂齿。我也是无意间经过这里，滴水相帮而已。"紧接着贾舍人问道："张先生，究竟发生什么事情？让您这位旷世人才如此难堪？"

张仪长叹了一口气，将事情原委说了一遍。

贾舍人听后，好言相劝说："既然这样，我看您还是回家吧。"

张仪说："我有何颜面回家。当年我师兄苏秦就是因为竞聘没成功，回家后他的兄嫂不给他做饭，太太不给他缝衣，就连父母都不认他这个儿子，我这样回家，也是如此下场。"

贾舍人又说："您为什么要在苏秦这一棵树上吊死呢？到其他国家去试试吧！"

张仪更加无奈地说："七个国家中，有六个掌握在苏秦的手上，他说了，六个国家没有他的命令，谁都不敢收留我。"

贾舍人马上说："还有一个秦国呀！"

张仪自言自语道："秦国，那是我师兄的死对头。"一说到死对头，张仪忽然眼睛一亮，对呀！我的师兄跟秦国是死对头，他今天如此待我，要想报仇，只有去秦国才有机会。对！就去秦国吧！

张仪好像在漫漫长夜中，看见了启明星一样，充满信心地说："贾先生，我没有别的去路了，只有去秦国，才有机会如愿以偿。"

贾舍人说："秦国路途遥远，我这有一些金银珠宝，给你留作盘缠吧。"

张仪说："贾先生，我们萍水相逢，素不相识，您对我这样好……"

不等张仪说完，贾舍人就打断张仪的话："不要多说了，我支持您去秦国。祝您一路顺风！"

当两人即将挥手告别之时，贾舍人又说："慢！张先生，您现在的这身打扮，到秦国去竞聘高官，不行啊！看你蓬头垢面，衣衫褴褛，一副乞丐相，您的衣服要里外全都换。"

贾舍人硬拉着张仪理了发，洗了澡，沐浴更衣后，像个人样儿了，接着，又带着张仪去马市，买了一部上好的四挂马车。

张仪赶着马车刚走几步，贾舍人又连忙喊道："停！张先生，由赵国到秦国不仅路途遥远，而且这一带山野毛贼，以及打家劫舍的绿林好汉太多了，在路上一旦遇到强盗怎么办？不行！我不放心，我送您一路去秦国吧！"

这番话说出之后，张仪真的不知道怎么谢天谢地了。天底下哪有这么好的人啊！怎么让我张仪给遇上了！这与我的师兄苏秦相比，真是天地之差呀！

长话短说，贾舍人亲自为张仪牵马坠镫，一路到了秦国。

到秦国之后，贾舍人将张仪安排在馆驿之中，自己每天早起晚归，每天找秦王身边人游说："有一个张仪，旷世奇才，是鬼谷子的弟子，是苏秦的师兄弟。此人军事韬略才华堪称一流，来我们秦国竞聘，你们各路大臣们，都要给说个好话儿，你们说了好话，我还会给你们一些金银珠宝，重礼打点。"

这些人一想：张仪来秦国对国家有利，自己又能收到一些钱财，何乐而不为？一举两得呀。纷纷答应道："行！没问题！"

一切布置停当之后，贾舍人告诉张仪："现在您可以到秦王那里竞聘了。"

张仪来到了秦王府一报，秦王一听到"张仪"两个字，不由得一惊：这不是鬼谷子的弟子吗！这不是苏秦的师兄弟吗！他马上想起几年前，自己十次拒绝了苏秦，放跑了一个人才。当时是自己有眼无珠，不识人才，没有收留苏秦，然而现在跟我作对的，最让我犯难的，就是这个苏秦。昔日错过了一个苏秦，今天又来了鬼谷子的另一位高徒张仪，他们同出于鬼谷子门下，我想他们两个人的水平也差不了多少，真是天助我也！这次我再不能放过这宝贵的机会了："传张先生上殿！"

张仪来到大殿之上，侃侃而谈，谈到国家管理谋略，谈到未来民生发展，谈到秦国统一大业，等等。条条是道，事事有理。听得秦王茅塞顿开。这时秦王感觉到：张仪真的是天下难得的人才呀！我昔日失去了苏秦，今日得到了张仪，也算是给我一个弥补的机会："好！收下！"

接着，秦王召集文武百官，征求各路大臣的意见。大臣们一致赞成，坚决支持！结果一报编制，各个岗位人员已满。怎么办？秦王一想，干脆给他个客卿吧。

客卿是什么职务？客卿虽没有什么具体实职，但他是国王的高参、智囊团，国家大事都要参与。

张仪就这样在秦国慢慢站稳了脚跟，秦王对他渐渐信任备至，重用有加。

时间一晃半年过去了，突然有一天贾舍人来到张仪家中说道："张先生，我要告辞了。"

张仪此时才想起来，这一段国事繁忙，冷落了贾舍人先生，于是诚恳地说："贾先生，您千万不能走，您帮我来到秦国，现在我刚刚站稳脚跟，正要报答您，您不能离开，您是我的恩人，是您给我带来了美好前程！"

贾舍人说："不行，我家里确实有急事，必须回去。"

张仪尽全力挽留，还是留不住贾舍人，只好说："您实在有事，坚持要回国，我们只能下次再见。"

于是，张仪怀着一份深情，一直把贾舍人送到了秦国边境。张仪紧紧握着贾舍人双手依依不舍，最后充满深情地说："您是我的知音，您是我的贵人，是您给我带来了人生的飞黄腾达。"说到这里，不由得感激之情油然而生，两行热泪潸然而下。

这时的贾舍人，不但没什么感觉，反而"嘿嘿嘿"一阵奸笑："张先生，此言差矣！跟你说吧，从我帮您馆驿结账开始，到为您沐浴更衣，置办马匹，一路送您来到秦国，打点秦国文武大臣，引见秦王，一直到今天您站稳脚跟，这一切的计划，这一切的资金，都是您的师兄苏相国所为呀！我仅仅是苏相国的一个家丁，化名贾舍人。"

听到这儿，张仪完全惊呆了！

这时，贾舍人才道出了真情，说出了苏秦的真正用意："苏相国说，如果把您安排在他的身边，依您的才华，您的能力，不能得到应有的发挥，对您的未来发展不利。秦国正在计划攻打赵国，即使把您放在苏相国的身边，赵国的力量和兵力也无法抵御强秦的进攻，赵国仍是危在旦夕。所以您的师兄苏秦，用鬼谷子先生的忤合之策，将您逼到秦国，然后又派我辅助您在秦国站稳脚跟，目的就是，第一，成就您未来的一番伟业；第二，相信只要您在秦国，就一定有能力阻止秦国攻打赵国。这就是您的师兄苏秦设下的忤合之计。"

听到这里，张仪恍然大悟，如醍醐灌顶，心中不禁敬佩：还是我的师兄高我一筹啊！于是，斩钉截铁地表示："请贾先生转达我的回话，第一，感谢我的师兄苏相国给予我的一切。第二，告诉苏相国，只要我张仪在秦国一天，就有能力保证秦国不会攻打赵国，以报答师兄的这份深情厚谊。"

于是，两人就此分别。

后话是张仪在秦国的确兑现了他的诺言，用智慧阻止秦国攻打赵国。也许您会说最后不是也攻打赵国了吗？那是在苏秦遇刺身亡后，秦国才攻打赵国的。

张仪被激往秦邦，这一历史故事，苏秦先用"忤"的方式，奚落激怒张仪，然后逼张仪到了秦国，并暗中帮他成功，这就是忤合智慧中的以忤求。表面上的"忤"，暗地里的"合"；先"忤"，后"合"；先逆，后顺；"忤"是方法，"合"是目的。这一番忤合之策的运用，不仅成就了张仪，也帮助了苏秦，这就是忤合智慧的核心所在。

亲爱的读者，你的答案是什么呢？你从中悟到了什么呢？你的答案你自己满意吗？你还有更好的计策吗？

【智慧案例二：包公巧选师爷】

众所周知，宋朝的包公，是天下闻名的清官。这一天，他要为自己挑选师爷，也就是他的参谋、秘书。经过层层海选，在一千多人中选出十人，由包公亲自面试。

包公的面试题只有一个：看我长得怎么样？

前九个人抬头一看包公的面容，吓了一跳：头和脸部黑如烟熏火燎一般，乍一看，简直就像一个黑色的坛子放在肩膀上，两只眼睛又大又圆，一瞪起来，白眼珠多，黑眼球少。心想：如果如实回答，包老爷一定会火冒三丈；别说当师爷，不挨他的铡刀就算好的。听人说当官的都爱听恭维话，我何不奉承他一番，讨他个喜欢呢！于是，这九个儒生一个个都恭维包公，说他长得眼如明星，眉似弯月，面色白里透红，完全一副美男子形象。结果包公将他们一一打发了。

轮到最后一位应试者，包公仍然提出同样的问题。应试者打量一下包公说道："老爷的容貌，脸形如坛子，面色似锅底。不仅说不上俊美，实在丑陋无比。尤其是那两眼一瞪，真有几分吓人呢。"

包公听罢，把脸一沉说道："大胆！放肆！怎么这样说起老爷来了！难道不怕老爷我怪罪你吗？"

应试者答道："老爷，您可千万别生气。小人深信，只有诚实的人才可靠。老爷的脸明明是黑的，难道下人说一声'美'就漂亮了？老爷不喜欢听老实话，以后怎能秉公断案，做个清官呢？"

包公又问道："我听人说，容貌丑陋，其心必奸。此话可当真？"

应试者又答道："此言不一定正确。奸不奸在心，而不在貌。只要包老爷有颗忠君爱民之心，就是长得再黑，也会做清官。难道老爷没见过白脸奸臣吗？"

包公听罢，大声喊道："小子，你被选中了！"

这个故事就是对强者运用忤合智慧的经典案例，也是我前面所讲"特例之特例"中的一例。

【翟杰纵横论《忤合》】

《忤合》篇告诉我们，要如此运用忤合智慧：

一、言语忤合

（1）忤逆在心，符合事实，不随意苟同。虽然这件事不同意，但嘴上不说，只在心理和行动上不随意苟同。

（2）忤逆于言，符合道理，不迁就情绪。假如对这件事不同意，就直接公开表明态度，不隐瞒，开诚布公，也不迁就对方的情绪，公开说不同意、不接受。

如果与《捭阖》篇相结合，我们将上面第1点，称之为阖的话；那么这第2点，就是捭；第1点算作阴的话，这第2点就是阳。

（3）忤合现在，符合未来，不鼠目寸光。对一件事、一个人发表意见、作出决定、给予回应时，也许这个人觉得表面上看不太合理，暂时不理解。但是从长远的观点看，是符合未来的，是符合规律的。眼前的小忤，为的是今后的大合。路遥知马力，日久见人心。

小结一下言语忤合的类型：

①以表扬的语调批评，让人感觉轻松；

②以自省的感悟批评，让人感觉真诚；

③以事例的危害批评，让人感觉生动；

④以间接的提醒批评，这是一种委婉；

⑤以建议的语气批评，这是一种睿智；

⑥以宽慰的态度批评，这是一种包容；

⑦以谈心的方式批评，这是一种教化；

⑧以保护的心情批评，这是一种爱护。

二、忤中求合

（1）探测对方，以忤求合。在不了解对方人或事物时，为了得到准确信息，采用怀疑的、训斥的、嘲讽的甚至奚落的方式，探测对方的真实情况。目的是在了解对方真实情况后，给对方以帮助，给对方以指导，或求得与对方的合作等。

（2）蒙蔽对方，以忤求合。有些事情，不便给对方一开始就交代清楚，只能先用忤的方式蒙蔽对方，而求得最后的合。苏秦就以此方法蒙蔽了张仪，然后帮助他去秦国。如果不蒙蔽张仪，张仪是不会去秦国的。因为张仪知道秦国是苏秦的敌人，一旦去了秦国，兄弟俩各为其主，必然要进行一番争斗。所以必须蒙骗张仪，才能帮助张仪，也利于自己。

（3）征服对方，以忤求合。用反向的、反激励以及强大的心理压力、实力等方法，使对方心悦诚服，使对方屈服，无条件接受我们的正确主张，最后达到引领对方走入正轨的目的。

（4）忤合对方，以忤求合。用时而忤、时而合，时而刚、时而柔，时而阴、时而阳，时而急、时而缓，时而软、时而硬的方法，或忤、或合、或忤合结合、或忤合互动等方式，帮助对方认清形势，看清问题，明确目标，获得成功。

（5）打败对方，以忤求合。用强势打败对方，让他不得不投降、不得不屈膝、不得不服从，以达到让对方步入正轨的目的。

三、小忤大合

（1）良禽择木而栖：凤求梧。如果是一个良臣，就要找到大树，当这棵树不适合时，就再找一棵适合的树。当然，这样做属于忤，但这是小忤。虽然暂时放弃了以前的小树，但是未来发迹了，仍然有回报这棵小树的机会和能力，当了这样的能力，并进行回报时，又是一种大合，也许比一直在这棵小树上对他的帮助更大。

（2）明臣择主而事：臣事君。当与上级或下级因某种原因彼此不适合时，作出了分开的明智选择。这个选择也许对上级有些小小的伤害，同时也许对下级有些小小的伤害。这时的分开是个小忤，分开之后，双方都得到了解脱，都得到了发展，这就达到了真正的大合。

（3）深谋择远而虑：近达远。可能某个人或事物从眼前利益看，产生一些负面效应。但从长远的角度，深谋远虑地看，未来对彼此都有好处，那么先容忍这一时的忤，也就是小的损失，然后追求大的合，大的成功，以近达远。

从另一个角度讲，被忤合的人应该懂得：对你忤合的人，也许是最关心你的人、最想提拔你的人、和你最亲密的人。如果你身边多几个这样的人，你应该感到高兴、感到幸运！因为，身边有几个经常提醒你的人，你会成长得更快，你会不犯错误、不犯大错误或少犯错误。

仔细想一想，经常批评你的人是不是这几种人：父母、亲人、老师、知己。

如果你身边有这样的人经常批评你、提醒你、忤合你，你要倍加珍惜！

我身边就有这样一位朋友，每次谈事情，他总能提出一些反对意见。渐渐地他的朋友越来越少，周围的人纷纷反映，和他商量一些事情，总是遭到反对。

可我却不然，三十几年来，我一直和他保持着挚友和诤友的关系，并且每当遇到较大问题，我总要听听他的建议和意见，受益良多。

当然，有时他的观点是正确的，我马上采纳；有时与我的观点相左，我更要仔细研究分析，遵照毛泽东提出的"有则改之，无则加勉"的原则认真对待，并发自内心地认为，他是我一生中最珍贵的朋友！

这正是：

浣溪沙·忤合

择木而栖为良禽，

择主而事属明臣，

因事为制乃智人。

无所不作贵在心，

无所不听贵在信，

聚散离合为己任。

欲知后事如何

且听下回分解

书法家刘报作品《中国梦》

第七回 由表及里见微知著 一滴知水一叶见木

【揣情】

　　《揣情》篇，阐述的是关于如何揣摩他人心思，推测对方心理的方法。旨在掌握对方的隐情，包括能力、权变、憎恶等。在人际交往中，要善于细致入微地观察，然后制定谋略计策。只有在充分权衡天下大势的情况下，才能设谋定计；只有在全面了解对方之后，才能说服对方接受自己的主张。揣情智慧是权衡天下大势和揣度对方的根本技巧，也是审时度势的具体方法。

【《揣情》原文】

揣情　　第七

古之善用天下者，必量天下之权，而揣诸侯之情。量权不审，不知强弱轻重之称。揣情不审，不知隐匿变化之动静。何谓量权，曰："度于大小，谋于众寡，称货财有无之数；料人民多少、饶乏，有余不足几何；辨地形之险易，孰利孰害；谋虑，孰长孰短；揆君臣之亲疏，孰贤孰不肖；与宾客之知睿，孰少孰多；观天时之祸福，孰吉孰凶；诸侯之交，孰用孰不用；百姓之心去就变化，孰安孰危，孰好孰憎，反侧孰辨。能知此者，是谓量权。"

揣情者，必以其甚喜之时，往而极其欲也；其有欲也，不能隐其情。必以其甚惧之时，往而极其恶也；其有恶也，不能隐其情。情欲必出其变。感动而不知其变者，乃且错其人勿与语，而更问所亲，知其所安。夫情变于内者，形见于外。故常必以其见者，而知其隐者，此所谓测深揣情。

故计国事者，则当审权量；说人主，则当审揣情。谋虑情欲，必出于此。乃可贵，乃可贱；乃可重，乃可轻；乃可利，乃可害；乃可成，乃可败，其数一也。

故虽有先王之道，圣智之谋，非揣情，隐匿无所索之。此谋之大本也，而说之法也。常有事于人，人莫能先，先事而至，此最难为。故曰：揣情最难守司，言必时其谋虑。故观蜎飞蠕动，无不有利害，可以生事变。生事看，几之势也。此揣情饰言，成文章而后论之。

【翟杰纵论《揣情》篇】

从《揣情》篇开始，才真正进入鬼谷子谋略心理内部的核心领域。从某种意义上说，以上六篇都是为《揣情》篇打基础的。将《揣情》与《捭阖》篇相结合，体现了鬼谷子虚实相间的智慧。

《揣情》篇，阐述的是关于如何揣摩他人心思，推测对方心理的方法。旨在掌握对方的隐情，包括能力、权变、憎恶、性格、喜好等。

在人际交往中，要善于细致入微地观察，然后制定谋略计策。只有在充分权衡天下大势的情况下，才能设谋定计，只有在全面了解对方之后，才能说服对方接受自己的主张。揣情智慧是权衡天下大势和揣度对方的根本技巧，也是审时度势的具体方法。

揣，解释为尚没有实质性的动作，而仅仅通过外部的观察、调查、了解和分析，对当前或者未来人或事物的一种推断，一种预见。

纵论《揣情》篇主要智慧点：

一、顺势揣情

有些人或事物表现得不够明显，要想了解透彻，就可进行顺势揣情。具体方法就是：让他在高兴时更高兴，恐惧时更恐惧，忧郁时更忧郁。因为人在极限心理状态下，最容易显现其内在实质，通过这种顺势揣情，可使其内部情绪更加扩大化、明显化，以便于我们观察得更加清晰透彻。

二、逆势揣情

顺势揣情是顺势而为，逆势揣情是逆势而为。具体方法是：在他高兴时，给他泼一盆冷水；在他忧郁时，给他一些热情支持；也就是逆向注入情感，让他内心产生冷热反差，看看他的情绪如何？等他的情绪发生了很大变化，把心理矛盾和斗争都显现出来了，做出了各种反应，这样才容易考察他的内在修养和素质。

三、迂回揣情

有些人或事物不易表露，难以观察，顺势揣情、逆势揣情都没有结果，就可运用迂回揣情的方法，即转而通过他周围其他方面的人或事物，获取有效信息，了解内在问题，使我们对此真正掌握。

四、测深揣情

如果一个人或一件事物埋藏得很深，通过上述三种揣情方法皆无效，就可采用测深揣情的方式，即针对一点反复观察、反复调查、反复了解，直到最后明了为止。

五、细节揣情

对于有些人或事物，我们可通过某一个表情、某一句话，甚至某一个细小动作，推断发展趋势。正可谓：一叶知秋，一水知寒。从蛛丝马迹中，见微知著，判断推测未来。

六、智谋基础

谋划国家大事的人，应当详细衡量国与国各方面的力量；游说他人的谋臣，应当全面揣测对方的想法。所有的谋划、想法、情绪及欲望，必须以这里为出发点，只有这样，才能得心应手地对付各种人或事物。可以尊敬，也可以轻视；可以施利，也可以行害；可以成全，也可以败坏；不同人或事物，可以不同对待。但是，在行动之前，必须揣清、揣透、揣准、揣对才可。

七、事前诸葛

在日常工作生活中，人们对某些事情经常感到来得突然，那是因为不能对发生的事件提前预见。能在事情发生之前有预见是最难的，因此，揣情最难把握，但最重要。为人处世必须深谋远虑地选择时机，任何人或事物初级阶段都是微小的态势，这种揣情就是要让我们充分认识到：突变皆由渐变生的客观规律。因此，对人或事物的预见，揣情是关键。

八、领袖层次

我把领袖层次大约分为三个：

第一个层次，善于预见。我把它叫做事前诸葛亮。当事情还未发生，刚刚露出端倪时，事先就有预料，作出分析判断和措施准备，使人或事物均发生在掌控之中，能做到这一点，可称为圣人。

第二个层次，善于应变。我把它叫做事中诸葛亮。虽然事先没有预料，没有预防，但是，一旦事情发生了，尚能急中生智，随机应变，应对未能预料的突发情况，采取积极有效的措施，理智应对。能做到这一点，可称为智者。

第三个层次，善于后悔。我把它叫做事后诸葛亮，亦叫做"三拍"干部。在制订计划时——拍脑门，靠想当然做事；在事情过程中——拍胸脯，什么都不怕；在问题出现时——拍大腿，哎呀！我怎么没想到。

九、揣人秘诀

《揣情》篇是鬼谷子阅人察事、占卜相面的重要篇章。关于揣人，有人这样总结，我认为很有道理：人的品德看言行，人的思想看行为，人的内心看做事，人的心术看眼神，人的知识看谈吐，人的内涵看表现，人的修养看性格，人的能力看业绩，人的身手看对手，人的为人看朋友，人的本质看历史，人的未来看格局。

【瞿杰横论《揣情》篇】

在本篇我以诸葛亮为例，将领袖分为三个层次即事前诸葛亮、事中诸葛亮、事后诸葛亮。下面我们就以诸葛亮出山为例，分析一下他是如何审时度势，未出茅庐而三分天下的。

话说在我国的三国时代，有一位伟大的军师，他就是无人不知的诸葛亮。

在诸葛亮出山之前，他对当时几派政治、军事力量，做了揣情的分析，写下了著名的《隆中对》。其中分析道："自董卓以来，豪杰并起，跨州连郡者不可胜数。"他首先对当时的总体形势做了说明，接着又细致地分析了曹操、袁绍、孙权、刘表、刘璋、张鲁等各派政治军事势力的实力。

曹操和袁绍相比，虽然声望低微，兵力薄弱，但是曹操足智多谋，官渡一战，以弱为强，击败袁绍。现曹操已拥有百万大军，挟天子以令诸侯，不可与之争雄。这是对曹操的揣情。

孙权占据江东，经过父兄三代人的经营，依靠长江天险，百姓归顺，大批贤能之人为之效力，只能与之结盟，不能打他的主意。这是对孙权的揣情。

荆州的刘表，北据汉沔，又东连吴会，西通巴蜀，是兵家必争之战略要地，但刘表懦弱无谋，不懂军事，无力坚守，可以攻打。这是对刘表的揣情。

益州的刘璋，身居险关要塞，沃野千里，可谓天府之国。但是刘璋昏庸无能，为我们提供了夺取的良机。这是对刘璋的揣情。

张鲁占据北部汉中，虽人口众多，地方富庶，但他不知道爱惜和爱护百姓，失去人心，有才能的人都渴望英明的君主来统帅。这是对张鲁的揣情。

诸葛亮进行了这般揣情分析之后，认为如能同时占据荆州、益州，守住险关要塞；西边与各部落和好，南边安抚夷越民族，联孙抗曹形成三足鼎立之势，则霸业可成，汉室可兴。

诸葛亮未出茅庐之前，就对当时各派的政治、军事力量进行了上述分析，确立了三分天下、三足鼎立的地位。由此可见揣情的重要性。古代的军事斗争是如此，当今的商战亦如此。

揣情的确很难，但是一旦掌握了鬼谷子智慧的秘籍，一切问题都会迎刃而解。

民间常有这样一句话：光说不练假把式，说了就练真把式。下面，我就给您出一道练习题，请您用上述揣情智慧破解，测试一下您的学习效果。

【智慧案例：田婴巧揣威王爱】

春秋战国时期，田婴任齐国宰相。齐威王夫人去世。宫中有十个美妾都被齐威王宠爱。按国法规定，齐威王要立其中一位美妾为新夫人。

齐威王为了体现他的民主路线，也为了考验田婴的智慧，更不愿得罪伤害每位宠妾，于是让田婴指定。

田婴知道齐威王如此决定的用意，更知道，如果他所选立的新夫人不是齐威王最宠爱的人，后果是什么。

于是，他在不能通过任何方式接触和了解十位美妾所有情况的前提下，在第二天的选择中，一矢中的，选中了齐威王最宠爱的人为新夫人。

★智慧测试题：如果你是田婴，你将如何解决这个问题？

特别提示：请先不要着急阅读下一页的答案，开动自己的大脑，设想几套方案，来测试一下自己的智慧。

然后再将自己的方案与田婴的方法对照比较，孰高孰低，以便继续努力。

★智慧测试答案

田婴知道顺势揣情、逆势揣情、测深揣情等手段都无法解决问题，因为他没有任何机会直接与十位爱妾见面沟通了解，哪怕是运用迂回揣情手段，通过后宫知情人了解有关情况，也已不可能。

于是田婴另辟蹊径，在利用"人"进行迂回揣情都不能的情况下，利用"物"进行迂回揣情，获得了成功。

具体方法是，田婴制作了十对珠玉耳环，把其中一对做得特别漂亮，然后献给齐威王说："明天立选国夫人，是国之要事，每位爱妾要打扮得漂亮一些，以体现国威。我特别制作了十对耳环，请大王分别送给她们，让她们明天在国人面前一展风采，也是国之荣耀。"

进展到这里，您也许明白了田婴的用意和智慧所在。

当晚，齐威王将这十对珠玉耳环分别送给了十个美妾。

第二天立国夫人仪式正式开始时，田婴看特别漂亮的耳环戴在谁的耳朵上，就劝齐威王立谁为夫人。

亲爱的读者，你的答案是什么呢？你从中悟到了什么呢？你还有更好的计策吗？

【翟杰纵横论《揣情》】

《揣情》篇告诉我们，要如此运用揣情智慧：

一、听其言与观其行

（1）通则观其所礼。假如一个人发达了，看他是否还谦虚谨慎、彬彬有礼、遵守规则。

（2）贵则观其所进。假如一个人地位高了，看他推荐什么人，他就是什么样的人。

（3）富则观其所养。假如一个人有钱了，看他怎么花，给谁花，花在哪。

（4）听则观其所行。听一个人讲话，要看他是不是那样做的，不怕说不到，就怕说了做不到。

（5）止则观其所好。通过一个人的兴趣爱好，就能分析出这个人的人品，看出这个人的本质。

（6）习则观其所言。初次与一个人见面，他说的话要记住，相处久了，再听他说的和当初是否一致。

（7）贱则观其所不为。假如这个人地位很低，但他不卑不亢，保持自己的尊严，这样的人本质好。

二、揣情识人的诀窍

（1）能耐得住寂寞之人，大多是有思想的人。

（2）能够忍受孤独之人，大多是有理想的人。

（3）遇事能屈能伸之人，大多是有胸怀的人。

（4）处事从容不迫之人，大多是很淡定的人。

（5）经常面带微笑之人，大多是有头脑的人。

（6）看透天下大事之人，大多是有智慧的人。

从另一个角度讲，当你"揣情"对方之时，也许对方正在"揣情"你。因此要特别注意，不要对方的情况没"揣"清，反倒被对方"揣"了个清。关于这方面的智慧，在第十四回《祛箧》篇中，会有详细论述。

这正是：

踏莎行·揣情

察言观色，

审时度势，

一言一行入心知。

见微知著识大体，

由表及里探虚实。

引言揣情，

厉色测意，

一举一动断趋势。

诸葛孔明料事神，

未卜先知天下治。

欲知后事如何

且听下回分解

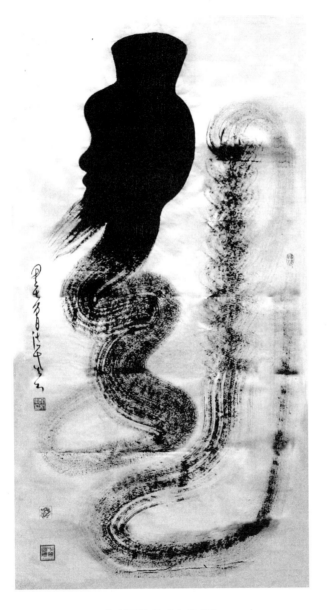

宋利军作品《鬼谷龙》

第七回　由表及里见微知著　一滴知水一叶见木

第八回　神机妙算情理得当　谋之于阴成之于阳

【摩意】

《摩意》篇，是《揣情》的姐妹篇。摩意是揣情的主要方法，它能从人的内心情感变化来揣测实情。

摩意时要像钓鱼一样，放好鱼饵、静握鱼竿，静静地一次一次在隐秘中引鱼上钩，在不知不觉中获得成功。必要时还要反复检验，验证所推测的内容是否准确。

【《摩意》原文】

摩意 　第八

摩者，揣之术也；内符者，揣之主也。用之有道，其道必隐。微摩之以其所欲，测而探之，内符必应。其所应也，必有为之。故微而去之，是谓塞窌匿端，隐貌逃情，而人不知，故能成其事而无患。摩之在此，符之在彼。从而用之，事无不可。

古之善摩者，如操钩而临深渊，饵而投之，必得鱼焉。故曰：主事日成，而人不知；主兵日胜，而人不畏也。圣人谋之于阴，故曰神，成之于阳，故曰明。所谓主事日成者，积德也，而民安之，不知其所以利；积善也，而民道之，不知其所以然，而天下比之神明也。主兵日胜者，常战于不争、不费，而民不知所以服，不知所以畏，而天下比之神明。

其摩者，有以平，有以正；有以喜，有以怒；有以名，有以行；有以廉，有以信；有以利，有以卑。平者，静也；正者，直也；喜者，悦也；怒者，动也；名者，发也；行者，成也；廉者，洁也；信者，明也；利者，求也；卑者，谄也。

故圣人所独用者，众人皆有之，然无成功者，其用之非也。故谋莫难于周密，说莫难于悉听，事莫难于必成，此三者，唯圣人然后能任之。故谋必欲周密，必择其所与通者说也。故曰：或结而无隙也。夫事成必合于数，故曰：道数与时相偶者也。说者听，必合于情。故曰：情合者听。故物归类，抱薪趋火，燥者先燃；平地注水，湿者先濡。此物类相应，于事誓犹是也。此言内符之应外摩也如是。故曰：摩之以其类，焉有不相应者。乃摩之以其欲，焉有不听者。故曰：独行之道。夫几者不晚，成而不抱，久而化成。

【翟杰纵论《摩意》篇】

《摩意》是《揣情》的姐妹篇，又是《揣情》的延续，两者紧密相连，密不可分。将《摩意》与《捭阖》篇相结合，体现了鬼谷子急缓相通的智慧。《揣情》是《摩意》的基础准备，《摩意》是《揣情》的验证方法。这两篇皆属于心理学范畴，也是鬼谷子察人相面的理论依据。

现在人们经常把"揣"和"摩"组成一个词，叫揣摩。其实，在古代汉语里，"揣"和"摩"是两个词。鬼谷子把它们分篇论述，是有深刻道理的。

《摩意》篇，阐述的是揣情的重要方法，它能从人的内心情感变化揣测实情。摩意时要像钓鱼一样，放好鱼饵、静握鱼竿，静静地一次一次在隐秘中引鱼上钩，在不知不觉中获得成功。必要时还要反复检验，验证所推测的内容是否准确。

揣情是根据人或事物的外在表现，由表及里，透过现象看本质的观察方法，属于推测判断的静态阶段，双方还没有实质性的接触。

摩意是揣情的一种具体方法，其中一方已经采取了行动，用各种方法刺探对方，使对方将实情表现出来，从而验证揣情是否与内情一致的方法，属于推测判断的动态阶段。

所以，从人或事物的发展程序来说，揣情在先，摩意在后。如果摩意在先，揣情在后，也未必不可，但是风险极大。除非特殊情况，具有绝对优势才可。

纵论《摩意》篇主要智慧点：

一、摩意的作用

摩意，就是让人或事物的内在实质完全表现出来，然后再根据对方的反应、言行举止，判断对方的内在因素。

二、摩意的原则

摩意，是在不为对方所知的情况下，与对方接触，了解其真实情况的过程。在达到摩意目的之后，要在适当时候离开对方，把动机隐藏起来，消除痕迹，使人无法知道你的动机和目的。

三、摩意如钓鱼

善于摩意的人就像钓鱼一样。只要把带着鱼饵的钩投入水中，不必声张，悄悄等待，钓到鱼之后再悄悄隐去。这样就会达到所办事情一天天成功，却无人察觉；所率部队日益压倒敌军，却无人感到恐惧。既了解了对方，又不暴露自己。

四、神明的定义

有很高修养和智慧的人，谋划行动总是在暗中进行，所以被称为"神"；而这些行动的成功完成，最后又都显现在光天化日之下，所以被称为"明"。所谓"主事日成"的人，在暗中积累德行，润物细无声地造福于百姓。这样"谋之于阴、成之于阳"的策略，被人们称之为"神明"。

五、摩意的方法

（1）用和平进攻。就是善意地、主动地和你交往、接触，是一个良好的和谐的摩意。

（2）用正义责难。就是刚直地指出你的缺点、错误、弱点，对你实施批评帮助。

（3）用娱乐讨好。就是给你褒扬赞美，让你高兴愉快，也就是我们前面讲过的飞箝。

（4）用愤怒激励。就是用愤怒的批驳，给人当头一棒，给人一个震撼，这是一种反向激励。

（5）用名望威吓。就是用名誉和声誉威吓他，告诉他名誉和声誉的重要性，以此了解他的目的。

（6）用行为逼迫。就是用言行施压，逼迫他去执行指令，从中观察他的行为与内心。

（7）用廉洁感化。就是对善良的人，摆事实，讲道理，有理有利有节地感化他。

（8）用信誉说服。就是用真诚的信誉与对方开诚布公，以心换心，用真情去说服他。

（9）用利益诱惑。就是对那些私心很重的人，在不丧失原则的基础上，给他一些名利，满足他的暂时需求。

（10）用谦卑夺取。就是对待吃软不吃硬的人，我们用委屈一时的谦卑，获得对方好感。

六、摩意的功用

谋划一件事要做到万无一失、十全十美很难；要说服他人，让他人一听就办，这样的情况很少；只有用摩意才能做到。也就是通过一次次的试验，找到最佳的方法，然后再加以实施，就可以解决这些最难的问题。

七、摩意讲情理

在运用摩意方法时，要合情合理，顺理成章，按照事物的不同特点加以实施，这样对方才能做出相应的反应。在摩意时，要细心观察人或事物的各种变化，自始至终把握好时机，直到取得最后胜利。

【翟杰横论《摩意》篇】

说到摩意，在中国古代历史上，在世界军事史上，有一个以弱胜强的经典案例。说的还是鬼谷子的两位弟子：孙膑和庞涓。香港有一部电影《马陵道》，讲的就是这段历史故事。

《孙子兵法》的作者孙武，他的嫡孙叫孙宾，后来鬼谷子为其改名叫孙膑。原因是鬼谷子算出孙宾日后必有刖刑之灾，也叫膑刑，故此改名为孙膑。

孙膑和庞涓，同拜在鬼谷子门下，成为手足兄弟，同窗好友。

鬼谷子的好朋友墨子，向魏惠王推荐庞涓之后，又推荐孙膑。庞涓妒忌孙膑才能，设计迫害孙膑。以齐国奸细为名，剜下孙膑双腿膝盖骨。后来，孙膑遵照鬼谷子的锦囊妙计，在苏代、墨子等人的协助下，逃往齐国。髯翁有诗云：

> 易名膑字祸先知，
> 何须庞涓用计时？
> 堪笑孙君太忠直，
> 尚因全命感恩私。

话说公元前342年，齐魏两国发生战争。齐威王任命田忌为主将，孙膑为军师。魏惠王任命太子申为上将军，庞涓为大将。两军在马陵一带展开了军事与谋略的争斗。

这时，齐军已进入魏国纵深地带，魏军尾随而来。一场鏖战遂拉开帷幕。孙膑胸有成竹，指挥若定。他根据魏军强悍善战、骄傲轻敌、急于求胜的心态，决定采取减灶诱敌、设伏聚歼的作战方针。

于是，当齐军与魏军刚一接触，孙膑就命令部队佯败后撤，并按部署施展减灶诱敌之计。第一天孙膑命士兵造十万人所用锅灶，第二天减为五万人所用锅灶，第三天减为三万人所用锅灶，还制造了齐军士兵在魏军的追击下，大批逃亡的假象。

庞涓果中此计，误认为齐军大败逃亡，并且伤亡惨重。于是，丢下步兵和辎重，只带一部分轻装骑兵，昼夜追赶。

根据孙膑预算判断，魏军将于黄昏进入马陵地带。马陵一带，道路狭窄，树木茂盛，地势险要，是打伏击战的绝好战场。

于是，孙膑选一万弓箭手埋伏在道路两旁，规定到夜里以火光为号，一齐放箭。并让人将路旁一棵大树的树皮剥掉，上写"庞涓死于此树之下"八个大字。

临近夜晚，庞涓率骑兵来到马陵道地区，完全进入了孙膑布下的埋伏圈。当庞涓走到大树前，看不清树上的字迹，于是让人点燃火把照明。"庞涓死于此树之下"这八个字还没有读完，齐军万箭齐发，以迅雷不及掩耳之势，打得魏军大败。

庞涓见大势已去，败局已定，自杀身亡。

这是我国古代军事史上，以弱胜强、以谋取胜的典型战例。

在这次战斗中，孙膑成功地运用了摩意、引诱、钓鱼、闭隐之策，摩对方之情，量自己之力，取得了马陵之战的胜利，创造了人类战争史上以少胜多的著名战例。

在这场战斗中，孙膑一次次用摩意之策，引诱庞涓一步步走进设下的包围圈，最后致庞涓于死地。

孙膑第一个摩意动作：佯败。试探庞涓是否上当，结果庞涓中计。

第二个摩意动作：第一天造了十万人所用锅灶，有意让庞涓以此推算孙膑的兵力。当时孙膑的部队确有十万人，而庞涓的部队有四十万人，因此庞涓自然轻敌骄傲。

第三个摩意动作：第二天造了五万人所用锅灶，比第一天减少了一半。让庞涓误认为孙膑的部队已死伤一半，只剩下五万人。

第四个摩意动作：第三天造了三万人所用锅灶，比第二天又减少近一半，让庞涓误认为孙膑的部队只有三万人。

第五个摩意动作：孙膑预料在黄昏时分，庞涓会赶到马陵道，又在树上割下一块树皮，写上八个大字，庞涓死于此树之下。以此引诱庞涓在黄昏中点燃火把来到树下，然后万箭齐发。

庞涓果然一步步按照孙膑的摩意之策，一步步进入伏击圈，惨遭失败。

无独有偶，又一个精彩案例，在东汉时期发生，更让人拍案叫绝。说的是东汉的虞诩，在孙膑"减灶计"的启发下，将鬼谷子"摩意"智慧与"反应"智慧巧妙结合，活学活用地创造了"增灶记"，同样也取得了战斗的胜利。

话说虞诩接到武都太守的任命后，只带了少数护军前去赴任。羌人得知消息，在陈仓（今陕西宝鸡东）、崤（xiáo）谷（今宝鸡西南）一带，准备截杀虞诩。

虞诩得知消息，知道寡不敌众，只好远远扎营，并扬言要到京师洛阳搬兵。羌兵得到这一消息，便放松了警戒。虞诩乘机从小路穿过羌人防线。羌人知道上当，便派兵追击。

虞诩日夜兼程，羌兵紧追不放。眼看就要被羌军追赶上来。虞诩情急之中，计上心来。想到了孙膑的"减灶诱敌之计"，于是，在此基础上，更高一筹，实施"反应"智慧。

他告诉军兵，在做饭搭建灶台时，要增加一倍的数量，以示军兵增加的假象。以此类推，每天增加一倍，一连三天，灶台成几何数字增加。

羌人追赶到灶台之处，推算虞诩的军兵越来越多，误以为皇家派来了援兵，吓得不敢再追，使虞诩得以平安到任。

手下人问虞诩增灶的原因，虞诩说："当年孙膑减灶诱敌，是示弱；我反用其计，增灶吓敌，是示强。反其道而用之。"

由此可见，一旦掌握了鬼谷子智慧，就会演变出千变万化的超人谋略。

上述两例，都是在军事上运用摩意智慧的经典案例，那么在当今企业管理中，怎样运用摩意智慧呢？肯德基给我们提供了有益的借鉴。

世界著名餐饮企业肯德基，刚刚有意进入中国时，对中国市场并不了解，不敢轻举妄动。所以肯德基先是揣情，中国很大，人口很多，市场一定很好。揣情之后便开始摩意，采取一系列实际行动。

肯德基先派了几个人，在北京中心商业区，人流量最大的几个主要街道，用秒表测量人的流量，以便来确定消费者的数量多少，这是第一阶段摩意。结果证明：人口流量非常大，预示着消费者多，市场会很好。

第二阶段摩意：他们利用暑期招聘经济类大学生设免费品尝点，让过往行人免费品尝，凡是经过的人，免费送上一个鸡腿或者一个汉堡包。这是摩意中国人的口味特点，肯德基能不能适应中国消费者的口味。

第三阶段摩意：邀请一些顾客到餐厅免费就餐，体验肯德基的各项服务，搜集反馈，客人临走前每人送一袋热腾腾的炸鸡，并发一份调查表，对味道、温度、包装、环境、服务等方面提出意见，收集消费者对肯德基各方面的意见。

第四阶段摩意：进一步进行市场调研，了解中国有多少这样的商业街，有多少个城市可以设立肯德基连锁店。

通过上述一次次摩意，肯德基决定进入中国。先从北京开始，然后推广到中国的各个城市，现在肯德基在中国已有近千家连锁店，做到了家喻户晓的地步。

肯德基就是这样，通过细致的、有步骤的、有计划的摩意，在中国市场一炮打响，遍地开花。原本他们预测来到中国五年收回成本，结果不到两年就完全收回成本。

【翟杰纵横论《摩意》】

《摩意》篇告诉我们，要如此运用摩意智慧：

一、测而探之，内符必应

通过摩意反复探测，使之对人或事物的内情，也就是内符，有明确认识和了解，对方喜欢还是不喜欢，接受还是不接受，这件事办还是不办，如果办要怎样去办，等等。这就为我们的行动准备了第一手资料。

二、用之有道，其道必隐

在运用摩意之策时，要符合天道地道人道，也就是正道。虽然我们运用各种方式、各种技巧，但是不能无道，更不能歪道，也就是要遵循为人处世之道。正所谓：人间正道是沧桑。但是摩意属心理学范畴，不能完全公开，它是隐蔽的，这一点一定要注意。

三、谋之于阴，成之于阳

定计划、定方案、作策划时，一定是在隐秘中进行，是"阴"的，但是这个"阴"，没有贬义，就是尚未公开的计划。一旦取得成就，再公之于众，让人众所周知也不迟。

人们常说：放长线钓大鱼，放短线钓快鱼。股票市场也如此，有时需要看长线，有时需要看短线。掌握了摩意智慧，既可以放长线钓大鱼，又可以放短线钓快鱼。

在《揣情》《摩意》两个姐妹篇最后，出一道作业题，测试一下读者的"揣情""摩意"智慧，简称揣摩智慧。

【智慧案例：巨贾揣摩觅失伞】

有一位富豪，感觉身带巨款旅行不便，于是将巨款一张一张卷起来，藏在一把竹制旧伞把的空心里，以为这样更安全。可是在他酒后困倦之时，倒在路边的躺椅上，抱着竹伞睡着了。等他醒来时，藏有巨款的竹伞不见了。公开寻找吧，怕打草惊蛇而暴露真情，更无法找回。他究竟怎么能够不动声色地找回失伞呢？

★智慧测试题：如果你是那位富豪，你将如何解决这个问题？

特别提示：请先不要着急阅读下一页的答案，开动自己的大脑，设想几套方案，来测试一下自己的智慧。

然后再将自己的方案与那位富豪的方法对照比较，孰高孰低，以便继续努力。

★智慧测试答案

丢伞的富豪，揣摩人们的普遍心理，首先想到了免费修伞。这是他的第一次揣摩。

于是，在丢伞的地点附近，他开了个修伞部，打出大幅广告：免费修伞。可是效果并不好，伞修了很多，就是没有自己丢的那把伞。一个多月过去了，还是未找回失伞。

于是，丢伞的富豪，更加深入地揣摩人们的心理，又生一计：以旧换新，也就是旧伞免费换新伞。这是他的第二次揣摩。

结果，没过几天，失伞失而复得，巨款"完璧归赵"。

从另一个角度讲，当您与对方"摩意"时，您的行动已经开始。如果您的"摩意"在行动中被对方发现或识破，其实就成了对方在"摩意"您，形成了彼此"摩意"的局面。这时，就要看谁的智慧高，谁的应变能力强，谁的方法多，谁能将鬼谷子智慧融会贯通了。

这正是：

蝶恋花·摩意

神机妙算不争费，
随机应变方知真与伪。
嬉笑怒骂千般情，
尽收眼底刻心扉。

将心比心知人心，
用之有道更需道之隐。
谋之于阴巧布阵，
成之于阳妙鸣金。

欲知后事如何

且听下回分解

李翠珍山水画《清音变奏曲》

第八回　神机妙算情理得当　谋之于阴成之于阳

第九回　审时度势权衡利弊　三思而行一矢中的

【量权】

《量权》篇，阐述的是权衡智慧。所谓"权"，本意是秤砣，古代称量物体重量的砝码。在此引申为权衡、斟酌、权变、审查之意。

如果对权势分析不全面，就不能了解各方力量的强弱虚实，就不能掌握人或事物暗中变化的征兆。量权是审时度势、权衡利弊的技巧。

世间万物，有所取，必有所舍。在错综复杂的人或事物面前，何时当取，何时当舍，取舍之前要静心衡量。

【《量权》原文】

量权　　第九

　　说者，说之也；说之者，资之也。饰言者，假之也；假之者，益损也。应对者，利辞也；利辞者，轻论也。成义者，明之也；明之者，符验也。难言者，却论也；却论者，钓几也。佞言者，谄而于忠；谀言者，博而于智；平言者，决而于勇；戚言者，权而于信；静言者，反而于胜。先意承欲者，谄也；繁称文辞者，博也；策选进谋者，权也；纵舍不疑者，决也；先分不足而窒非者，反也。

　　故口者，机关也，所以闭情意也。耳目者，心之佐助也，所以窥间见奸邪。故曰：参调而应，利道而动。故繁言而不乱，翱翔而不迷，变易而不危者，观要得理。故无目者，不可示以五色，无耳者，不可告以五音。故不可以往者，无所开之也；不可以来者，无所受之也。物有不通者，故不事也。古人有言曰：口可以食，不可以言。言者，有讳忌也。众口铄金，言有曲故也。

　　人之情，出言则欲听，举事则欲成。是故智者不用其所短，而用愚人之所长；不用其所拙，而用愚人之所工，故不困也。言其有利者，从其所长也；言其有害者，避其所短也。故介虫之捍也，必以坚厚，螫虫之动也，必以毒螫。故禽兽知用其长，而谈者亦知其用而用也。故曰，辞言五：曰病，曰恐，曰忧，曰怒，曰喜。病者，感衰气而不神也；恐者，肠绝而无主也；忧者，闭塞而不泄也；怒者，妄动而不治也；喜者，宣散而无要也。此五者，精则用之，利则行之。

　　故与智者言，依于博；与博者言，依于辩；与辩者言，依于要；与贵者言，依于势；与富者言，依于高；与贫者言，依于利；与贱者言，依于谦；与勇者言，依于敢；与愚者言，依于锐。此其术也，而人常反之。是故与智者言，将以此明之；与不智者言，将以此教之，而甚难为也。故言多类，事多变。故终日言不失其类，而事不乱。终日不变，而不失其主，故智贵不妄。听贵聪，智贵明，辞贵奇。

【瞿杰纵论《量权》篇】

　　《量权》篇，是鬼谷子谋略的重要篇章，将《量权》与《捭阖》篇相结合，体现了鬼谷子左右逢源的智慧。从某种意义上说，前面八篇都是为本篇做准备的。

　　《量权》篇，阐述的是权衡的智慧。所谓"权"，其本意是秤砣，古代称物体重量的砝码。在此引申为权衡、斟酌、权变、审查之意。

如果对权势分析不全面，就不能了解各方力量的强弱虚实，就不能掌握事物暗中变化的征兆。量权是审时度势，权衡利弊的技巧。世间万物，有所取，必有所舍。在错综复杂的事物面前，何时当取，何时当舍，取舍之前要静心衡量。

纵论《量权》篇主要智慧点：

一、说辞的内涵

凡是说辞，都要力争说服别人；要说服别人，就要给人以帮助；凡是经过修饰的说辞，都是被借以达到某种目的；凡是被借用的东西，大都既有好处，也有害处；凡要进行应酬和答对，必须掌握伶俐的外交辞令；凡是伶俐的外交辞令，都存有不完全实在的言论。凡是难于启齿的话，都暗藏着反面的议论；凡是反面的议论，都是诱导对方秘密的说辞。要树立起自己的信誉，就要光明正大；光明正大，就是为了让人们检验复核。

二、说辞的异化

为实现自己的意图而迎和他人，就是献谄媚；用美丽的辞藻去奉承他人，就是会飞箝；不畏牺牲坚忍不拔的人，就是有决心；根据他人喜好而进献计谋的人，就是玩权术；能揭示缺陷敢于责难过失的人，就是敢反抗。

三、说辞三精通

一精通：嘴巴顺通。嘴是用来打开和关闭感情和心意之门的进出口。因此要做到：该说则说，不该说则不说；该多说则多说，该少说则少说。因为说话最容易犯忌，众人的口可以熔化金属，因此说话前一定要认真思量权衡，每一句话都要说到点子上，说到要害上，把好嘴巴这个关口。

二精通：耳朵灵通。耳朵是心灵的助手，是探听是非的通道。好话坏话、真话假话，废话大话，我们都要通过耳朵聆听。听过之后入脑入心，然后再进行分析、分辨，才知道语言的正误，事情的真伪。所以我们的耳朵要像侦察员一样，听得出真假是非。这样，我们才能把握形势，权衡利弊。

三精通：眼睛开通。眼睛是心灵的辅佐，是侦察奸邪的窗户。我们的眼睛要会看，看对方的表情动作，了解他的心理状态，内心想法，为权衡做好先期准备。

有了这三精通之后，让三者协调呼应，再将得到的信息传递给大脑，大脑再根据所获信息思考分析，推理分辨，最后得出相应的解决办法。这样就能沿着有利的轨道运行，使用一些烦琐的语言也不会发生混乱，自由驰骋地讲话议论也不会迷失方向，改变议论主题也不会发生失利的危险。这是因为看清了事物的要领，把握了事物的规律，大脑智慧做到了畅通无阻。

因此，对于言辞来说，最宝贵的是出奇制胜；对于听觉来说，最宝贵的是明晰清楚；对于视觉来说，最宝贵的是看清事实；对于思维来说，最宝贵的是良莠分明。

四、说辞的掌控

在人际交往过程中，人与人之间的沟通、交流、互动，绝大多数都是通过语言进行的，所以，语言的沟通和互动相当重要。

鬼谷子告诫我们：没有可以开导对象的地方，就不要去；没有接受游说的人，就不要讲。因为没有视力的人，没有办法向他展示五彩颜色；没有听力的人，没有办法跟他讲音乐的感受。正如《俞伯牙摔琴谢知音》所说：知音说与知音听，不是知音不与谈。

五、说辞的衡量

说到对别人有利之处，我们就要顺势而言，让他感到高兴；说到对别人不利之处，就要避其所短，不让人觉难堪。用语言保护自己，要像甲虫自卫一样，依靠坚硬和厚实的甲壳；用语言应对他人，要像螫虫攻击一样，凭借尖锐和致命的毒针。不用自己的短处，而宁用愚人的长处；不用自己的笨拙，而宁用愚人的技巧，才不至于陷于困境。

六、五种说辞令

这五种说辞，是在某种特殊情况下使用的语言，这其中既有示弱，也有示强，只要运用得当，便有其他正规语言所不能替代的特殊作用。病言，指底气不足，没有精神的语言；怨言，指极度伤心，没有主意的语言；忧言，指闭塞压抑，无法宣泄的语言；怒言，指狂躁妄动，不能自制的语言；喜言，指任意发挥，没有重点的语言。这五种游说辞令，在完全精通掌握之后，只要对自己有利，便可适时运用。

七、说辞的技巧

关于说辞的技巧，鬼谷子举了很多经典例子，运用这些方法，可以让你始终处于主动上风的地位。

（1）与聪明的人谈话，要依靠自己的博学。聪明人反应快，但他的知识面并不一定宽。在与之交往时，就要用天文地理、古今中外、文史哲、数理化等博学知识与之应对。

（2）与博学的人谈话，要依靠自己的雄辩。博学的人大多口才欠缺，很多科学家，做研究的人，他们学识深厚，但口才输于学识。在与之交往时，用你的雄辩口才与之应对。

（3）与善辩的人谈话，要依靠语言的精要。善辩的人往往认为自己口才好，一说话就多，一说话就长，语言未必精练。他说了二十分钟也许还没说明白，你只用一句话，或者一个词、一个字就讲清楚了。

（4）与位显的人谈话，要依靠宏大的气势。对方是大人物，你就和他谈大事。如果对方是国家级领导人，你就和他谈国家发展、世界趋势；如果对方是董事长，你就和他谈企业如何上市，如何进入世界经济大循环。以这样的格局与之应对。

（5）与富有的人谈话，要依靠高谈与阔论。富有的人值得骄傲的是钱，所以和他沟通时，什么都可以谈，就是不谈钱。谈风花雪月，谈诗词歌赋，谈天文地理，等等。

（6）与贫穷的人谈话，要因势利导重实际。贫穷的人由于生活所迫，所思所想比较实际，与之交往时，谈他最关心的事，谈他最急迫解决的问题，不要讲大道理。

（7）与卑贱的人谈话，要依靠自己的谦敬。这个人地位很平凡，工作岗位很一般，本来就有一种自卑感，若再得不到尊重，他会一点自尊都没有，这不符合人性化的要求。在与之交往中，要做到谦敬。

（8）与勇猛的人谈话，要依靠自己的果敢。勇猛之人，具有英雄气概，在与之交往中，要体现出果敢，不能唯唯诺诺，否则会被对方瞧不起。这样的人，不愿意跟随一个胆小怕事的人做事。

（9）与愚昧的人谈话，要依靠自己的敏锐。愚昧的人，就是没有接受知识教育、没有很好学习条件的人。这样的人未必就是真正的愚钝愚昧。也许是因为不同的生活环境，没有学习和施展的机会。对于这样的人，要循循善诱，用知识智慧引导他，教育他，点化他。

【翟杰横论《量权》篇】

电视连续剧《宰相刘罗锅》主题曲《清官谣》中有这样一段歌词：

天地之间有杆秤，

那秤砣是老百姓；

秤杆子呦挑江山，

你就是定盘的星。

什么是黑？什么是明？什么是奸？什么是忠？

嬉笑怒骂怒不平，背弯人不弓。

什么是傻？什么是精？什么是理？什么是情？

留下多少好故事，讲给那后人听。

古时候，秤的发明人，就是那从政经商的典范——范蠡，人称陶朱公，后来人们把他尊为财神爷。关于财神爷生财、发财、理财等方面的商道经典，在我出版的国学智慧三部曲之二《翟杰话说财神爷》中，有更为详尽的阐述。

关于中国秤文化，表面看似平常，却蕴含着博大精深的中国商道：商道承于天地人，轻重是非一秤知。

中国秤分为秤盘、秤砣、秤杆三部分，每一部分都有深邃的商道内涵。

秤盘虽轻且平凡，客观称量种万般。无论是重于泰山，还是轻于鸿毛，于天、于地、于人、于物，无所不容，无所不称。器物之轻重，德行之高低，价值之多寡，人性之薄厚，一秤便知。

秤砣虽小巧，四两拨千斤。西方商业衡器乃天平，一分砝码一分物品，为固定模式；中国之秤借杠杆原理，以一当百，以小搏大，为灵活模式。它左右移动，平衡万物，摆平天下不平事。

秤杆挑起天地人，金星照耀真善美。中国秤杆镶嵌十六颗金星：北斗七星属天，称之为天时；东西南北上下六方属地，称之为地利；福禄寿三星属人，称之为人和。

我们要从"权"的本意去理解由此衍生的权力、权威、权势、权贵、权衡、权术、权杖等，我们手中的"权"，才会使用得更好。

"毛遂自荐"这句成语，使毛遂这个人物世人皆知，但是很少有人知道，毛遂的老师就是鬼谷子。毛遂在中国历史上的伟大贡献，是自荐后的表现，文武双全，毛遂首立合纵战功。

话说春秋战国时期，秦军在长平一线，大胜赵军。秦军主将白起，领兵乘胜追击，包围了赵国都城邯郸。

大敌当前，赵国形势万分危急。平原君赵胜，奉赵王之命，去楚国求兵解围。平原君把门客召集起来，想挑选20个文武全才一起去。他挑了又挑，选了又选，最后还缺一个人。这时，门客毛遂自我推荐说："算我一个吧！"

平原君见毛遂再三要求，勉强同意了。

到了楚国，楚王只接见平原君一个人。两人坐在殿上，从早晨谈到中午，还没有结果。见此情景，毛遂大步跨上台阶，远远地大声叫起来："出兵的事，非利即害，非害即利，简单而又明白，为何议而不决？"

楚王非常恼火，问平原君："此人是谁？"

平原君答道："此人名叫毛遂，乃是我的门客。"

楚王喝道："赶快下去！我和你主人说话，你来干吗？"

毛遂见楚王发怒，不但不退下，反而一个箭步冲到楚王身边，手按宝剑，怒目横眉说："如今十步之内，大王性命在我手中！"

楚王见毛遂如此勇敢，吓得浑身哆嗦。

毛遂趁此把出兵援赵有利楚国的道理，做了非常精辟的分析。

毛遂的智勇双全和文韬武略，使得楚王心悦诚服，答应马上出兵。

毛遂当即招呼楚王左右："马上拿鸡血来！"

于是，毛遂让楚王和平原君喝下鸡血，宣布盟誓完毕。

几天后，楚、魏等国联合出兵援赵。秦军撤退。

从此，合纵大局业已形成，毛遂首立战功。

毛遂在关乎国家命运的关键时刻，能够权衡利弊，失小礼而取大义，体现了鬼谷子的"量权"智慧。

上面讲的是中国古代发生在国与国之间的"量权"案例。下面再讲一个现代发生在外国企业的"量权"案例，叫做力排众议，葛施达与电影联姻。

可口可乐，享誉全球，无人不知，无人不晓。可是在20世纪70年代，它还并非是个广为人知的饮料公司。

董事长葛施达接任时，正是公司资金最紧张的时候。葛施达经过一番认真调查分析，做出一个让人无法预料又不可理解的决定：可口可乐与当时美国最大的电影公司合作。

葛施达提出这个建议，董事会全体成员集体反对。

大家纷纷说："我们是做饮料行业的，跟电影公司没有任何关联。我们资金本来就紧张，再把大量资金投到收购美国电影公司上，真是让人百思不得其解，是不是神经错乱了。"

这时，我们看看葛施达是如何"量权"的。

葛施达说："好！既然大家不同意，让我做个决定，这件事必须做，出现一切后果我负全责！企业出现任何亏损，由我一人承担，我个人赔偿全部损失！"

葛施达的这番决定，用一句成语形容叫：力排众议！

这其中的"量权"，风险很大。大家都反对，如果他错了，损失太大了；如果他对了，我相信周围所有人今后就会对他百依百顺。

葛施达一上任，就做出这样大胆的决定。是不是葛施达异想天开呢？

显然不是！葛施达已经有了非常成熟的调查研究、策划方案和具体步骤。

第一个步骤：葛施达毅然将当时美国最大的电影公司收购。因为当时美国人特别喜欢看电影，影迷消费群非常之大。

第二个步骤：将电影公司所属各电影院的门票重新进行精美设计，并印上可口可乐广告，使之成为一张具有收藏价值的精品。当人们一拿到这张电影票，就有一种赏心悦目的感觉，就有欲望去看电影。

第三个步骤：在各大影院每个座位上，都摆放一瓶免费的可口可乐饮料。观众一进电影院，就会发现。虽然免费的东西不是很好，但人们还是愿意尝试一下，反正又不花钱，这是人们一种正常的心理状态。就这样，葛施达培养了人们饮用可口可乐的习惯。就这一招儿，让可口可乐在短时间内，被美国广大消费者所接受，成为知名品牌，以致现在风靡于全世界。

到现在为止，可口可乐有两个必须，也是葛施达的第四个步骤：

第一个必须是大型国际体育赛事，必有可口可乐广告。因为各种娱乐项目，体育迷是最多的。

第二个必须是大型公益活动，尤其是青少年项目，必有可口可乐赞助。因为，要使可口可乐公司永续发展，必须培养一代又一代消费者。

上述对可口可乐公司的崛起和发展乃至未来，做了这样一番介绍，您一定感觉到葛施达的每次"量权"都是那样准确、及时、长远。

中国的企业家，要以这样的思维去学习借鉴、去突破创新，只有具备纵横家的风范，才会有如此大胆科学的"量权"。

在我们忽视鬼谷子智慧时，外国人已经开始借鉴了。如：德国的政治家斯宾格勒、美国前国务卿基辛格、日本经济学家大桥武夫等人，他们都是鬼谷子智慧的研究专家。他们将鬼谷子智慧运用到军事、外交、企业管理等各个领域，并且都获得了巨大成功。

在我主讲的"学鬼谷智慧，走财神之路"高端企业家弟子班上，也上演了一出与葛施达及可口可乐异曲同工的现代戏剧。

十八位鬼谷班学员，同样是在资金紧张的情况下，联合投资拍摄了电视连续剧《谋圣鬼谷子》。在电视剧还未播出的情况下，他们的企业品牌、人格魅力、社会影响已经产生了巨大的作用，昔日的企业管理者，如今被冠以"儒商""文化企业家""懂艺术的企业家"等美誉，对他们的人生，产生了不可估量的效应。这就是文化的力量。

【翟杰纵横论《量权》】

《量权》篇告诉我们，要如此运用量权智慧：

一、审时度势：审天下之时，度周遭之势

在做一项重要决策前，一定要对国际形势、国内现状、国家政策、地区特点、项目可行性等方面因素作分析，再作打算。

2014年，正值中国与马来西亚建立外交关系40周年的黄金年。但不幸的是，在这一年的3月8日，马来西亚航空公司MH370客机突然失联。在这之前，我受第16届亚洲八大名师高峰论坛邀请，定于3月10日，赴马在论坛大会做主旨演讲，我所订飞机票航班就是MH370。家人及亲朋好友听说此事，全体反对我在此时赴马。

怎么办？

如果去，面临的是失联造成的世界性恐惧及家人亲朋好友的担心；如果不去，相信主办单位也会理解，但多少有些失信和怯懦的感觉。

一边是失联，一边是失信，如何量权？

于是，我力排众议，选择如期赴马。

俗话说：福无双至，祸不单行。2014年7月17日，马来西亚航空公司MH17客机再次失事。

常言道：无巧不成书。就在马来西亚航空公司 MH17 客机失事当天，我又与马方约定，为庆祝中马建交 40 周年，再次赴马举行"马中友谊情·鬼谷财神行"全马巡回公益演讲，机票刚刚订好。

又一次生死考验的风险，摆在我的面前。

怎么办？

第一次在失联与失信的量权中，我克服困难，力排众议，选择赴马。

第二次我再度面临的，一边是马来西亚人民的关注，一边是中国亲友的关怀，如何量权？

我再次选择如期赴马，并应马来西亚民族振兴基金会邀请，定于 2014 年 11 月底，第三次赴马，举办"中马友谊 福泽万民"全马书画交流展会。

在著名篆刻书法家王银茂团长的召集下，我携与马航 MH370 擦肩而过的六位幸运书画家，为马来西亚人民送去中国人民的深深祝福。这六位书画家是：郑文彬、胥力浦、漆一容、李翠珍、任予民、于工。他们此行也做了更加艰难的抉择。3 月 8 日 MH370 客机失联事件中他们是不幸中的万幸，逃过一劫，仅仅半年要再度赴马，内心的恐惧及来自家人、亲朋好友的压力有多大，可想而知。

但是他们得知此次赴马是以"纪念中马建交 40 周年"为主题，"为大马人民送去祝福"为宗旨时，全力克服了心里的恐惧和来自各方面的压力，毅然赴马。

他们顾大局、识大体的爱国主义和国际主义精神，得到了马来西亚各地人民的一致好评，马来西亚几十家新闻媒体整版报道，广播电视台多次安排专题节目播出。中国驻马来西亚特命全权大使黄惠康、临时代办马伽、古晋总领事刘全、副总领事刘东源等使领馆人员，在百忙之中，频频出席各地巡展开幕式，并宴请全体团员。

此项活动，成为中马建交史上一次特殊的重大活动，在最关键的时期，为中马两国人民 40 年的传统友谊，画上了一个大大的感叹号！

二、权衡利弊：趋利避害，让利益最大化

在调查分析人或事物的过程中，要认真分析利弊，做出正确的判断和决定。

例如：2006 年，一家保险公司在与我签订的培训合同中违约。当我向保险公司培训部负责人提出交涉时，对方极其傲慢无礼地说："我们是违约了，也不可能履约了，你去法院告吧！"

如此态度，显然是诚信缺失和店大欺客的奸商行为。这对于我这个有近 20

年记者生涯的资深记者来说，还属不多见。面对此情此景，我对彼此的特点和实力做了一番认真的分析研究。

对方：系全国特大型金融企业，股票刚刚上市，所属公司几乎每天都有官司，因此根本不怕打官司，所以敢于扬言叫号打官司。无论从企业品牌、公司规模、资金实力、法律援助等各方面，这家公司都属强者。

我方：只身一人，曾经记者，一无权，二无钱，打仗无亲兄弟，上阵无父子兵，无论从哪个方面都属弱者。

在彼此强弱差距巨大的情况下，如何以弱胜强？经过一番"量权"后，我想到了鬼谷子的"抵巇"智慧：在对方强势中找弱点，在自己弱势中找优势，然后再对双方强弱优劣的转化进行"量权"。于是，制定了审时度势，先礼后兵，以弱胜强，四两拨千斤的应对措施。我选择在一年一度的中国消费者权益日——3月15号，召开"某保险公司不保险"的新闻发布会，并邀请几十家新闻媒体参加。

在此同时，给这家保险公司培训部负责人发出一条短信：兹定于2006年3月15日，在北京某酒店召开"某保险公司不保险"新闻发布会，敬请参加。

短短几十个字发出后，立即得到了对方的回复，态度不再生硬了，语言不再强硬了，马上赔礼道歉了。

因为对方知道，如果这条真实有力的新闻一经播出，其他方面且不论，仅就品牌价值和股票指数，将给他们带来的是千万甚至亿万的损失。所以，总公司老总亲自飞抵北京，约我面谈，既赔礼道歉，又补偿履约。

从我的角度来说，你保险公司打官司是内行，我舆论监督维护正义是内行。我避你之强，避我之弱；扬我之强，击你之弱。经过这样一番"量权"，我既捍卫了《中华人民共和国合同法》的尊严，又维护了自己的合法利益，并且在最短的时间，用最有效的方法，解决了最棘手的问题。

三、衡量取舍：当取则取，当舍则舍

小舍小得，大舍大得，不舍不得；舍不得就不能得。有时舍多得少，有时舍少得多。这些都是值得我们深思熟虑的法则。人趋尽善尽美，量权亦取亦舍，绝对的十全十美是很难做到的。

因此，在我们量权自己的能力时，要像我的恩师李燕杰教授总结的那样：

（1）能干大事干大事，

干不了大事干小事，

干不了小事不干事，

千万不能干坏事！

(2) 能当大官当大官，

当不了大官当小官，

当不了小官不当官，

千万不能当赃官！

(3) 能赚大钱赚大钱，

赚不了大钱赚小钱，

赚不了小钱不赚钱，

千万不能赚黑钱！

(4) 能帮大忙帮大忙，

帮不了大忙帮小忙，

帮不了小忙不帮忙，

千万不能帮倒忙！

四、心中有秤：孰轻孰重，左右逢源

秤砣的作用是平衡，两弊相权取其轻，两利相衡取其重，这就是秤砣的作用，也是量权的作用。因此，在做任何重要决定时，先要心中有杆秤。

在《量权》篇最后，给读者出一道作业题。

【智慧案例：富翁遗产赠孪兄】

话说有一位富翁，年事已高，准备退休交班，把家族产业交给两个儿子继承管理。

这两个儿子是双胞胎，生辰八字，体貌特征，为人处世，学识性格，办事能力等，都基本相同，不分伯仲。要把偌大的遗产交给他们，这关系到整个家族的生存、家族企业的管理稳定和发展壮大的百年大计。

究竟这个班怎么交？交给谁？

★ **智慧测试题：如果你是这位富翁，你将如何解决这个问题？**

特别提示：请先不要着急阅读下一页的答案，开动自己的大脑，设想几套方案，来测试一下自己的智慧。

然后再将自己的方案与富翁的方法对照比较，孰高孰低，以便继续努力。

★智慧测试答案

富翁将他的两个双胞胎儿子叫到身边，残酷地说："这份家业我只能交给一个人接管。"

兄弟二人你看看我，我看看你，嘴上没说，心里都想自己接管。

富翁又说："这份家产无论谁接管，必须保证家族及全部员工的安居乐业，不能有半点差错，否则愧对这份祖业！"

这番话说完，兄弟二人又互相推辞。

富翁接着说："还是抓阄比较公平。抓到的，必须全力以赴工作，让祖业基业长青，没抓到的，净身出户，十年内不许回家。"

富翁的这句话一出口，兄弟二人惊呆了。这说明：他们一奶同胞的兄弟二人，将分道扬镳，各奔东西，从此分离，而且一别就是十年。

兄弟二人的目光一齐投向他们的父亲，一同央求说："我们兄弟二人不能分开，这样太残酷了，有没有更好的方案？"

富翁看着两个泪眼涟涟的儿子说："我经过反复思考认为，这是最好的方案，没有任何商量，必须无条件执行！"

兄弟二人无可奈何，只能遵从父命，抓阄抽签。

结果是哥哥接管家业，弟弟净身出户。兄弟二人面临这生离死别的结果，双双抱头痛哭。

这时，富翁郑重地拿出一个小木盒，上面有两把锁，将小木盒紧紧锁住："这个木盒交给你们，两把钥匙一人一把，只有你们兄弟二人同时开启，小木盒才能打开。但是，从今天开始计时，十年之内，在任何时候，任何情况下，任何人不准随便打开。而在十年之后的今天，你们两人必须同时打开，看见盒中的宝物，那就是我留给你们的终身财富。"

兄弟二人挥泪告别。哥哥接管了家业，弟弟净身出户，远走他乡。

长话短说，十年过去了，富翁已离开这个世界。

在这十年中，哥哥丝毫不敢怠慢，兢兢业业，总结出一套企业管理的绝妙方法，把家业管理得有条不紊，固若金汤。

在这十年中，弟弟在社会上摸爬滚打，经历了无数次的创业、失业，成功、失败，练就了一身开拓创新的看家本领。

十年后的这一天，兄弟二人按照父亲的遗嘱，再次相聚。二人各自拿出钥匙，打开了父亲专为他们留下的遗物——小木盒，发现里面什么宝物都没有，更不可能有什么财富，只有两张小纸条，二人分别打开两张小纸条，纸条上父亲的亲笔字跃然纸上。

第一张纸条上写的是：接管家业的我的儿呀，十年之中，你的企业管理之剑磨好了吗？

第二张纸条上写的是：净身出户的我的儿呀，十年之中，你的开拓创新之剑磨好了吗？

兄弟二人看完父亲留下的遗言，庄重地站在父亲的遗像前，深深地行三鞠躬礼，异口同声地回答："父亲，放心吧！十年磨一剑，我们磨好了！您留给我们的宝贵财富，我们收到了！我们将您留给我们的这份宝贵财富永远继承，发扬光大！"

亲爱的读者，你的答案是什么呢？你从中悟到了什么呢？你的答案你自己满意吗？你还有更好的计策吗？

如果你的答案比富翁的好，当然皆大欢喜，说明你的智慧可与富翁媲美！如果不如，你可以认真阅读，仔细研究《翟杰论说鬼谷子》这本书或上网点击、现场聆听相关课程。

从另一个角度讲，你在"量权"对方人或事物的同时，对方也在"量权"你。如何让你的"量权"对自己有利、对双方有利？又不使对方的"量权"对自己不利、对双方不利？那就真的要更加仔细认真地再"量权"，甚至多次反复思量和"量权"。

但是，这个"量权"就要更高一筹、更胜一筹，就要更加仔细研究分析前八篇和后六篇《转丸》《祛箧》《本经阴符七篇》《持枢》《中经》等的智慧，并将其融会贯通，才能最后实现。

这正是：

破阵子·量权

人趋尽善尽美，
量权亦舍亦取。
毛遂自荐歃血盟，

合纵大事顷刻立。
建万里长堤。

崇尚忠诚信誉，
弘扬仁爱正义。
是非良莠善分辨，
轻重缓急巧通济。
中庸不偏倚。

欲知后事如何

且听下回分解

郑文彬书法作品《谋圣》

第十回　运筹帷幄决胜千里　上兵伐谋出其不意

【谋虑】

　　《谋虑》篇，是《量权》的姊妹篇。是阐述鬼谷子谋略的专篇。谋，指设谋、定谋、进谋。权与谋相连，称权谋。鬼谷子将权、谋分篇论述，足见其高仰。权，是谋略的权衡；谋，是权衡的结果。

　　鬼谷子主张：凡事要运用谋略，有了谋略，就可以制定具体而详细的计策。如果将这一专篇与其他篇中的谋略内容加以归纳，鬼谷谋可分为谋政、谋兵、谋交、谋人四个方面。正所谓：上兵伐谋。运筹帷幄之中，决胜千里之外，就是强调谋在成事中的重要性。

【《谋虑》原文】

谋虑　第十

凡谋有道，必得其所因，以求其情。审得其情，乃立三仪，三仪者，曰上、曰中、曰下。参以立焉，以生奇，奇不知其所拥，始于古之所从。故郑人取玉也，载司南之车，为其不惑也。夫度材、量能、揣情者，亦事之司南也。故同情而俱相亲者，其俱成者也。同欲而相疏者，其偏成者也。同恶而相亲者，其俱害者也，同恶而相疏者，偏害者也。故相益则亲，相损则疏，其数行也。此所以察异同之分，类一也。故墙坏于其隙，木毁于其节，斯盖其分也。

故变生事，事生谋，谋生计，计生议，议生说，说生进，进生退，退生制，因以制于事。故百事一道，而百度一数也。

夫仁人轻货，不可诱以利，可使出费。勇士轻难，不可惧以患，可使据危。智者达于数，明于理，不可欺以诚，可示以道理，可使立功，是三才也。故愚者易蔽也，不肖者易惧也，贪者易诱也，是因事而裁之。

故为强者，积于弱也。为直者，积于曲也。有余者，积于不足也。此其道术行也。故外亲而内疏者，说内；内亲而外疏者，说外。故因其疑以变之，因其见以然之。因其说以要之，因其势以成之。因其恶以权之，因其患以斥之。摩而恐之，高而动之。微而证之，符而应之。拥而塞之，乱而惑之。是谓计谋。

计谋之用，公不如私，私不如结，结而无隙者也。正不如奇，奇流而不止者也。故说人主者，必与之言奇。说人臣者，必与之言私。其身内，其言外者，疏；其身外，其言深者，危。无以人之所不欲，而强之于人；无以人之所不知，而教之于人。人之有好也，学而顺之；人之有恶也，避而讳之。故阴道而阳取之也。

故去之者，纵之，纵之者，乘之。貌者不美又不恶，故至情托焉。可知者，可用也；不可知者，谋者所不用也。故曰，事贵制人，而不贵制于人。制人者，握权也，见制于人者，制命也。

故圣人之道阴，愚人之道阳。智者事易，而不智者事难。以此观之，亡不可以为存，而危不可以为安。然而无为而贵智矣。智用于众人之所不能知，而能用于众人之所不能见。既用，见可否，择事而为之，所以自为也。见不可，择事而为之，所以为人也。故先王之道阴。言有之曰：天地之化，在高与深；圣人之制道，在隐与匿。非独忠、信、仁、义也，中正而已矣。道理达于此之义，则可与语。

由能得此，则可以谷远近之义。

【翟杰纵论《谋虑》篇】

《谋虑》篇，是鬼谷子谋略的专篇，是鬼谷子智慧核心之核心，又是《量权》的姐妹篇，将《量权》与《谋虑》两篇相结合，统称为"权谋"。从总体上说，前面的九篇，最终都是为《谋虑》篇打基础，做准备的。将《谋虑》与其他各篇相结合，体现了鬼谷子纵横捭阖的核心智慧。

谋虑篇，是阐述鬼谷子谋略的专篇。鬼谷子将权、谋分篇论述，足见其高仰。权，是谋略的权衡；谋，是权衡的结果。

鬼谷子主张：凡事要运用谋略，有了谋略，就可以制定具体而详细的计策。如果将这一专篇与其他篇中的谋略内容加以归纳，鬼谷谋可分为谋政、谋兵、谋交、谋人四个方面。正所谓：上兵伐谋。运筹帷幄之中，决胜千里之外，就是强调"谋"在成事中的重要性。

纵论《谋虑》篇主要智慧点：

一、谋略之"三仪"

"三仪"就是三种谋略：上谋、中谋、下谋。

上谋，就是最高智谋，亦可称为上策；

中谋，就是中等智谋，亦可称为中策；

下谋，就是下等智谋，也可称为下策。

二、关系之定律

（1）情投意合、关系密切之人，双方必定都能成功。如果与上司或下属及周围的人，情投意合且又关系密切，彼此都能成功，达到两全其美。

（2）欲望相同、关系疏远之人，只能一胜一负。两个人都想得到一样东西，而关系又很疏远，其结果必是一胜一负。就看谁的实力强，强即胜，弱即败，最后弱肉强食。

（3）恶习相同、关系密切之人，必定狼狈为奸。两个人都是恶人，但他们的关系非常密切，他们结合在一起，一定是坏上加坏，臭味相投。

（4）恶习相同、关系疏远之人，必定两败俱伤。两个人都是恶贯满盈，而且关系又非常疏远，其中必定有一个先受损害，后一个也没有好结果，咎由自取。

因此，如果互相能够带来利益，就要密切合作；如果互相牵连会造成损害，就要疏远关系。正如习近平总书记于 2014 年 7 月 4 日，在韩国首尔大学的演讲中所说："以利相交，利尽则散；以势相交，势去则倾；惟以心相交，方成其久远。"

三、突变与渐变

做任何一件事，都要事先谋划好，这样才能最大限度保证成功。

（1）谋略是由计划产生的，只有认真研究问题，定好计划，才能产生谋略。

（2）计划是由议论产生的，是人们通过多次反复讨论和议论而达成的。

（3）议论是由游说产生的，正所谓人们之间互相交流才能营造议论的环境。

（4）游说是由进取产生的，有进取之心的人才会主动与人沟通，彼此交流。

（5）进取是由退却产生的，要进才会想到退，这个退不是单纯的退，而是静下来思考研究的过程。

（6）退却是由控制产生的，在研究思考的过程中，要控制自己的思维，控制自己的行为，使之达到最佳效果。所以人、事物由此得以控制。

因此，突变皆由渐变生，没有绝对的意外。

四、"三才"之使用

古人将仁人、勇士、智者，称为"三才"。

（1）仁义的君子，必然会轻视财货，不能用金钱来诱惑，反而让他们捐出资财。

（2）勇敢的壮士，必然会轻视危难，不能用祸患来恐吓，反而让他们镇守危地。

（3）聪明的智者，必然会通达礼教，不能用假意来欺骗，反而让他们建功立业。

五、"三庸"之对待

所谓"三庸"，指的是愚蠢之人、不肖之徒和贪婪之人。

（1）愚蠢之人容易被蒙蔽。愚蠢的人，跟他讲道理，他听不懂，只能蒙蔽他。陈胜、吴广起义就是这样，那个时代的人，相信鬼神。所以，为了让大家相信他的起义是鬼神的旨意，就跑到山洞里，像狐狸一样叫喊："大楚兴，陈胜王。"这样一来，人们就相信了，跟着陈胜、吴广一块儿起义了。

（2）不肖之徒容易被恐吓。不肖之徒做了坏事，他内心是空虚害怕的。我采访过一些监狱里的罪犯，他们说，做了坏事之后，外面消防车、救护车警报一响，他们便心惊胆战，以为是警车来抓他。这样的人遇到恐吓，他就会说出实情，现出原形。

（3）贪婪之人容易被引诱。试探贪婪之人很容易，给他一些小恩小惠，眼前利益，他很容易上钩。当然，不能诱导纵容他们违法、违章、违纪。

六、因人因事谋

（1）对外表亲善内心疏远的人，要从说服他的心理入手。两个人外表都非常亲善，而内心却很疏远，说明心理有障碍，要从各自心理入手，把这层不该产生的隔膜去掉。

（2）对于内心亲善而外表疏远的人，要从改善彼此的关系入手。内心很亲善，只是表面上的沟通和联系不够，外表很疏远，这时我们要通过聊天、喝咖啡、吃饭、娱乐、旅游等可以改善这些外部关系的方法，使之达致内外统一。

（3）在与人交往中，要根据对方的疑问所在改变游说的内容，要根据对方的表现判断游说是否得法，要根据对方的言辞来归纳游说的要点，要根据情势的变化适时有效地征服对方，要根据对方可能造成的危害权衡利弊，要根据对方可能造成的祸患设法防范。这就叫因人因事而谋。

七、计谋之真谛

（1）揣摩之后加以威胁。知道对方是不肖之人，就可对他加以威胁，让他说出真情。

（2）抬高之后加以策动。先用飞箝之策，把他抬高。然后再促使他去行动，这样他就会心悦诚服地去做。

（3）削弱之后加以扶正。就是第六回讲的忤合谋略，先削弱他，打击他；然后再指导他，帮助他，使他改邪归正。

（4）符验之后加以响应。得到准确明晰的信息后，再采取行动，采取措施，避免莽撞蛮干。

（5）拥堵之后加以阻塞。这道路不畅通了，我们再加以阻塞，让它更加不畅，这就是第二回讲的反应谋略，也是一种归谬法。目的是让问题更加明晰，更加扩大化，最后让人们必须加以重视，采取积极的措施。

（6）搅乱之后加以迷惑。事情本来已经很乱，再把它搅得更乱，让人看不清问题的实质所在，而我们却非常清晰地知道这其中的关键。

八、计谋之运用

在运用计谋时，注意以下原则：

（1）公开策划不如私下密谋。计谋在一般情况下，都是私下的、暗地的、尚未公开或不宜全部公开的，是不能被人轻易看透的。否则，就不叫计谋。

（2）私下密谋不如结成党羽。这里的党羽，就是团队合作的意思。团队结成一个坚强团结的队伍，就没有裂痕，难以攻击了。

（3）正规策略不如出奇策略。像陈子昂、姜太公、毛泽东这些智者，他们的策略都是奇策，奇策才能出其不意，无往而不胜。

（4）向人君进行游说时，必须与他谈论奇策。因为对他谈平常的、平庸的事，他不感兴趣，也没有时间听你唠叨。

（5）向人臣进行游说的，必须与他谈论私情。就是对普通人、平常人，谈和其切身利益相关的事。因为这些人的格局不大，你跟他谈大道理没用。

九、用人之谋略

（1）虽然是自己人，可是老替外人说话，打击自己人，这样定会被疏远，朋友也做不成了。

（2）如果是不熟悉的外人，却知道的内情过多，这就存在着危险。俗话说堡垒最容易从内部攻破，因此要特别慎重。

（3）不要强人所难，强迫别人接受不想要的东西；即使对方勉强地表面接受了，心里也不会接受。

（4）不要不留情面地拿他人不了解的事情，说服教训人；不要用他人听不懂的方式进行说教，对他人无理批评，不留情面。

（5）如对方有某种良性嗜好，要效仿迎合，顺从他的兴趣，他一定会高兴，彼此关系一定会好。

（6）如对方有某种厌恶，要加以避讳，以免引起反感。不要做对方不喜欢的事，不要说对方不喜欢的话。

（7）要除掉的人，可任其胡为，让他肆无忌惮，暴露得越多越好，然后抓住把柄，伺机一举除掉。

（8）遇事不喜形于色、感情沉稳的人，可以托机密大事。这样的人思路清晰，心理稳定，处事井井有条，可做贴身岗位。

（9）对于了解透彻的人，要根据实际能力，委以重任。对这个人很了解、很信任，且这个人很有能力，可以大胆重用。

（10）对了解不透彻的人，要加强了解，暂且不要重用，或者试用。经过一番考察之后，确认他的品德和能力后，再加以重用也不迟。

十、谋略之原则

（1）控制别人，就等于掌握了行事的主动权，可以任意发号施令。

（2）被人控制，就等于自己命运掌握在别人手上，只能唯命是从。

因此，在主动与被动之间，谋略起着决定性的作用。

十一、运谋之规律

（1）智者隐而不露，行事容易成功。有智慧的人做事总是隐蔽的，不被人所知，这样行事容易成功。因为当你有了周密的计划之后，悄悄地进行，想破坏你的人不知道你在哪里、你在干什么，想破坏都找不到目标。这样，你做事会更加顺利。

（2）愚人大肆张扬，行事举步维艰。这种人做事，八字还没有一撇，就大肆张扬。结果对手、竞争者、破坏者，竭尽全力破坏你、干扰你、打击你。搞得你举步维艰，功亏一篑。

十二、智慧与才能

（1）所谓智慧，就是用众人所想不到的方法处理事务。人家把事情圆满地办好了，你连想都没想到人家是怎么办的，这就叫大智若愚。

（2）所谓才能，就是用众人所看不见的方式解决问题，人家把问题都解决好了，你却一点都没看出来，这就叫大才若庸。

这样做的更大好处是：免遭小人妒忌。为什么一些有才能的人，有能力的人经常遭人妒忌，就是在这方面还有差距。

十三、计谋之权衡

古人所推行的大道是属于"阴"的。天地造化在高与深，圣人治道在隐与匿。有智慧的大人物，他们治理的方法和技巧不为人所知。并不是单纯地讲求什么仁慈、义理、忠诚、信守，他们不过在维护不偏不倚的正道而已。所以不要认为这些隐与匿就是阴的，见不得人的，不能在阳光下的。

十四、谋略之真谛

谋略与诡计只是一念之差，只有一步之遥，但却大相径庭。以甲、乙两家牙膏厂经营理念为例。

（1）牙膏厂甲：将牙膏体开口大一些，牙膏皮无弹性，因此销量增加20%。此乃损人利己，尽管牙膏是白色，但他赚的是黑心钱，不久破产倒闭。

（2）牙膏厂乙：将牙膏体开口小一些，牙膏皮有弹性，因此销量减少20%。此乃利人利己，尽管销量暂时降低，但唇齿相依，薄利多销的理念深入人心，现在仍生意兴隆。

前者牙膏厂甲，"开口式"经营，狮子大开口，不久无法糊口。

后者牙膏厂乙，"收口式"经营，称赞不绝口，年年创汇出口。

据此，我们要牢记和分清谋略的四个境界：

一是损人不利己；

二是损人只利己；

三是不损人利己；

四是利人又利己。

【翟杰横论《谋虑》篇】

说到《谋虑》篇，有这样一个历史故事。主人公是大家所熟悉的一位唐代大文人——陈子昂，他的代表作《登幽州台歌》家喻户晓："前不见古人，后不见来者，念天地之悠悠，独怆然而涕下。"

陈子昂是才华横溢，豪放旷达，桀骜不驯的人，写得一手好文章。但因受到贵族和达官贵人的压抑和排斥，几次求官都没成功。这一天他心情非常糟糕，悻悻地在长安（现在的西安）街上漫无目的地散步，以此来化解内心的愤懑，调整自己的情绪。

当他走到一个热闹非凡的市场时，忽然看到前面围了很多人。走上前去一看，一个人在那里叫卖一只古琴，要价一千两黄金。这个天价让很多人望而生畏，同时又引起兴趣，都想看一看，究竟谁是这只古琴的知音？谁能买下这只天价古琴？所以围观的人越来越多。

陈子昂家里非常有钱，见此情此景，眉头一皱，计上心来。他心想：几次求官都不成，此时这么多人在这里围观，其中一定有达官贵人、从政经商的名士，这不正是自己展示才华，一举扬名的好机会吗！

于是，他走上前去，慷慨豁达地说："好！此琴我买下，一千两黄金拿去。"

大家一看，可算等来了买家，肯出千两黄金，这个人一定是这只古琴的知音。

陈子昂买下古琴后，在场围观的人都说："这位先生，给我们演奏一曲，让我们欣赏一下好吗？"

陈子昂说："没问题，我就是这只古琴的知音。但是今天不行，人太少了，明天上午把你们的亲朋好友都找来，我要在长安城最大的茶楼——宜阳里，为大家现场表演。"

结果第二天来了很多人，把整个宜阳里茶楼围个水泄不通。

陈子昂来到众人面前说："我陈子昂乃蜀中人士，写下诗文不少，自信呕心之作，无不可诵之处。只因初到贵地，不为人知，特为怏怏。现操琴之前，先为各位朗诵拙作一篇。"

陈子昂文才好、口才好、朗诵好，众人听后赞赏不已。

忽然，他声音骤停，降低声调感叹地说："唉，弹琴不过是一种消遣，并非我们文人所追求的目标。这把古琴虽价值千两黄金，但与我的才学相比，不值一文。只是我现在求官无路，求名无门，还望在座的各位帮我扬名，让我有朝一日能为国家效力。"

在场的很多人，不乏达官贵人，宫廷要员，这些要员们都说："好，如此才华，我们愿意推荐。"

陈子昂一看，目的达到了。只见陈子昂高高举起了这只古琴，"啪"地一声，将这千金古琴摔得粉身碎骨。

这一举动，令在场所有的人惊叹不已。一再说："太可惜了！"

陈子昂接着说："更可惜的是国家没有重用我这样的人才，这千金古琴算不了什么。"说到这里，他将带来的诗作，给在场的每个人分发一份。

结果一夜之间，陈子昂摔琴的举动，在长安城成为人们街谈巷议的中心话题，陈子昂也因此一夜扬名，不久就被朝廷重用。

这个故事中，陈子昂所用的就是谋略。他用摔琴的方式，达到了求官的目的。由此，我们还可以联想到一个人，那就是姜太公。姜太公也是用这样的方法，见到了周文王，实现了他的人生价值。

姜太公在周文王经常出入的路上，在河边弄一支渔竿，一个鱼钩，并把鱼钩掰直了，又不放到水里，还不放鱼饵，在天空中胡乱挥舞……

周文王每次经过这里，都看见一个老头在空中挥舞着掰直的、没有鱼饵的渔竿，感到很奇怪，心想：他在钓什么呢？

姜太公自己心里有数：周文王，我就在钓你这条大鱼呢。

周文王不知道这其中的奥妙，和随从说："把这个老头叫来，问问这老头，明明知道钓不到鱼，为什么还在这里那么执着地做钓鱼的动作呢？"

姜太公心里有数，只要和周文王一见面，他就达到目的了。因为他饱读诗书，有满腹治国的韬略。

结果，一见面，姜太公把他的治国韬略、智谋计划一说，周文王大喜："哎呀，这是个难得的人才啊！"于是重用了姜太公。姜太公也因此成就了自己的人生。

陈子昂摔琴，姜太公钓鱼，他们所用之策，按照鬼谷子所言，皆属上仪。那么鬼谷子的三仪，内涵究竟是什么呢？

在下面【翟杰纵横论《谋虑》】中，将详细论述。

【翟杰纵横论《谋虑》】

《谋虑》篇告诉我们，要如此运用谋虑智慧：

（1）谋略分"三仪"：上谋、中谋、下谋。三者互相渗透，就可以谋划出奇计。

（2）合谋分"三种"：双赢共好、一胜一负、两败俱伤。要根据情况选择合作的人。

（3）人品分"三才"：仁人、勇士、智者。要根据每一种人的具体情况予以使用。

（4）计谋分"三阶"：公开不如密谋，密谋不如结党，结党就没有裂痕，这样就无懈可击。

（5）运谋分"三品"：智者隐而不露，愚人大肆张扬，大智若愚为智慧最高境界。

（6）才智分"三形"：大才无形无影，大智无阴无晴，才智双全随日月星辰运行。

上面介绍的"六个三"，不仅仅是数字的总结，更是国学文化的一种智慧，正所谓：三生万物、三生有幸、三人行必有我师等。

鬼谷子的"三仪"智慧，正是中华国学文化数字"三"智慧中的奇葩！

下面，我用扁鹊与魏文王谈论"从医三仪"的故事，解释什么叫三仪。

扁鹊是战国时著名医学家，是中国传统医学的鼻祖，他在总结前人医疗经验的基础上，创造总结出望、闻、问、切等诊断疾病的方法。

有一天，魏文王问扁鹊："你们家兄弟三人，都精于医术，到底哪一位最好呢？"

扁鹊答："长兄最好，中兄次之，我最差。"

魏文王又问："那么为什么你最出名呢？"

扁鹊答："长兄是治病于病情发作之前，也就是未发之病。由于一般人不知道他事先能预防疾病，使得人们不得病，所以他的名气无法传播。中兄是治病于病情初起时，也就是微发治病。一般人以为他只能治轻微的小病，所以他的名气只及本乡里。而我是治病于病情严重之时，也就是危发之病，一般人都看到我在经脉上穿针放血，在皮肤上手术开刀敷药，所以认为我的医术最高明，因此名气响遍全国。"

这个故事告诉我们一个道理：上医医未病，中医医将病，下医医既病。也就是说，在还没有生病时，就施以预防的医疗者，是上医，也就是上仪、上谋、上策；身体开始有些不舒服，才施以治疗者，是中医，也就是中仪、中谋、中策；身体已经生病，而且不轻时，才施以治疗者，是下医，也就是下仪、下谋、下策。

以此为理，就是鬼谷子所说的"三仪"。

人们所熟知的成语田忌赛马，也是"三仪"的典型案例。

田忌跟齐威王赛马，根据马的能力，将马分为上马、中马、下马，分别比赛，三局两胜，结果田忌总是输。

这一天，田忌请鬼谷子弟子孙膑出谋划策。于是孙膑运用鬼谷子的"三仪"谋略，他用上马对中马、中马对下马、下马对上马的谋略，获得两胜一负，战胜了齐威王。取得最后胜利。

在我们日常生活、学习和工作中，处处都隐藏着鬼谷子的"三仪"智慧，只是我们还没有完全认识、发现和掌握，所以，有时事倍功半，有时徒劳无功，有时事与愿违，有时一败涂地。

"三仪"智慧，是鬼谷子《谋虑》篇的核心智慧，为了让大家能够深刻领会并有效运用，现举一个运用"三仪"的案例，您可通过这个案例，测试一下自己的"三仪"智慧。

【智慧案例：著作权案测三仪】

甲、乙双方是非常熟悉的好朋友，甲方年长为兄，乙方年小为弟，平日里二人见面，称兄道弟，互相抬举。

突然有一天，甲方发现乙方将自己几年前出版的一部国学著作，在自己不知情的条件下，在网上进行下载并没有署名，也没有出处，乙方认为系历史资料，但甲方称是属于自己版权的古典著作原文、注释、译文及一些历史故事。

此案从表面看案情很简单。但如何处理，却并不简单。这其中蕴含着国学智慧中的法、仁、义、礼、智、情、理、德、品、谋等诸多方面内容。

★智慧测试题：请您分别以甲方、甲方朋友、乙方、乙方朋友、法院法官、道德法庭法官、不相干的旁观者名义和身份，对此案做出您的决策，发表您的看法。

注意：必须运用鬼谷子"三仪"智慧谋划，制订方案。

比如：上仪是什么？也就是上策是什么？

中仪是什么？也就是中策是什么？

下仪是什么？也就是下策是什么？

因为《谋虑》篇是鬼谷子智慧最核心的重要篇章，也是体现鬼谷子纵横捭阖智慧最全面的章节，通过这个案例的解答，您可以设身处地，身临其境地体会、领悟、验证纵横家的风范。

因此，此题所提出的问题，是一个大问题，这个大问题由七个分问题组成，类似战国七雄的形势。假设你的身份分别是：

（1）甲方

（2）甲方朋友

（3）乙方

（4）乙方朋友

（5）法院法官

（6）道德法庭法官

（7）不相干的旁观者

你将如何处理这个问题？

特别提示：这道题与其他各篇题目不同的是没有标准答案，答案在你心里。所以你也不必着急阅读下一页的备用参考方案。开动自己的大脑，设想几套方案，测试一下自己的智慧。

（1）如果你是甲方，你的决策是？

上策：

中策：

下策：

（2）如果你是乙方，你的决策是？

上策：

中策：

下策：

（3）如果你是甲方朋友，你的看法是？

（4）如果你是乙方朋友，你的看法是？

（5）如果你是法院法官，将如何评价此案？

（6）如果你是道德法院法官，你将如何评价此案？

（7）如果你是不相干的旁观者，你的看法是？

★ 智慧测试答案

甲方"三仪"

上策：放人一马，控人一生，一劳永逸。

中策：依法办事，据理力争，合理赔偿。

下策：乘人之危，借机敲诈，不仁不义。

乙方"三仪"

上策：承担责任，保护书商，加倍赔偿。

中策：面对现实，依法赔偿，不谦不让。

下策：拒不认错，拼命抵赖，针锋相对。

（1）如果你是甲方，你选择的是哪个决策？你还有更好的决策吗？

如果甲方选择上策，你如何评价？

如果甲方选择中策，你如何评价？

如果甲方选择下策，你如何评价？

（2）如果你是乙方，你选择的是哪个决策？你还有更好的决策吗？

如果乙方选择上策，你如何评价？

如果乙方选择中策，你如何评价？

如果乙方选择下策，你如何评价？

（3）如果你是甲方朋友，你将建议甲方选择哪个决策？你还有更好的决策吗？

如果甲方选择上策，你如何评价？今后将如何与甲方相处？

如果甲方选择中策，你如何评价？今后将如何与甲方相处？

如果甲方选择下策，你如何评价？今后将如何与甲方相处？

（4）如果你是乙方朋友，你将建议乙方选择哪个决策？你还有更好的决策吗？

如果乙方选择上策，你如何评价？今后将如何与乙方相处？

如果乙方选择中策，你如何评价？今后将如何与乙方相处？

如果乙方选择下策，你如何评价？今后将如何与乙方相处？

（5）如果你是法院法官，甲方选择了上策，从法理角度出发，你如何评价？

如果甲方选择了中策，从法理角度出发，你如何评价？

如果甲方选择了下策，从法理角度出发，你如何评价？

如果你是法院法官，乙方选择了上策，从法理角度出发，你如何评价？

如果乙方选择了中策，从法理角度出发，你如何评价？

如果乙方选择了下策，从法理角度出发，你如何评价？

（6）如果你是道德法庭法官，甲方选择了上策，从道德角度出发，你如何评价？

如果甲方选择了中策，从道德角度出发，你如何评价？

如果甲方选择了下策，从道德角度出发，你如何评价？

如果你是道德法庭法官，乙方选择了上策，从道德角度出发，你如何评价？

如果乙方选择了中策，从道德角度出发，你如何评价？

如果乙方选择了下策，从道德角度出发，你如何评价？

（7）如果你是不相干的旁观者，甲方选择了上策，从纯客观角度出发，你如何评价？

如果甲方选择了中策，从纯客观角度出发，你如何评价？

如果甲方选择了下策，从纯客观角度出发，你如何评价？

如果你是不相干的旁观者，乙方选择了上策，从纯客观角度出发，你如何评价？

如果乙方选择了中策，从纯客观角度出发，你如何评价？

如果乙方选择了下策，从纯客观角度出发，你如何评价？

你在此项测试题中的观点，就是平时你对待类似问题的观点。这道题就是一面镜子，你能从这面鬼谷智慧神镜中，看到自己，看清自己，看透自己。

此外，借鬼谷子《谋虑》篇"三仪"智慧，在此，我将关于学习培训的"三仪"智慧与读者分享：

学习培训之上仪——给人智慧，调动思维；

学习培训之中仪——给人能力，教您方法；

学习培训之下仪——给人金钱，授之以鱼。

正所谓：钱财难买好智慧，智慧易得好钱财。

从另一个角度讲，一个谋略要做到天衣无缝、完美无缺，是很难的；更何况人外有人，天外有天，用谋偏逢识谋人。因此，在设谋、定谋、运谋时，还要谨防识谋人。如果第一方案被识破，就要启动第二方案；第二方案被识破，就要启动第三方案，以此类推，随机应变。这就需要我们在制订方案时，不要孤注一掷，不要自恃完美，以免出现漏洞，贻误大事。鬼谷子的"三仪"智慧要牢记，每做一件事，至少准备三套预案，以备不测与变化。

这正是：

卜算子·谋虑

陈子昂摔琴，
姜太公钓鱼。
自古摔钓皆奇人，
叹出其不意。

运筹帷幄中，
决胜在千里。
上兵伐谋智者胜，
捻须得天地。

欲知后事如何

且听下回分解

胥力浦山水画作品《幽谷山居图》

杰 论 说 鬼 谷 子

第十一回　抚往察今当断即断　一锤定音高奏凯歌

【决物】

《决物》篇，阐述对人或事物制定决策、作出决断、执行决定的谋略。智者之所以能够决断正确，处事成功，源于他们深知事理，善于变通，因人而断，因事而决。

决，乃酌情定疑。决断的目的是解疑，解疑的目的是趋利避害。决是万事之基，关系到治乱、成败、祸福。决断正确，成就伟业。决断错误，招灾惹祸。

【《决物》原文】

决物　　第十一

为人凡决物，必托于疑者。善其用福，恶其有患，善至于诱也。终无惑偏，有利焉。去其利则不受也。奇之所托，若有利于善者，隐托于恶则不受矣，致疏远。故其有使失利者，有使离害者，此事之失。

圣人所以能成其事者有五：有以阳德之者，有以阴贼之者，有以信诚之者，有以蔽匿之者，有以平素之者。阳励于一言，阴励于二言。平素、枢机以用；四者微而施之。于事度之往事，验之来事，参之平素，可则决之。

王公大人之事也，危而美名者，可则决之。不用费力而易成者，可则决之。用力犯勤苦，然不得已而为之者，可则决之。去患者，可则决之，从福者，可则决之。故夫决情定疑，万事之基。以正治乱、决成败，难为者。故先王乃用蓍龟者，以自决也。

【翟杰纵论《决物》篇】

正因为有前面十篇作依据，才会产生《决物》篇。前面十篇是为《决物》篇提供素材的，有了这些素材，《决物》篇才有发挥的空间。

《决物》篇，是最能体现决策者智慧和风范的关键篇章。将《决物》与前十篇相结合，才能体现鬼谷子动静结合的智慧。

《决物》篇，阐述对人或事物制定决策、做出决断、执行决定的谋略。智者之所以能够决断正确，处事成功，源于他们深知事理，善于变通，因人而断，因事而决。

决，乃酌情定疑。决断的目的是解疑，解疑的目的是趋利避害。决是万事之基，关系到治乱、成败、祸福。决断正确，成就伟业。决断错误，招灾惹祸。

纵论《决物》篇主要智慧点：

一、权衡利弊方决断

任何人或事物，都要做出决断。无论是为他人决断，还是为自己决断，都希望能够排解疑难和疑惑。所以在做决断时，就要权衡利弊。所做决定对哪一方有利，给他带来福祉；对哪一方不利，使他遭受灾难。这些，我们在决断前，一定要考虑清楚，然后再做决断。

二、圣人成事五途径

圣人成事的方法有很多，大概有如下几项：

（1）阳道感化，用公开规范的道德准则对待。这种做法适用于做事情能成功、道理很充足的人。这个人很有能力，办事能成功，我们可以用阳道感化。用阳道感化就是用公开的、规范的道德准则去对待他人，包括善待、真诚、热情，等等。

（2）阴道惩治，用计谋暗中贬损甚至伤害。这种做法适用于凡事隐瞒实情、言词虚伪的人，我们统称为坏人。对于坏人不要客气，该惩治的就惩治，该贬损的就贬损，该伤害的就伤害，该打击的就打击，也就是依法论处。因为他是坏人，你不这样对待他，他就要用更卑鄙的手段来残害人民，危害社会。

（3）信义教化，用诚心诚意、襟怀坦白打动人。这种做法适用于明白事理、品行正直的善良人。对待品行正直、真诚善良的人，要以真诚面对，用情、用理、用智来打动对方。

（4）爱心庇护，用仁爱之心，稍隐实情地包容。这种做法适用于小奸或小错，尚有可救的人。因为这种人还不是品质败坏的人，稍加教育尚有可救。这时，我们就要用仁爱之心，稍隐实情的做法，对他有所包容。这种包容有一部分是我们隐藏的心理因素，因为依他们的修养，还没有能力接受直接的批评或指责，搞不好会适得其反。所以我们要用包容的心态，慢慢地教导他、感化他、挽救他。

（5）廉洁净化，用常规常理的方法对待平常人。这种做法适用于循规蹈矩、安分守己的老实人。这个人很老实，我们就用非常诚恳地像平常待人那样按照常理来对待他，这样既自然又合情合理。

上述五项，是圣人成事的五个途径。也就是对待不同的人，要用不同的方法。该行阳道的，则努力顺理成章，守常如一；该行阴道的，则努力掌握事物对立的两面，分别对待。

三、决断之前的准备

万事最后都要决断，决断前要做哪些准备呢？鬼谷子前十篇讲的都是决断前的准备。但从大的方面总结概括，要做到如下三点：

（1）推测以往的事。在决断之前，要看看以往的经验、以往的教训、以往的规则，有什么值得我们借鉴的。把这些问题都弄清楚之后，再做决断。

（2）验证未来的事。在决断之前，再看看这件事未来的发展趋势、未来的走向、未来的前景是什么。把未来的预测和预估做了预见性的分析之后，再做决断。

（3）参考日常的事。在决断之前，要对眼前的事情、眼前的问题、眼前的时机、眼前的能力等做一个估量，再做决断。

我们推测了以往，又验证了未来，又参考了当前，这样做出的决断才能万无一失。

四、决断具备的条件

这是每一个拍板定案的人必须认真考虑的问题，如果不是这样，不该决断时决断了，该决断时没决断，那就会造成巨大损失。

（1）可以获得崇高又有美誉的事，如可行，即做决断。这是两全其美的事，可马上做决断，错过了时机将是巨大的遗憾。但不能盲目乐观、轻信谗言，要防止骗子的虚假诱惑和迷惑。

（2）不用费力轻易可获成功的事，如可行，即做决断。因为有时今天可以不费力就能做到，明天情况发生变化，再费力也不一定做得到了，或者花费很大努力才能勉强做到，造成事倍功半。因此，遇到好的时机，可以轻而易举得到，就不要让时机悄悄溜走，最后留下后悔和遗憾。

（3）费力且辛苦又不得不做的事，如可行，即做决断。很多人都会遇到这样的问题，非常辛苦费力，但又不得不做；这是一种责任，一种义务，一种必须。怎么办？能做就马上做。因为早晚是你的事，你今天不做，明天也得做，总之一定要做，不如马上就做。做完你就不闹心了，就轻松了。拖着做或者不做，这件事总在你心里，破坏你的情绪，干扰你的心情，也影响你的其他事情。

（4）能消除对方或自己忧患的事，如可行，即做决断。既能消除对方的忧患，又能消除自己的忧患，这样的事叫排忧解难，对双方都有好处、都有利，何乐而不为呢！

（5）能给彼此带来幸福快乐的事，如可行，即做决断。这件事给自己、给对方都能带来幸福和快乐，这样的大好事还等什么呢？马上做决断吧！

【翟杰横论《决物》篇】

从对待人或事物，解决实际问题的角度讲，到了《决物》篇，才到了解决问题的具体操作实战阶段。这个决断做出之后，关系到人或事物的成败大事。领袖、领导的魅力和风范，在这里才能得到最好的体现和彰显。

大家熟知的历史故事——鸿门宴，就是"当断不断反受其乱"的经典案例。

话说秦朝末年，刘邦与项羽各自攻打秦王朝的部队。刘邦先破了咸阳，但是刘邦兵力不如项羽，项羽听后大怒，派当阳君击关。

项羽进入了咸阳之后，到达戏西，而刘邦则在霸上驻军。刘邦的左司马曹无伤派人在项羽面前说："刘邦打算在关中称王。"当然，这里有挑唆的意思。项羽听后更加愤怒，下令次日一早让兵士饱餐一顿，准备击败刘邦的军队。眼看就要自相残杀，一场恶战在即。

刘邦从项羽的叔父项伯口中得知此事之后，大吃一惊，刘邦两手恭恭敬敬地给项伯捧上一杯酒，祝项伯身体健康长寿，并约为亲家。刘邦的这一招儿很厉害。刘邦的感情拉拢说服了项伯，项伯答应为他在项羽面前说情，并让刘邦次日前来答谢项羽。

鸿门宴上，虽不乏美酒佳肴，但却暗藏杀机，项羽的亚父范增，一直主张杀掉刘邦，所以在酒宴上，一再示意项羽发令，可是项羽却一直犹豫未决，默然不应，没有做出这样的反应和指令。

于是，范增让项庄舞剑为酒宴助兴，趁机杀掉刘邦。项伯为保护刘邦，也拔剑起舞，护住了刘邦。在这危急的关头，刘邦的部下樊哙带着剑，拥着盾闯入了军门，怒目直视项羽。项羽见此人气度不凡，只好问来者为何人。当得知是刘邦的参乘时，即命赐酒，赐给樊哙酒，樊哙立饮而下。项羽又命令，再赐给他猪的后腿肉，问是否能再饮酒。樊哙又吃了肉，又喝了酒。再问樊哙还能否再喝。樊哙说："臣死且不避，一杯酒还有什么值得推辞的呢？"樊哙还趁机说了一通刘邦的好话。这个时候项羽无言以对。

刘邦的谋臣张良见此情景，早已看出了杀机，便示意刘邦，趁着上厕所的机会，一走了之。

之后，张良为刘邦推脱说："刘邦不胜饮酒，无法前来道别，现向大王献上白璧一双，并向大将军献上玉斗一双。"不知深浅的项羽收下了这白璧，气得范增拔出剑，将玉斗砸得粉碎。这就是鸿门宴的故事。

在鸿门宴上，项羽优柔寡断，放走了刘邦，而最后兵败，被刘邦部队追杀，自刎身亡。这就是典型的"决物"失败的案例。

古代如此，现代更不乏类似案例。

如："三鹿集团"原董事长，在2008年三聚氰胺事件中，没有作出发现问题、立即报告、马上纠正的决断，而是隐瞒不报，心存侥幸，拒不认账，结果被判处无期徒刑。入狱后，她痛定思痛，认罪伏法，在狱中三次记功，被评为狱级改造积极分子，减刑为18年。这就是捕前的决断错误，狱中的决断正确，所产生的不同结果。

再说"王老吉"，从1828年至2008年，经营180年，名不见经传。而在2008年，汶川地震时捐款一亿元人民币，又在每听饮料中，拿出一元钱，捐助灾区。

仅此一举，获得了全国人民及海外同胞的一致赞扬支持，王老吉品牌顷刻间享誉全球；当年国内销售额达170亿元人民币，超过了从未被超过的世界饮品霸主——可口可乐当年的150亿元人民币。

一个正确的决断，可以让一个经营180年名不见经传的企业品牌，一夜成为世界名牌。

因此，我们的每一次决定，每一个决断，都关乎我们一生的得失成败，一着棋错满盘输，一招棋对满盘赢。古今中外类似案例比比皆是：

刘邦平日里，百战百败；鸿门宴一战，一胜全胜；

项羽平日里，百战百胜；鸿门宴一战，一败全败；

桑德斯创业，百战百败；肯德基连锁，一胜全胜；

关公论打仗，百战百胜；骄兵走麦城，一败全败。

【翟杰纵横论《决物》】

《决物》篇告诉我们，要如此运用决物智慧：

一是权衡利弊。顾全大局，通盘考虑，抓大放小，不失时机。

二是决断准备。推测往事，验证来事，参考常事，决断大事。

三是因事决断。分析研究，把握关键，当断则断，不留后患。

【智慧案例：绝缨会上见胸怀】

话说楚庄王时，楚国发生了一场内乱。内乱平息后，楚庄王设宴，一来庆贺，二来嘉奖有功人员。宴会设在晚上。酒席上摆满了美味佳酿，宫廷乐队在一旁奏乐助兴，数名妙龄女子翩翩起舞，热闹非凡。

楚庄王有一宠姬，姜氏许姬。这许姬肌如凝脂，五官秀美，身材苗条，是楚国后宫的第一美人。楚庄王为表示对臣属的感激，把许姬也叫到宴会之上，令她为各位臣僚斟酒。

晚宴的烛光，把本来就令人销魂的许姬照得更加妩媚多姿。许姬斟酒来回穿梭在烛光中，时明时暗，飘飘欲仙，给人以仙女下凡的感觉。每给一人斟酒，得见许姬纤纤细手，得闻许姬袅袅体香，几乎令人意醉情迷，不能把持。

酒至半酣，突然刮起一阵大风，将宴会上的烛火纷纷吹灭，所剩无几。这时，许姬突然感到有人在黑暗中拉她的衣袂。许姬本有一身功夫，自然反应极快，反手一把将那人头盔上的缨穗抓在手中。

许姬快速来到楚庄王面前，告诉楚庄王，有人对她非礼，并已经抓住了非礼者的缨穗。

★智慧测试题：如果你是楚庄王，你将作出怎样的决定？

特别提示：请先不要着急阅读下一页的答案，开动自己的大脑，设想几套方案，来测试一下自己的智慧。

然后再将自己的方案与楚庄王的方法对照比较，孰高孰低，以便继续努力。

★智慧测试答案

楚庄王听罢，恰巧官人正准备重新点烛，谁料楚庄王却命令：将所剩燃烧蜡烛全部熄灭，暂缓点燃。并让每人将缨穗取下，待每人都把头盔缨穗取下后，才命官人将熄灭的蜡烛重新点燃，就像任何事没发生一样，继续与文武大臣痛饮尽欢。

晚宴结束后，许姬十分气愤地对楚庄王说："男女有别，君臣有义。我代表君王斟酒受人调戏，庄王却不加追查，这怎能严格君臣之礼、男女之分呢？"

楚庄王笑着回答说："君宴臣，本来应在白天，按礼不能超过三杯。我却在晚上设宴，先已失礼。大家喝酒不少，酒后出现各种狂态，本是人之常情，我若追查定罪，国士们都会寒心，还会说我只会宠信妇人呢！"

不久，楚庄王出兵攻打郑国。勇将唐狡自告奋勇，愿率百名壮士，为全军先锋。唐狡拼命杀敌，使大军一天就攻到郑国国都郊外。

楚庄王夸奖统率大军的襄老，襄老说："不是我的功劳，是副将唐狡的战功。"

于是，楚庄王决定奖赏唐狡，并要重用他。

唐狡说："我就是那个牵美人衣袂的罪人，大王能隐臣罪而不诛，臣自当拼死以效微力，哪敢领奖赏呢？"

就在当天晚上，唐狡便悄悄地离开了。

楚庄王的这次宴会，被后人称为"绝缨会"，流传千古。

后人髯翁有赞美诗一首为证：

暗中牵袂醉中情，
玉手如风已绝缨；
尽说君王江海量，
畜鱼水忌十分清。

作为领导、管理者，要学楚庄王的包容肚量，能够原谅下属所犯的错误。人常说：你的胸怀有多大，你的事业就有多大，你的未来就有多大，你的企业就有多大。所以，水至清则无鱼，人至察则无徒。楚庄王的江海大量，值得我们当代人学习效仿。

亲爱的读者，看到这里，你的答案是什么呢？你从中悟到了什么呢？你的答案你自己满意吗？你还有更好的计策吗？

从另一个角度讲，对方的"决物"，有时会直接、间接影响到你的"决物"，这又与《反应》篇内容相结合了。有时你的"决物"可以不顾及对方的"决物"，那是因为对方的"决物"不会影响到你的"决物"。但是，一旦对方的"决物"不仅会影响到你的"决物"，而且会严重打乱或破坏你的"决物"，那么，你的"决物"就要调整，就要改变，甚至取消。但是，你正确地取消了原有的"决物"，其实也是一次更高明的"决物"，而不是简单的放弃。

这正是：

渔家傲·决物

万事之基在于决，
万全之计在于算。
是非成败由人定，
鸿门宴，
当断不断受其乱。

趋利避害解疑团，
力排众议智勇全。
一锤之音定天下，
力拔剑，
大将风范英名传。

欲知后事如何

且听下回分解

漆一蓉山水画作品《云山幽居图》

第十二回　名实相符言出必信　有容乃大摄取民心
【符言】

　　《符言》篇，阐述的是治国平天下的修养之道，也是古代
统治者常用的御民治国之道。

　　鬼谷子主张：统治者在位必须信守诺言，必须遵从安徐正
静的境界，以及耳聪目明，赏罚必正，洞察隐微等良好的为官
之道。这些策略，对当今从政经商仍有重要借鉴意义。

【《符言》原文】

符言　第十二

安徐正静，其被节无不肉。善与而不静，虚心平意以待倾损。右主位。

目贵明；耳贵聪；心贵智。以天下之目视者，则无不见；以天下之耳听者，则无不闻；以天下之心虑者，则无不知。辐辏并进，则明不可塞。右主明。

德之术曰，勿坚而拒之。许之，则防守；拒之，则闭塞。高山仰之，可极；深渊度之，可测。神明之德术正静，其莫之极。右主德。

用赏贵信；用刑贵正。赏赐贵信，必验耳目之所见闻。其所不见闻者，莫不谙化矣。诚畅于天下神明，而况奸者干君。右主赏。

一曰天之，二曰地之，三曰人之。四方上下，左右前后，荧惑之处安在。右主问。

心为九窍之治，君为五官之长。为善者，君与之赏。为非者，君与之罚。君因其所以求，因与之，则不劳。圣人用之，故能赏之。因之循理，故能长久。右主因。

人主不可不周，人主不周，则群臣生乱。寂乎其无常也，内外不通，安知所开。开闭不善，不见原也。右主周。

一曰长目，二曰飞耳，三曰树明。明知千里之外，隐微之中，是谓洞天下奸，莫不暗变更。右主恭。

循名而为，安而完。名实相生，反相为情。故曰：名当则生于实，实生于理，理生于名实之德，德生于和，和生于当。右主名。

【瞿杰纵论《符言》篇】

到了《符言》篇，应该说鬼谷子谋略核心内容，基本告一段落。

《符言》篇没有什么具体的谋略方法，是对前十一篇的概括总结。

《符言》篇与总纲篇《捭阖》，堪称前后照应篇。也就是说，前面十一篇谋略的运用，要达到的目的，就是《符言》篇的要求；再反过来说，要以《符言》篇的要求和标准，实施前十一篇的谋略过程。

《符言》篇，阐述的是治国平天下的修养之道，也是古代统治者常用的御民治国之道。鬼谷子主张：统治者在位必须信守诺言。必须遵从安徐正静的境界；

以及耳聪目明、赏罚必正、洞察隐微等良好的为官之道。这些策略，对当今从政经商仍有重要借鉴意义。

纵论《符言》篇主要智慧点：

一、善守其位

领导者要在其位谋其政。用敬业之心守住自己的岗位。干一行爱一行、爱一行专一行、专一行精一行，保持安徐正静的工作状态。如果能做到安详、从容、正派、沉静、节制、愿意给予并与世无争，就可以心平气和地面对天下纷争。将以上各篇智慧融会贯通，是管理者和领导者必须具备的职业素质。

二、察人之明

领导者最重要的是眼睛要明亮。如果能用全天下的眼睛去看，就不会有什么看不见的；耳朵要灵敏，如果能用全天下的耳朵去听，就不会有什么听不到的；心灵要智慧，如果能用全天下的心去思考，就不会有什么不知道的。对于任何人或事物，能将以上各篇智慧融会贯通，就能明察一切，任何力量无可阻挡。

三、虚心纳谏

遇事要虚心听取他人意见，认真研究，然后再做决定。如果能听信人言，就使自己多了一层保护；如果拒绝别人进言，就使自己受到了封闭。既不要远远看见就答应，也不要远远看见就拒绝。只有仰望才能看到山顶，只有深测才能探到谷底；人心是很难预测的，难以看到顶，更难以探到底。只有我们虚心纳谏，将以上各篇智慧融会贯通，才能探测人心最深处。

四、赏罚必信

运用奖赏时，最重要的是守信用。实施惩罚时，最可贵的是要坚决，做到言必信，行必果。让人眼能看见，耳能听见，思能想见，潜移默化地影响民众。如果能做到这样，再将以上各篇智慧融会贯通，神明都会保护，又何惧那些奸邪之徒的侵犯呢？

五、多方咨询

做事一要顺天时，二要合地利，三要求人和。四面八方、上下左右、前后内外都要考虑全面，要多方询问，多方寻找，多方调查，这样才能得到最丰富的信息，然后将以上各篇智慧融会贯通，就能做出正确决策。

六、遵规循理

万事万物都有规律，家有家规，国有国法，大家都要遵守，君主也不例外，并且要把这个观念深入民众之中。对做好事的臣民，要给予奖励；对做坏事的臣民，要严厉惩罚，这就是遵规循理。再将以上各篇智慧融会贯通，就能遵循客观规律，使基业千秋长久。

七、遍通事理

作为人主必须广泛了解外界事物。内外没有彼此交往，怎能知道世界的变化？开放和封闭不适当，就无法发现事物的根源。社会的骚乱，世间的沉闷，都不是正常的现象。作为领袖必须通情达理，讲求情义，再将以上各篇智慧融会贯通，才会成为人民爱戴的领袖。

八、洞察奸邪

作为领袖要具备千里眼，曰：长目；顺风耳，曰：飞耳；智慧脑，曰：树明。人在千里之外，隐隐约约、渺渺茫茫之处叫做"洞"，所谓"洞察"一词，就出自这里。天下的奸邪，即使在黑暗中也是不变的。所以要将以上各篇智慧融会贯通，学会洞察奸邪，辨别是非，才能让我们耳聪目明。

九、名实相符

无论做什么，都要名实相符，名副其实。做官的要有做官的胸怀，做管理的要有管理者的韬略，做企业的要有企业家的风范，做平民的要有平民的准则。依照名分去考察实际，根据实际确定名分。

名分产生于实际，实际产生于意愿，意愿产生于分析，分析产生于智慧，智慧产生于适当。将以上各篇智慧融会贯通，就能做到名实相符，不偏不倚。

【翟杰横论《符言》篇】

《符言》篇总结的领袖修养之道，其中最重要的有两个：第一，诚信；第二，亲民。

说到诚信，这里讲一个"商鞅徙木建信"的故事。

话说公元前361年，秦国的秦孝公即位。他决心发愤图强，搜罗人才。他下了一道命令：不论是秦国人还是外来的人，谁能使秦国富强起来，就封他做官。

秦孝公这样一号召，果然吸引了不少有才干的人。有一个卫国的贵族——公孙鞅，就是后来的商鞅，也是鬼谷子的弟子，听说秦国不拘一格找人才，就来到秦国，拜见秦孝公。秦孝公看他很有能力，便任命他为左庶长。

商鞅对秦孝公说："一个国家要富强，必须注意农业，奖励将士；要把国家治理好，必须有赏有罚，朝廷有了威信，一切改革就容易进行了。"

秦孝公完全同意商鞅的主张。可是秦国一些贵族和大臣却竭力反对。秦孝公一看反对的人这么多，自己刚刚即位，怕闹出乱子来，就把改革的事暂时搁下了。

过了两年，秦孝公的君位坐稳了，又想起了改革，并将改革之事，全部交由左庶长商鞅处理。

随即，商鞅起草了一个改革的法令，但是怕老百姓不信任他，不按新法令执行。于是心生一计，他先叫人在都城南门，竖了一根三丈长的木头，传下命令说："谁能把这根木头从南门扛到北门，就赏他十两黄金。"

不一会，城南门口围了一大堆人，大家议论纷纷。

有的说："这根木头谁都拿得动，哪用得着十两赏金？"

有的说："这大概是左庶长成心开玩笑吧。"

大伙儿你瞧我，我瞧你，就是没有一个人肯去扛木头。

商鞅知道老百姓不相信他的赏令，认为这么简单的事，就给十两赏金，不近情理，不可能。于是，他运用鬼谷子的反应智慧，更加反其道而行之，不但没有降低赏金，反而把赏金提高到五十两。

赏金越高，人们越认为不可能，因此看热闹的人也就越多。正在大家议论纷纷时，人群中有一个人站出来说："我来试试。给就是他说话算数，不给也无所谓。"说着，真的把木头扛起来，一直走到北门。

扛木头的人刚到北门，商鞅立刻派人传话，赏给扛木头的人五十两黄澄澄的金子，一两也没少。

此事一石激起千层浪，立即传开了，几乎家喻户晓，顷刻轰动全国。

老百姓都说："左庶长的命令不含糊，说话算数。"

商鞅知道他的赏令已经起了作用，就把起草的新法令公之于众。

商鞅变法以后，秦国的农业生产增加了，军事力量强大了。过了十年，秦国越来越富强，周天子打发使者送祭肉给秦孝公，封他为"方伯"（一方诸侯的首领），中原的诸侯国也纷纷向秦国道贺。

商鞅仅仅利用扛木头这件小事，就在全国建立起自己的威信，这不能不说是"一巧破千斤"的超人智慧。

接下来，再讲一讲更加精彩绝伦的智慧故事：冯谖弹铗客孟尝。

话说孟尝君是齐国的贵族，名叫田文。他为了巩固自己的地位，专门招收人才，凡是投奔他的各路人士，他基本都收留，并供养他们，这种人叫门客，也叫食客。据说，孟尝君的门客最多时达三千多人，当然其中很多人，根本没什么本领，只是混口饭吃。

这一天，有一个叫冯谖的老头儿，投到孟尝君门下来做食客。

孟尝君问管事的："这个人有什么本领？"

管事的回答说："他说没什么本领。"

孟尝君想了想说："把他留下吧。"

于是，管事的就把冯谖当做下等门客对待。

过了几天，冯谖靠着孟尝君家门口的柱子，敲打他的剑，大声喊叫起来："归来乎！长剑呀，咱们回去吧，吃饭没有鱼呀！"

管事的马上报告孟尝君，孟尝君觉得这个老头儿有点意思，于是说："给他的菜加一道鱼，按中等门客的伙食标准。"

又过了几天，冯谖又敲打他的剑喊叫起来："长剑呀，咱们回去吧，出门没有车呀！"

孟尝君听到这个情况，更觉得这个老头儿有玄机，吩咐管事的说："给他备一头毛驴车，按上等门客对待吧。"

又过了几天，孟尝君又问管事的："那位冯先生还有什么意见？"

管事的回答说："他又在喊了，说没有钱养家。"

孟尝君派人一调查，果然冯谖家里有个老娘。于是派人给他老娘送了些吃穿用品。

孟尝君的一番情意，做到了仁至义尽。从此，冯谖果然不再喊了。

孟尝君养了三千多门客，管吃管住管用，单靠他的俸禄是远远不够的。因此，平时他靠自己的封地——薛城（今山东滕州东南），向老百姓放债收利息，来维持这笔巨大的开支。

这一天，孟尝君看冯谖来了这么长时间，什么事儿也没干。于是准备派冯谖到薛城去收债，问他愿意去否。

冯谖说："没问题。我来了这么长时间，您对我那么讲情义，可我什么事儿都没做。既然主人对我信任，我就去吧。"

冯谖临行前问孟尝君："收来债息，回来买点什么东西？"

孟尝君随口说："你看着办吧，我家缺什么就顺便买点什么吧！"

冯谖到了薛城，把欠债的百姓召集起来，让他们把债券拿出来核对，只见老百姓一个个愁眉苦脸，发愁还不上债。见此情景，冯谖当众假传孟尝君的决定说："孟尝君有话，还不上债的，一概免了。"

老百姓听了将信将疑。为了打消老百姓的疑虑，冯谖干脆点起一把火，把全部债券统统烧掉了。在场的百姓无不欢腾跳跃，感激万分！

冯谖回到临淄，把收债的情况原原本本告诉了孟尝君。孟尝君听过之后，不解地问："你把债券都烧了，这三千人吃什么？"

冯谖不慌不忙地说："我临走的时候您不是说过，您这儿缺什么就买什么吗？我觉得您这儿别的不缺，缺的是老百姓的民心、民意，所以我把'民心民意'买回来了。"

孟尝君听罢，心中暗喜：这个老冯头，我没看错他。

后来，孟尝君的声望越来越大。

这正是：

> 虎豹踞山群兽远，
> 蛟龙在水怪鱼藏。
> 堂中有客三千辈，
> 天下人人畏孟尝。
> 树大招风风撼树，
> 人为高名名丧人。

秦昭襄王知道齐国之所以强盛，是因为有个孟尝君为相国。于是，用离间之计，暗中派人到齐国散布谣言说："孟尝君收买民心，意在夺取齐国王位。"

齐王听到这些谣言，不知是计，信以为真，立即收回了孟尝君的相印。

孟尝君被革职了。

秦昭襄王一看第一步成功了，于是变本加厉，又开始了第二步的阴谋。他再次派人对齐王说："大王，孟尝君是个人才，您如今把他革职不用，万一别的国家把他招去，与您对抗，可就成为您的心腹大患了！"

昏庸的齐王一听，有道理。于是，开始密谋，要杀掉孟尝君。

孟尝君平时人缘非常好，有一个小书童得知此情，马上给孟尝君报信："我听到大王密谋要杀害您，您快跑吧！"

听到这个消息，孟尝君如晴空霹雳，五雷轰顶，真是"屋漏偏逢连夜雨，船破又遇顶头风"，防不胜防的小人暗算哪！

于是，孟尝君马上召集门下的三千食客，对大家说："今天我孟尝君遇到难事了，大王要杀我，我的全部财产现在就分，愿意回家的，每人分一份资财，愿意留下的，跟我一块儿逃吧！"

分完家产后，孟尝君骑着快马盲目地逃向远方。逃了一阵之后，孟尝君勒住马缰慢慢停下来，听听后面的动静，看看有没有追兵。孟尝君仔细一听，听到远处有隐隐的马蹄声，由远而近。孟尝君马上警觉起来，是不是追兵赶到了？

孟尝君马上藏在树林之中，在隐蔽处静静地观察，马蹄声越来越近，远远看见一个人，骑着一头小毛驴，一步一步向这里走来。孟尝君仔细观察，不像追兵，追兵不能是一个人，等这个人渐渐走近时，定睛一看，不是别人，正是冯谖。

只见冯谖气喘吁吁，浑身是汗，孟尝君马上迎上前去说道："冯先生，您怎么到这儿来了？"

冯谖上气不接下气地说："您不是说愿意跟随您的就跟随您，不愿意跟随您的就回家吗？您的三千食客全回家了，只有我一个人愿意跟随您，所以一直追您到这里，只是您送我的这只毛驴，跑得太慢了。"

孟尝君心里一阵歉疚、一阵感激地说："冯先生，实在对不起，当初您要马车，我只给您一头驴车，所以才……不说了，我们赶紧一块儿逃吧！"

冯谖问孟尝君："您准备去哪里？"

孟尝君说："我也不知道去哪里呀！"

冯谖说："齐王已经发出通缉令，您到周围的任何国家，都会把您送回齐国，接受杀头审判。"

孟尝君马上问："您有什么地方可去吗？"

看着孟尝君着急的样子，冯谖不慌不忙地说："随我走吧，我带您去的地方，那里的百姓一定十里相迎、净水泼街欢迎你，还会把您隐藏起来，好好地照顾您，让您渡过这一难关。"

孟尝君忙问："我如今落到这步田地，还有这样的地方？"

冯谖神秘一笑说："此事是天机秘密，现在不可泄漏，随我走吧！"

孟尝君在冯谖的引领下，一路走向当年冯谖烧债券的薛地。当他们走到距离薛地大约还有十里时，果然村民敲锣打鼓，净水泼街，夹道欢迎。

孟尝君不解地问："我现在是个通缉犯，按法律规定，谁要收留我，要全家坐牢，为什么这些百姓不顾全家性命，对我如此厚待呢？"

冯谖捋了捋胡须说："您还记得吗？当年我来薛地收取租金和债券的时候，我代表您宣布将这些债全部免了，并且和您说，我帮您买到了您最需要的东西。今天百姓对您的欢迎，对您的厚爱，对您的保护，就是因为当初我帮您买下了百姓的这份情义。"

这时孟尝君才想起之前冯谖帮他做的这件事。孟尝君感激涕零地说："我今天看到了，看到了冯谖您给我买的这一份情义，它价值连城，比我的生命更重要啊！"

冯谖为报答孟尝君对他的关照，替孟尝君烧掉债券，赢得民心，以狡兔三窟之谋，为孟尝君留下了一条后路。

冯谖不负使命，既报答了孟尝君的厚待，也开辟了自己的前途。史臣有诗云：

逢迎言利号佳宾，

焚券先虞触主嗔。

空手但收仁义返，

方知弹铗有高人。

就这样，孟尝君在薛地百姓的保护之下，暂避一时，渡过了难关。

后来，齐王自知中了秦国的离间之计，醒悟过来后，又派人找到了孟尝君。孟尝君又官复原职，东山再起。

【翟杰纵横论《符言》】

《符言》篇告诉我们，要如此运用符言智慧：

一是主位。善守其位，心理稳定。

二是主明。察人之明，免受蒙蔽。

三是主德。虚心纳谏，端正视听。

四是主赏。赏罚必信，公正无私。

五是主问。多方咨询，分辨是非。

六是主因。遵规循理，控制臣民。

七是主周。遍通事理，周密考虑。

八是主恭。洞察奸邪，除恶务尽。

九是主名。名实相符，循名求实。

【智慧案例：范蠡一文讨百金】

陶朱公做生意来到郑国，刚到郑国城门前，见一位老者在城门外呼天喊地，号啕大哭，周边围了很多人，不知道发生了什么事，让老人这样伤心。

陶朱公见此情景，马上走到老人身边，询问缘由。经了解才知道，这位老人带了一百两金子，准备买一匹上好的马，用于耕地种田，运送粮食，因路途遥远走累了，就在距离马市不远的一家卖板凳的木器店门前坐了一会，临走时着急，一时疏忽，把钱袋落在了木器店。当老人走了一段路，忽然发现钱袋子落在木器店，马上折返赶回木器店一看，钱袋子已经不见了，老人急忙询问木器店老板，木器店老板一口否定说："没看见。"因此，老人为丢了这装有一百金的钱袋而伤心痛哭。

陶朱公听老人讲罢整个经过，心里已明白了几分。于是走上前去，一边安慰老人，一边向老人保证："我一定帮您讨回这一百两金子。"陶朱公让老人引路，径直朝那家木器店走去。

远远看见那家木器店，陶朱公嘱咐老人："您到东城门外等我，一会儿我就把您要买的马给您牵来。"

★智慧测试题：如果你是陶朱公，你将用什么方法把老人丢的钱如数索回？

特别提示：请先不要着急阅读下一页的答案，开动自己的大脑，设想几套方案，来测试一下自己的智慧。

★智慧测试答案

陶朱公送走了老人，先在木器店周围转了一圈，一则查看一下地形，二则暗中观察一下这家木器店老板的相貌特征；然后又到马市找到一个熟悉的贩马商，了解马市行情，临走时在这个贩马商耳边低语几句；最后独自一人来到木器店，找到木器店老板，随便寒暄几句，便随手掏出一两银子递给他，故意摆出一副有钱人的样子，慷慨大方地说："我要到马市买一匹上好的高头大马，给您一两银子，劳您大驾为我牵马坠镫如何？"

木器店老板一听，喜出望外。心想：今天我算走大运了，好事接踵而至。我这个木器店本是小本买卖，卖几条板凳都挣不上一两银子，现在有人只让我为他牵马坠镫，就能轻而易举赚到一两银子，这等天上掉馅饼的大好事为什么不干！于是马上欣然应允说："完全可以，谢谢大人关照！"

陶朱公接着说："那就拿好板凳，跟我走吧。"于是两人便一直奔马市走去。

来到马市，陶朱公找到刚才那个贩马商，对他说："我看好了您这匹马，准备买下，但不知马力如何？俗话说路遥知马力，我要先骑一下再谈价格，然后决定是否买这匹马。"

木器店老板见贩马商有些犹豫，生怕生意做不成，自己牵马坠镫的钱就挣不到了，赶紧在一边帮腔说："对呀！买东西要挑一挑，买马要骑一骑呀！"

贩马商看了陶朱公和木器店老板一眼，心里明白了，这是一主一仆二人一块儿来买马的，便对陶朱公说："大人，那就请您骑上遛遛吧！"木器店的老板马上殷勤地放好板凳，让陶朱公蹬着板凳上马。

陶朱公蹬着板凳，身体一跃，翻身上马，便一圈一圈地遛开了。

陶朱公遛着遛着，突然马头向东一转，一溜烟儿消失在车水马龙之中。

贩马商起初有些惊慌，但看见那个拿板凳侍候陶朱公的仆人还在，心就放下了。可是，过了很长一段时间，陶朱公还没回来，贩马商就问木器店老板："您的老板把马骑走了，怎么现在还没回来？"

木器店老板马上解释道："我和他不认识，只是帮他牵马坠镫而已。"

此言一出，贩马商心里一惊，一把抓住木器店老板的手，找他要马钱。木器店老板莫名其妙地说："你怎么能找我要马钱？我是木器店的掌柜，根本不认识买马人。"

贩马商闻听，更不依不饶，一口咬定木器店老板和买马人是合伙骗马。二人纠缠不清，于是来到公堂找县官说理。县官听了二人的申诉，惊堂木"啪"地一拍，面对木器店老板大声喝道："大胆刁民，分明是你与贩马人事先商定，合伙骗马，如今来到大堂之上，在本官面前还敢抵赖，拉下去重打五十大板！"

五十大板没打完，那木器店老板早已叫苦连天，从实招了。县官不但判他等同偷窃，如数还回一百金，还罚木器店老板二十金，上缴国库。闹得木器店老板"偷鸡不成反蚀米"，钱没赚着，反被罚了二十金，还得了个偷窃的罪名。

断案结束，县官要结案，可哪里去找那位丢一百金的老人和那匹马呢？

贩马商说："那位买马的客商，骑着我的马向东城门方向去了，我们到那儿找一找。"

两人来到东城门外，果然看见陶朱公牵着马，与那位丢钱的老人坐在那里等候，老人还不时地抚摸着那匹马。

县官将一百金还给老人，回县衙去了。

老人数数还回的钱，一文不少，连连向陶朱公道谢！

陶朱公说："不要只谢我，还要感谢这位助人为乐的贩马商，没有他的帮助和配合，我也不可能帮您这么快找回您所丢的买马钱。"

原来这位贩马商，是陶朱公的一位至交，他的一切言行，都是按照陶朱公的计划而行的。

陶朱公的一句话提醒了老人，老人对贩马商说："我正想和您商量，经过这一段时间，我仔细地看了这匹马，是一匹好马，我想买。老板，您开个价吧！"

贩马商说："看在陶朱公的份上，给您优惠价八十金。"

老人忙说："不不不！您二人路见不平拔刀相助，帮我挽回了这么大的损失，我要重谢二位，怎能再占您的便宜呢？剩下的二十金算是我对二位的酬谢！"

三人僵持不下。最后陶朱公对二人说："都不要互让了！我做主，马钱八十八金，剩下的钱留作老人回程路费。以后再有买马的客人，老人家您把客人介绍给贩马商，就算是对他的回报了。至于我嘛，这八十八金的吉利数字，算是对我长寿到八十八岁的祝福吧！"

三人您看看我，我看看你，都会心地笑了。

话说陶朱公最后真的活到八十八岁，寿终正寝，成就了他美好的人生。

可能有人会说："如今八十八岁不算长寿呀！"

但是，当时人类的平均寿命是三十五岁。如果按照现代人平均年龄七十岁折算，陶朱公的寿命相当于现代人的 182 岁，比当今世界最长寿的老寿星，还多活了半个多世纪。

亲爱的读者，看到这里，你的答案是什么呢？你从中悟到了什么呢？你的答案你自己满意吗？你还有更好的计策吗？

从另一个角度讲，如果你事事"符言"，而对方却没有"符言"怎么办？

办法有两个：

一是对方没有"符言"，又不是出于恶意，给你造成一定的损失，你仍坚持"符言"。这样可体现你的肚量和人格魅力，不为对方失信所动，将对方的失信记在心里，以后多加提防，不再给他机会，尽显大智若愚风范。除非他有特殊不可抗力因素。

二是对方没有"符言"，而且出于恶意，给你造成一定的损失，你也可以眼还眼，以牙还牙，不能姑息养奸，维护合法权益，用法律等合情合理手段予以回击，甚至以其人之道还治其人之身。

这正是：

清平乐·符言

商鞅变法，
立信昭天下。
诸葛挥泪斩马谡，
只为明鉴赏罚。

古圣信义为重，
今人亦当效法。
名实相符九鼎，
他日飞黄腾达。

欲知后事如何

且听下回分解

胥力浦山水画作品《水乡醉韵图》

第十三回　唇枪舌剑巧言善辩　口舌生风兴邦丧权

【转丸】

　　《转丸》篇，是鬼谷子阐述语言和口才智慧的专篇。虽然这篇佚失多年，但从篇目和刘勰在《文心雕龙·论说》中所说"转丸骋其巧辞，飞钳伏其精术"，以及杜甫的《草堂诗笺》说"应对如转丸，疏通略文字"，可以理解为：转丸，说的是运用语言要像手中玩弄的阴阳双球一般灵活婉转。正所谓："一言之辩重于九鼎之宝，三寸之舌强于百万之师。"

【翟杰纵论《转丸》篇】

《转丸》篇，是鬼谷子阐述语言和口才智慧的专篇。虽然这篇佚失多年，但从篇目和刘勰在《文心雕龙·论说》中所说"转丸骋其巧辞，飞钳伏其精术"，以及杜甫的《草堂诗笺》说"应对如转丸，疏通略文字"，可以理解为：转丸，说的是运用语言要像手中玩弄的阴阳双球一般灵活婉转。正所谓："一言之辩重于九鼎之宝，三寸之舌强于百万之师。"

《转丸》篇，表面看似与前十二篇没什么必然联系，实则不然。鬼谷子把《转丸》篇安排在第十三篇的用意是告诫我们，纵然你对前十二篇内容全部掌握了，没有好口才，也是难以实现的。因此，《转丸》篇，相当于附录篇，是特别补充和强调的口才智慧专篇。

纵论《转丸》主要智慧点：

转丸口才，是指在人际交往、商业谈判、外交斡旋等场合，根据具体情况，随机应变地运用语言的艺术；是解决各类问题、化解各种矛盾、产生幽默智慧的语言能力。而且，应变口才大多是在没有准备、应对突发情况而使用的一种即兴语言。

这就要求使用者，既要有广博的知识，又要有超人的智慧，更要有伶俐的口齿。因此，口才智慧的最高阶段，就是善于应变。

在中国古代，有被誉为口才大师的鬼谷子及门下的苏秦、张仪等人；在国外有演讲大师卡耐基、拿破仑、丘吉尔；近代有领袖人物孙中山、毛泽东、周恩来；当今有演讲家刘吉、李燕杰、彭清一。他们不仅口才一流，更善于在复杂多变的情况下，机智应变，尽显语言才华。有了这把口才智慧宝剑，遇到任何问题都能迎刃而解，处处彰显人格魅力。因此，他们被人们尊重、敬仰、学习和效仿。

一、语言的精练

应变的智慧语言，通常是短小精悍的，叫一语中的、一字千钧、一言以蔽之。所以，精练是应变语言的第一要素。

例如：演讲家刘吉教授，他在各种场合中，对待受众提出的问题，都能予以精练地回应。

有人问："您如何对待生活中的酸甜苦辣呢？"

乍一听，这句话可以答，但不好答，"酸甜苦辣"一词是人们对林林总总事物的一种形象化比喻，要想说透这个问题很难，要用精炼的语言说明就更难了。而刘吉教授没有天南地北地大发议论，而是紧紧地扣住"酸、甜、苦、辣"这四个字，一字千钧地予以回应。

刘吉："生活中的酸甜苦辣各具功能，酸能唤人清醒，甜能令人陶醉，苦能示人警惕，辣能给人激励。"

短短的四句话，直接应对"酸甜苦辣"四个字，简练而又精悍。达到了应有的效果。

二、语言的应变

语言是应变的方法，应变是语言的智慧。一个人如果能在各种意想不到的情况下，借助语言的力量机智地给予应对，就会永远立于不败之地。

请看演讲家李燕杰教授如何运用语言的应变，回答听众问题的。

听众问："在演讲中，怎样在讽刺中不失幽默？"

李燕杰："一些人在演讲中一讽刺，就惹人讨厌，有人一幽默，又显得很粗俗。怎么办？这就要在实践中不断提高自己的修养。我举这样一个例子，供参考。

爸爸打电话给儿子说：'今晚有应酬，不回来吃饭了。'

儿子问爸爸什么叫应酬。爸爸说：'不想去，又不得不去的叫应酬。'

第二天早上，儿子准备上学时说道：'爸爸，我要去应酬了。'

这个小故事既幽默又讽刺，在幽默中有讽刺。弦外之音，言简意深，表述了孩子们对当前教育的看法。"

这个案例，是李燕杰教授用应变的语言，举了一个使用应变语言的例子。可谓以应变对应变，处处应变。

三、语言的智慧

语言的智慧说的是，在应对各种问题和情况时，在语言上不仅要体现思维的智慧，还要体现语言的智慧，使思维智慧与语言智慧融为一体，真正体现内与外、道与术相结合的智慧。

楚国贵族伍子胥，避难逃到吴国，途中被守边士卒抓住。伍子胥灵机一动，计上心来，威胁他说："其实国君追捕我，是想得到我家传的珠宝。可惜在逃跑途中，我已将它丢失。如果你把我押回楚国，我就说你拿了我的宝物，自己独吞了。所以不如放了我，你我都无事。"士卒听到这种威胁，越想越怕，越想越不利，马上就把伍子胥放了。

四、语言的幽默

幽默是一种口才，也是一种机智，更是一种胸怀。说话风趣诙谐，幽默睿智，这是语言的最高境界。在与人谈话中，运用幽默艺术会收到意想不到的效果。与别人初次见面，幽默的谈话，会赢得对方的好感，留下深刻的印象；当双方发生矛盾冲突时，幽默的谈话，会摒弃前嫌；具有幽默感的批评性谈话，使人乐意接受；在工作劳累时，说一两段幽默的笑话，使人得到积极的休息。总之，幽默是社交中不可缺少的"润滑剂"。

例如：演讲家彭清一教授，在介绍他的爱人时，所显现出的幽默，值得我们玩味。

问："彭教授，您的爱人小您十二岁，一定很漂亮吧？"

彭清一："我的爱人是中央歌舞团、东方歌舞团两家国家歌舞团的舞蹈演员。大家都知道，舞蹈演员都是百里挑一选出来的，至于她长得怎么样，可以发挥您丰富的想象力。我的爱人走在大街上，十个人走过，会有八个人回头，其中两个没回头的，一个是盲人，一个是痴呆。就这样一个人，我把她紧紧地团结在我的身边，五十年没有动摇过。"

这段话是他对爱情忠贞的赞美，加上特有的幽默回答，既给人们留下了深刻的印象，又让人们在轻松愉快的幽默中感到愉悦。

五、语言的内涵

有些人讲话，听起来味同嚼蜡；有些人讲话，却令人听得津津有味。这其中不乏语言内涵的作用。一个人讲话内涵深刻，给人启发，令人难忘；一个人讲话平铺直叙，平淡肤浅，自然让人感觉乏味。因此，语言的内涵，是检验一个人文化修养的必要条件。

例如，有人曾问李燕杰教授："我们在书摊上买到一些关于演讲的书，读完之后，似乎没多大用，仔细研究，似乎是些写作文的方法，您认为我的看法对吗？"

李燕杰："我也有同感。过去一些演讲书，很多是一些写作文的老师写的，他们虽有写好演讲学的良好愿望，但他们不演讲或很少演讲，缺乏演讲的实践。可是他们常年教语文、教作文，自然而然就提到了主题、题材、情节、结构、语言、表达。书面表达与口头表达确有相通、相近之处，但有一条根本上的差异，一个是让文字躺在纸上，让人来读；一个是让躺在纸上的文字站起来，走向听众，让人家听，当然也包括让人看。让人家看的文字，如能做到文从字顺、准确、鲜明、生动，也就算不错了。而想让人入座入耳，还必须由演讲家再创造、再加工，使之有声、有形、有色，使黑白片变成彩色片，使窄银幕变成宽银幕立体声影片。"

【翟杰横论《转丸》篇】

《荀子·大略第二十七》中有一段关于口才的格言，非常经典。

口能言之，身能行之，国宝也。

口不能言，身能行之，国器也。

口能言之，身不能行，国用也。

口言善，身行恶，国妖也。

治国者敬其宝，爱其器，任其用，除其妖。

这段话大意是：口才好，又能身体力行之人，是国家的宝贵人才。口才不好，行动力强的人，是国家的工具。口才好，不能做事的人，是可被国家利用的人。满口讲仁义善良，行为恶劣的人，是国家的妖孽。懂管理国家的领袖，尊敬宝贵的人才，爱护治国的工具，任用可以使用的人，铲除危害国家的人。

荀况在这段话中，把口才的作用阐述得淋漓尽致。

常言道："一言可兴邦，一言可丧邦。"鬼谷子的弟子苏秦、张仪都做到了：苏秦合纵抗强秦，依靠的是口才的力量；张仪连横成就大业，依靠的也是口才的力量。好口才可以治国治家，万事成功；差口才导致败国败家，身败名裂。

从企业经营的角度讲：有口才，口开能生财；无口才，口开神气散。正如相声小段《吃饭》所描绘的那样。

一个人请四位朋友一起吃饭，结果来了三位，他焦急地说："该来的还不来。"

在座的一位听了不太高兴，心想：那我就是不该来的了。于是，假借上厕所，走了。

请客的这个人知道后，对剩下的两位说："咳！不该走的又走了。"

在座的另一位听罢，坐不住了，心想：这么说我是那该走还没走的了。于是，假借接电话，也走了。

请客的这个人一看又走了一位，对剩下的唯一的这个人说："我说的不是他。"

最后剩下的那个人听罢，心想：那说的就是我。于是，也找个理由离开了。

因此，我们说出去的每句话，都要慎重考虑。

（1）戒多冗之言：说话不要太多——言多语失；

（2）戒轻率之言：不要轻率讲话——言轻人微；

（3）戒狂躁之言：不知轻重胡侃——言过其实；

（4）戒杂乱之言：说话杂乱无章——言不达义；

（5）戒戏谑之言：过度幽默谐趣——言伤人心；

（6）戒耿直之言：一味口无遮拦——言直不讳；

（7）戒绝对之言：说话委婉含蓄——言留余地；

（8）戒泄漏之言：不要泄露机密——言多漏洞；

（9）戒恶意之言：注意他人忌讳——言语伤人；

（10）戒巧舌之言：不要花言巧语——言语虚伪；

（11）戒矜持之言：不要骄傲自满——言自矜夸；

（12）戒闲谗之言：闲谈莫论人非——言语杀人；

（13）戒奸佞之言：揭人短处疮疤——言人害己；

（14）戒轻诺之言：轻易许愿承诺——言失信用；

（15）戒讥讽之言：随意讥讽他人——言出尴尬；

（16）戒出格之言：不符身份地位——言不由衷；

（17）戒谄谀之言：吹捧奉承他人——言语谄媚；

（18）戒卑屈之言：奴颜婢膝自虐——言语适当；

（19）戒怨恨之言：令人报怨憎恨——言语生怨；

（20）戒招祸之言：招来祸害的话——言语招祸。

【翟杰纵横论《转丸》】

《转丸》篇告诉我们，要如此运用转丸智慧：

一是要具备铁齿铜牙的演讲能力——唇枪舌剑。无论是与人交流沟通、行政外交、商业谈判、发布命令、汇报工作、竞聘述职还是会议演讲等，都需要强有力的口才素质。掌握了演讲与口才艺术，就等于掌握了上述工作的能力。因此，口才被誉为当今成功人士的三大法宝之一。

二是要具备左右逢源的主持能力——短兵相剑。作为管理者，要经常组织或主持各种类型的会议，领导的主持能力、掌控能力，是会议有效进行的必要保证，也是领袖风范的魅力彰显，从古至今无一例外。因此，领导的主持能力，是管理者综合素质的最好体现，不可忽视。

三是要具备随机应变的雄辩能力——智慧宝剑。应变与雄辩，是一个人语言和智慧高度的超级体现，能够让您在错综复杂、变幻莫测的世纪风云中，看清问题、看准问题、看透问题，轻松应对，口舌生风，左右逢源，无往而不胜。

一言兴邦，一言丧邦。纵横家们做到了。

唇枪舌剑，伶牙俐齿。辩论家们做到了。

口舌生风，口若悬河。演讲家们做到了。

一语千金，一语中的。谈判专家做到了。

军令如山，军无戏言。军事家们做到了。

一呼百应，一诺千金。企业家们做到了。

【智慧案例：鬼谷洞前测口才】

鬼谷子在孙膑、庞涓毕业考试时，出了这样一道题：

你们两个谁能用语言将我请出山洞，谁就考试合格，准予毕业；给你们每人三次机会，如果能将我请出山洞，从此我站立讲课，以示对你们的尊重。我的理念是，学生不能超过老师，就是老师无能。开始吧！

★智慧测试题：如果您是孙膑、庞涓，您将如何通过考试？

特别提示：请先不要着急阅读下一页的答案，开动自己的大脑，设想几套方案，来测试一下自己的智慧。

然后再将自己的方案与孙膑、庞涓的方法对照比较，孰高孰低，以便继续努力。

★智慧测试答案

此题一出，庞涓立即先下手为强地说："我先来！"

第一次，庞涓说："师父，后山着火了，马上带我们去救火吧。"

鬼谷子笑笑说："你们这么多年轻人，还要我老头子亲自扑救吗！"

庞涓失败了。

第二次，庞涓说："师父，后山来了一群强盗，正在抢我们的粮食，您赶快出洞，带我们去赶走强盗吧！"

鬼谷子又笑笑说："几个小小的山野毛贼，哪是我几百个文武双全弟子的对手，你们把他消灭就是了，还用得上我吗！"

庞涓又失败了。

第三次，庞涓换了招法，声泪俱下地说："师父，您的老父亲、我的师爷，昨天晚上仙逝了，您赶快回家吊丧去吧。"

鬼谷子一听大怒："胡说八道，我的父亲、你的师爷早已仙逝多年，你竟敢拿这话来蒙我，三次考试都不合格，不准毕业！"

轮到孙膑考试了。孙膑见庞涓三次考试都没合格，谦逊地说："师父，您智慧超群，又有心理准备，学生的语言能力，根本无法让您从山洞内走出山洞外；但是，学生也不是不思进取之人，能否给学生一次机会，试试学生能否把您从山洞外请到山洞内？"

鬼谷子自言自语道："你不能把我从山洞内请到山洞外，也休想把我从山洞外请到山洞内。"于是，在孙膑的搀扶下，他一步一步走出山洞。

这时，孙膑马上跪倒在地说："师父，您已经走出了山洞，学生考试已合格，可以毕业了！"

鬼谷子说到做到。从此，鬼谷子讲课由坐改为站。现在的老师，站立讲课的规则，就是由鬼谷子这样立下的。

亲爱的读者，您的答案是什么呢？您从中悟到了什么呢？您的答案您自己满意吗？您还有更好的计策吗？

从另一个角度讲，在运用"转丸"智慧时，对方也许在用《反应》《内揵》《抵巇》《摩意》《转丸》等各篇智慧来应对您。所以，您既要完美地实施《转丸》，又要应对对方运用上述各篇智慧应对您的"转丸"，以致在你来我往，推杯换盏间的"转丸"中，将"转丸"智慧真正运用到刘勰所说的"转丸骋其巧辞，飞钳伏其精术"以及杜甫所言"应对如转丸，疏通略文字"的境界。

这正是：

点绛唇·转丸

唇枪舌剑，
几多英雄仰天叹：
一言兴邦，
一语痛丧权。

千军万马，
携手地平线。
三寸舌，
呼风唤雨，
横扫天地间。

欲知后事如何

且听下回分解

漆一蓉山水画作品《清心在此山》

第十四回　防人之时莫忘自困　天外有天人外有人

【祛箧】

　　《祛箧》篇，亦佚失多年，但仍可推断出该篇的主要内容。

　　祛：有消除、去除之意，可引申为失去、丢失。箧：本是古代妇女盛金银首饰等贵重装饰品的匣子，可引申为珍贵的物品。

　　从上述解释不难看出，本篇是鬼谷子在上述十三篇谋略的基础上，特别强调提醒人们注意的一种智慧专篇。他提醒人们：山外青山楼外楼，强中更有强中手，用诈偏逢识诈人。在这个世界上，人外有人，天外有天。在运用谋略时，不要把别人看成阿斗，把自己视为诸葛亮，对人要小聪明、施小伎俩、动小心眼。因此，我们要修大智慧、建大格局、具大眼光。这样才能既保持清醒头脑，又万事游刃有余。

【翟杰纵论《祛箧》篇】

《祛箧》篇，亦佚失多年，但仍可推断出该篇的主要内容。祛：有消除、去除之意，可引申为失去、丢失。箧：本是古代妇女盛金银首饰等贵重装饰品的匣子，可引申为珍贵的物品。

从上述解释不难看出，《祛箧》篇是鬼谷子在上述十三篇的基础上，特别强调提醒人们注意的智慧专篇。他提醒人们：山外青山楼外楼，强中更有强中手，用诈偏逢识诈人。在这个世界上，人外有人，天外有天。在运用谋略时，不要把别人看成阿斗，把自己视为诸葛亮，对人耍小聪明、施小伎俩、动小心眼；应该要修大智慧、建大格局、具大眼光。这样才能既保持清醒头脑，又万事游刃有余。

纵论《祛箧》篇主要智慧点：

一、聪明人的做法

在日常生活和工作中，经常会遇到一些"聪明人"，他们总觉得自己比别人有智慧，比别人高明；对人耍小聪明，做小人之事，正像很多人所陷的误区一样：把贵重的物品集中在一起，藏在他认为最隐蔽的地方；把全部的资金都放在股市，并押在一只股票上；把全部的鸡蛋放在一个篮子里，并自认为最安全。

二、聪明的糊涂人

近几年，在北京等地发生多起居民小区及办公区物品被连窝端的盗窃案件。盗窃者不是小偷，而是大偷，驾驶着搬家公司的专用车，堂而皇之地将室内全部物品，包括大件物品，诸如家具、办公用品、电视、冰箱、洗衣机，等等，一扫而空。这样的盗贼，最高兴的一件事就是：贵重物品藏得越集中，包装得越好，他越省事，得手越快。这与把全部资金放在股市，押在一只股票上；把全部鸡蛋放在一个篮子里，一模一样！这些看似聪明之人，不是在为大偷收集财物、保管财物吗？

三、聪明反被聪明误

所谓的这些聪明人，自以为高明，其实正是他们认为"聪明"中的"糊涂"，把他们给害了，正如《三国演义》中的杨修"军帐传令喊鸡肋，聪明无度被曹毁"。又如《红楼梦》中的王熙凤"机关算尽太聪明，反算了卿卿性命"。这些都是聪明反被聪明误的经典案例。

四、聪明与愚蠢

认为自己最聪明的人，也许是最愚蠢的人；认为自己最愚蠢的人，也许是最聪明的人。因为，当人认为自己聪明时，就会忘乎所以，自高自大，颐指气使，自我膨胀，导致头脑发昏，自取灭亡。当人认为自己愚蠢时，就会谨小慎微，勤奋努力，笨鸟先飞，不耻下问，结果勤能补拙，蒸蒸日上。

五、聪明与智慧

有人总结到：不吃亏为聪明，愿吃亏是智慧；拿得起为聪明，放得下是智慧；聪明能保全眼前，智慧能着重长远；聪明是一种能力，智慧是一种境界；聪明大多得于遗传，智慧大多缘于修炼；聪明人十中有一，智慧者百人无一。

六、立身处世五原则

善于推测的人，是聪明之人；冲锋在前的人，是勇敢之人；舍身断后的人，是义气之人；断定取舍的人，是智慧之人；分配公平的人，是仁义之人。具备上述五项原则，能够成就天下大事。因此，得不到圣人之道就无法立身处世，得不到圣人之术就无法有效行动。

【翟杰横论《祛箧》篇】

《祛箧》篇向人们展示的是一种高人一筹，甚至高人两筹的超人智慧。那么这种超人的智慧是什么呢？

在《反应》篇中所举案例，《三国演义》第五十回"诸葛亮智算华容，关云长义释曹操"，就属这类智慧。

下面再以中国第一家票号，也就是现代银行的雏形——山西平遥日升昌票号金库设置为例，加以说明。

日升昌票号，自成立以来，与其他票号一样，遭到无数次窃贼偷盗，其他票号都损失惨重，唯有日升昌分文未少，无一被盗。什么原因呢？只因为日升昌老板没有像其他人那样，把金银仓库设在自认为最不被人注意的隐蔽处，而是一反常态地将金银仓库设在连盗贼都认为最不可能藏金银财宝的地方——这个地方正是每天人员往来最频繁、最公开、普通人认为最危险的交易大厅地下。

正因为日升昌老板有这样高人一筹的智慧，所以他的票号不仅没有遭到任何偷盗的损失，反而正像他的字号所写的那样：日日升（"昇"为繁体字）。这里，实际又运用了鬼谷子的反应智慧：大家都认为最保险的地方，也许是最不保险的；大家都认为最危险的地方，也许就是最保险的地方。

这样的思维不仅在经济领域受用，在军事等其他领域也会产生出其不意的效果。比如：在抗美援朝战场上，以严伟才为排长的中国人民志愿军侦察排，深入敌穴，奇袭白虎团指挥部的成功，也是运用了鬼谷子高人一筹的反应智慧。在敌人防守非常严密的情况下，他们偏偏选择了敌人防守最严密的地区作为突破点。因为他们知道，在某些情况下，往往防守最严密的地方，也许就是敌人最疏忽的地方，更是我军最容易突破的地方。结果一举端掉了白虎团的指挥部，胜利地完成了任务。

也许有人会说：这么超人的智慧，我们平常人是做不到的。那也未必，只看您是否用心学习，是否勤于开动脑筋。

话说有一个生产香皂的大型企业，买了一套劣质包装生产线设备。安装使用不久，最后一道工序出现了质量问题，经常出现包装盒内无香皂的问题，再去找生产厂家，已经破产倒闭。怎么办？

总经理花重金聘请了一位学自动化专业的博士后工程师，要求设计一套分拣空香皂盒的设备。

于是，博士后组织了一个科研攻关小组，运用了机械、微电子、自动化、X射线探测等先进技术手段，花了半年时间，耗资90万元，最后研制出高科技人工机械手，弥补了原有设备的缺陷。

再说另外一家私营小企业，也是这套设备，同样出现了相同的问题。老板发现后，找来本企业的一个小工说："你马上把这个搞定，要最简单、最快速、最省钱。"

小工想了想，马上到附近一家超市，花了190元，买了一台大功率电扇。回来后将电扇放在包装线的最后一道工序旁边猛吹，空香皂盒被轻而易举地吹走了，最终也解决了原有设备的缺陷。

这个案例给我们的启示是：卑贱与聪明并非不可逾越。正如毛泽东所说："卑贱者最聪明，高贵者最愚蠢。"正所谓：智者千虑必有一失，愚者千虑必有一得。尺有所短，寸有所长。

因此，鬼谷子在《祛箧》篇告诫我们：不要以为掌握了前十三篇谋略，就可以骄傲自大，天下无敌了；不要认为董事长什么都懂，而要认识到董事长未必什么都懂；一定要谦虚谨慎，戒骄戒躁，深刻理解"螳螂捕蝉黄雀在后"的至理名言。甚至即使懂了、会了，还要佯装不懂、不会。

因为，不懂装懂人人会，懂装不懂个个难；不懂装懂是愚昧，懂装不懂是智慧。

如果说我上面所举案例是高人一筹或高人两筹的话，那么下面的糊涂智慧，堪称为超人智慧。

话说商纣王通宵达旦饮酒作乐，欢乐到了忘记时日的程度。问左右的人是什么时间，大家都说不知道。

于是，商纣王派人去问箕子，箕子对他的侍从说："作为一国之君，让整个国家的人都忘了时日，这样天下就很危险了。一个国家的人不知道时日，唯独我知道，那么我就危险了。"

于是，他推说自己喝醉了，不知道时日。

箕子面对昏庸腐朽的商纣王，只能用醉酒、佯装糊涂来应对他。

说到糊涂智慧，最经典的还是"扬州八怪"之一的郑板桥。

这一年，郑板桥到山东莱州云峰山观摩郑公碑，晚间借宿在山下一老儒家中，老儒自称糊涂老人，言谈举止，高雅不凡，两人交谈十分投机。

老人家中有一块特大砚台，石质细腻，镂刻精美，郑板桥看了大为赞赏。老人请郑板桥留下墨宝，以便请人刻于砚台背面，郑板桥感到糊涂老人必有来历，便题写了"难得糊涂"四个大字，并盖上自己的名章"康熙秀才雍正举人乾隆进士"。砚台有方桌大小，还有很大一块空间。郑板桥也请老人题写一段跋语，老人没加推辞，随手写道："得美石难，得顽石尤难，由美石转入顽石更难。美于中，顽石外，藏野人之庐，不入富贵之门也。"写罢也盖了方印，印文是"院试第一，乡试第二，殿试第三"。

郑板桥看后，知道这是一位情操高雅的退隐官员，顿生敬仰之意。见砚台还有空隙，便又提笔补写了一段文字："聪明难，糊涂尤难，由聪明而转入糊涂更难。放一着，退一步，当下安心，非图后来报也。"

这就是郑板桥"难得糊涂"的由来，其中智慧令人深省。所谓大巧若拙，大勇若怯，天下之智，皆在一个"藏"字。与人交往，藏得巧妙，则能先发制人，出其不意，比之锋芒毕露者，不知要高明多少倍。正是：

孔子发现了糊涂，取名中庸；

老子发现了糊涂，取名无为；

庄子发现了糊涂，取名逍遥；

墨子发现了糊涂，取名非攻；

郑板桥发现糊涂，取名糊涂；

鬼谷子发现糊涂，取名谋略；

糊涂之难得，在于明白太难；

谋略之难得，在于实现太难；

有种明白叫糊涂，有种糊涂叫明白；

揣着明白装糊涂，揣着糊涂装明白。

那么，人在何时最清醒？有人总结道：

（1）天灾降临后

（2）东窗事发后

（3）大祸临头后

（4）重病缠身后

（5）遭受重挫后

（6）退休闲暇后

那么，人在何时最糊涂？又有人总结道：

（1）春风得意时

（2）来钱容易时

（3）得权专横时

（4）迷恋情爱时

（5）想占便宜时

（6）老年痴呆时

【翟杰纵横论《祛箧》】

《祛箧》篇告诉我们，要如何运用祛箧智慧：

一、不同情况，不同对待

凡事要考虑对常人或奇人都能应对的方法：对常人要以真相待，因为对方很朴实；对奇人要以实相待，因为对方很精明；对奸人要以阖相待，因为对方很阴险；对恶人要以捭相待，因为对方很害人。只有这样具有高人一筹，甚至高人两筹的智慧，我们对待任何人或事物，才能做到万无一失。

二、人外有人，天外有天

凡事不要骄傲，不能取得一点成绩就翘尾巴，妄自尊大，认为天下老子第一，谁都瞧不起。其实在大千世界里，每个人身上都有过人之处，也许没被发现，也许没有显现，也许没有机会表现，也许时机不到，深藏不露。

三、山上小树，山下大树

凡事不要认为自己高高在上，俯瞰一切。也许你只是山上的小树，根不深，枝不繁，叶不茂，只是某种机会与巧合，让你崭露头角。因此不能一叶障目，看不到山上还有大树，甚至更看不到山下的大树。

四、魔高一尺，道高一丈

这句道家用语告诫我们，凡事要战胜对方之"魔"，就要具备高于对方之"道"，也就是我们所说的超人智慧。但是超人智慧，不是轻而易举可以炼成的，必须要不断学习，不断领悟、不断进步、不断发展，具有预见性、超前性，高瞻远瞩，才能达到。

五、聪明一世，糊涂一时

凡事不要自恃聪明，掉以轻心。中国有句俗话：淹死会水的，打死犟嘴的。说的就是这种人。越是认为自己聪明，也许越容易出错；越认为自己一贯正确，越容易一时铸成大错。往往犯大错的人，都是自认为聪明的人。

【智慧案例：财神秤中藏秘籍】

话说陶朱公的哥哥与嫂嫂开了一家小店，主要以经营面食为生。但哥哥嫂嫂是贪心较重的人，在经营过程中，经常缺斤少两，买卖双方时常因分量不足而发生矛盾。

陶朱公看在眼里，急在心上。心想：一定要发明一种度量衡，让人们以此，做到买卖公平。于是，他就以天时、地利、人和为原则，以力学杠杆原理为标准，发明了中国的第一杆财神秤。

陶朱公将秤分为三个部分：

第一部分：秤盘。秤盘虽平凡，却能客观评判天地之万物。无论是重于泰山，还是轻于鸿毛，于天、于地、于物、于人，无所不称。器物大小之轻重，道德水准之高低，人生价值之多寡，人格魅力之薄厚，一秤便知。

第二部分：秤杆。秤杆融合天、地、人和之精华，镶嵌16颗星。

陶朱公仰望天空，取"北斗七星"之意，象征天时。天有北斗七星，随时间推移而位置不同，斗柄指东，天下皆春；斗柄指南，天下皆夏；斗柄指西，天下皆秋；斗柄指北，天下皆冬。北斗乃天时者也。

陶朱公再俯瞰大地，取"东西南北上下"六个方位之意，象征地利。地分六个方位，"东西南北"四个方向，象征地域、风水、交通、物力等条件，"上"寓意崇高的商业追求，"下"寓意商人必须恪守的商道底线。

陶朱公再洞观人伦，取"福禄寿"之意，象征人和！中华商道的精髓就是"舍得"二字，多给予多集福禄寿，缺道德失去福禄寿。人一生勤勉，为的乃是福寿禄三者。福，五福临门；禄，高官厚禄；寿，长命百岁。如是，所称物愈重，善行愈多，时时和气生财，则福寿禄愈高。反之，所称物愈轻，恶行愈多，处处损人利己，则福寿禄愈低。正如圣人曰：天时不如地利，地利不如人和。

这样，将天时北斗七星、地利六星、人和三星，固定在秤杆上，加起来正好十六颗星。这正是中国老秤十六两为一斤的来历。我们常说的"半斤八两"，指的就是老秤的半斤。现在，为了与国际接轨，我国的重量单位已经改为了十两为一斤。但是，陶朱公财神秤的文化内涵和经商之道，我们要永远发扬光大。

第三部分：秤砣。秤砣虽小，却能四两拨千斤。西方商业的衡器乃天平，追求对称平衡，四平八稳，一分砝码对应一分物品。而中国之秤借力学杠杆原理，能够以一当百，因而我们的商业文化中常有以小搏大、以弱胜强的经典，充分体现出东方文明的精妙智慧。

这三部分，每一部分都有深邃的内涵。欲成大事者，此三者缺一不可，三者不得，虽胜有殃。

陶朱公精心制作这杆秤后，便把秤交给了哥哥嫂嫂，并说："今后就以这杆秤作为标准，足斤足两，买卖公平，不会再发生买卖双方的矛盾了。"

陶朱公的一番好意，让哥哥嫂嫂好不欢喜。夫妻俩躲在家中打起了小算盘：太好了！以前我们少给顾客多少，多赚了多少钱，心里没数，弟弟的这杆秤帮了我们的大忙，这样就可以算出我们少给顾客多少，我们多赚了多少。

陶朱公哪里想到，本来是让哥哥嫂嫂公平交易的公平秤，却成了贪婪之人的赚钱工具。这就是智慧的双重性，好人掌握了智慧，会做很多好事；坏人掌握了智慧，会做很多坏事。这其中所蕴含的就是商业道德。因此，不能单纯地说，能赚钱的全是英雄，不能赚钱的全是狗熊。

一个月过后，陶朱公的哥哥嫂嫂一结账，算出了多赚的昧心钱的数量，非常高兴，兴高采烈地来到陶朱公面前，捧上一把银两说："弟弟，这是给你的，是你给了我们这杆发财秤，才让我们多赚了很多钱，以此为谢！"

陶朱公不解地问："多赚是什么意思？"

这时哥哥马上接过话茬儿："我们以前也知道少给顾客一点，但是少给顾客多少，我们没有一定的标准。自从有了你给我们的发财秤，我们每次都少给顾客二两，这回多赚多少，我们心里有数了，给你的这些银两，就是我们多赚的一部分钱。"

"哎呀！"陶朱公听到这里恍然大悟：我制作这杆秤，明明是为了让哥哥嫂嫂不再缺斤少两，买卖公平，没想到他们反其意而用之，成了他们多赚顾客不义之财的工具，这真是没想到呀！于是陶朱公厉声呵斥道："哥哥嫂嫂，你们这样做，完全违背了我的初衷。你们知道这杆秤的内涵吗？你们就不怕折寿吗？"

哥哥嫂嫂听到这里满心狐疑。

陶朱公接着说："这杆秤十六颗星的内涵是天时七星、地利六星、人和福禄寿三星。你们少给顾客一两，就少了一分福；少给顾客二两，就少了一份禄；少给顾客三两，就福禄寿全无；你们少给顾客六两，就没了地利；你们少给顾客七两，就没了天时；你们就会天打五雷轰，不得好报应。"

陶朱公的这番话，可把哥哥嫂嫂吓了一大跳，他们心想：我们辛辛苦苦地挣钱，就是为了在天地之间，有一方平安幸福，如像弟弟所说，那我们赚钱还有什么意义呢？于是哥哥嫂嫂马上低头认错，保证今后一定足斤足两，再也不敢缺斤少两了。

从此之后，哥哥嫂嫂确实做到了足斤足两，再没有发生缺斤少两的现象。

但是，陶朱公还是不放心，以前少给顾客的怎么办？怎么才能给顾客补回来？足斤足两是买卖的最低标准，还有更高的标准吗？怎样实现更高的标准？这一系列的问号，在陶朱公的脑海里转个不停。

★智慧测试题：如果你是陶朱公，你将如何处理这个问题？

特别提示：请先不要着急阅读下一页的答案，开动自己的大脑，设想几套方案，来测试一下自己的智慧。

然后再将自己的方案与陶朱公的方法对照比较，孰高孰低，以便继续努力。

★智慧测试答案

终于有一天，陶朱公找到了答案。于是，他又偷偷地制作了一杆秤，表面上与前一杆秤一模一样，但是其中却暗藏玄机，这个玄机也是商道中的一个秘籍，这杆秤每一斤都多二两，也就是秤杆上看是一斤，而实际上是一斤二两，也就是多给顾客二两。于是，陶朱公在夜静更深之时，趁哥哥嫂嫂不注意，神不知鬼不觉，将这杆新秤与那杆老秤来了个"偷梁换秤"。

于是，奇迹发生了。这一年来，哥哥嫂嫂的生意越来越好，顾客越来越多，顾客的表情也越来越亲切，再没有发生买卖双方的争吵，而且每每顾客临走，都要说声："谢谢！"这让哥哥嫂嫂整天乐此不疲，享受着经商的乐趣。一年下来，赚得个钵满盆满。

陶朱公看在眼里，喜在心上。这一天陶朱公把哥哥嫂嫂叫来问道："哥哥嫂嫂，经过一年的经营，生意这么好，介绍一下你们的经营之道吧。"

哥哥嫂嫂齐声说："是弟弟告诫我们要诚实经营、买卖公平，我们是按照弟弟的告诫，才有今天的生意兴隆。"

陶朱公听罢笑着说："你们只说出了经商的最低原则。你们之所以有今天的收益，这杆秤才是你们真正的经商之道呀！"

陶朱公说完这番话，哥哥嫂嫂马上把那杆新秤拿来，上下左右仔细端详，看来看去什么也没有发现，说道："这杆秤没有什么特别呀！我们也没看出这杆秤有什么经商之道呀！弟弟你说来看看。"

陶朱公接过哥哥嫂嫂的这杆新秤说："这杆秤在你们手中，已经完成了经商之道的三个道。第一，它把欠债还清了；第二，它买卖并不公平；第三，它并没有足斤足两。"

哥哥嫂嫂听到这儿，疑惑的眼睛瞪得大大的，惊愕地张着嘴，只等陶朱公指点这杆秤经商之道的迷津。陶朱公不紧不慢地拿着新秤说："第一，这杆秤把你们以往的欠债还清了，是因为你们在经营中，每一斤都多给顾客二两，把你们以往少给顾客的二两补回给顾客了；第二，你们使用的这杆秤，买卖并不公平，是因为这杆秤不是标准的公平秤；第三，你们使用的这杆秤，并没有做到足斤足两，而是超斤超两。所以你们的生意才越来越好，顾客越来越多。"

陶朱公说完这番话，哥哥嫂嫂简直就是一头雾水，丈二和尚摸不着头脑。看着哥哥嫂嫂的疑惑表情，陶朱公这时才拿出了那杆标准秤。

看见弟弟又拿出一杆一模一样的秤，哥哥嫂嫂更加疑惑了。

这时陶朱公才一语道破其中的玄机，说道："因为你们在经营中，每一斤都多给客户二两。"

哥哥嫂嫂更加疑惑了，心想：我们不克扣就已经不错了，每斤还要多给顾客二两，这赔本的买卖我们怎么可能做呢？

陶朱公随即将这一老一新的两杆秤，分别交给哥哥嫂嫂说："你们各自称一秤便知其中奥妙。"

哥嫂二人一称，果然一个是一斤，一个是一斤二两。

得出结果后，陶朱公揭秘说："你们后来用的秤，是我特制的，每斤都多二两，一来将不义所得的二两还给顾客，二来在自己应得利益中，再多让出二两给顾客，正是这不公平的秤，这不公平的买卖，才赢得了更多的顾客，才让你们的生意越来越兴隆。这就是经商的秘籍所在，也是这杆发财秤之所以能够发财的原因。"

说到这里，陶朱公哈哈大笑起来。哥哥嫂嫂此时也如醍醐灌顶，会心地笑了。

这时陶朱公的哥哥嫂嫂才真正地认识到：小小一杆财神秤，称的是天地万物，验的是天地良心；称的是商品重量，验的是商人度量。

亲爱的读者，你的答案是什么呢？你从中悟到了什么呢？你的答案你自己满意吗？你还有更好的计策吗？

从另一个角度讲，在运用"祛篋"智慧时，对方或许也在运用"祛篋"智慧。你想高对方一筹，对方也想高你一筹；你只能再高一筹，才能做到高人两筹或更多。最后就看谁能做到比对方高！

但是，彼此在争谁最高的时候，千万别忘了还有另一种更高的高，那就是低！正所谓：物极必反。通过低，来证明自己更高，那才是真正的高！

具体怎么低？只要你通读《鬼谷子》各篇内容，并认真分析研究，或请专家指点，你就会产生无数办法。

专家，就是给你指点迷津的人。现在专家太多，很难分清真假虚实，有些人也为此上当受骗，付出惨痛的代价，这说明"专家"比你的道行深。

于是，有些人便以受害者的心理对待别人。有一天，遇到了真的专家，便以报复或为利心理，对真正的专家施以所谓的"智慧"。专家把知识、智慧甚至利益，真诚地给了他；他反倒利用这些资本"回报"专家。于是，出现了"老师教学生，学生算计老师"的反骨现象。这样的事件，也曾在我身边频频发生。当学生得手后，以为老师不知道，还暗自欢喜，古人说得对呀！教会徒弟，饿死师傅。我把老师给"涮"了，老师还蒙在鼓里，我比老师高呀！

奉劝别高兴得太早！也许事情并非如此。正如前面所讲，老师通过你的言行，早已掌握你的用意，只是老师还有一套看家本领，叫做难得糊涂，叫做懂装不懂。

当然你更看不懂！

也许老师给你的那点利益，叫做投石问路，叫做小老鼠。而问过了路，放出了小老鼠，那个"大木锨"，你却永远没有机会看到！更别想得到了！

这时，你还要特别注意：千万不要越过老师的心理底线！如果越过了，老师一出手，那可非同一般。也许你将面对灭顶之灾！

在此，不能用"因小失大"来说明这些问题，只能用"咎由自取"来作为总结。这就叫多行不义必自毙！

这正是：

醉花阴·祛箧

稀世珍宝价连城，
秘藏深闺中。
天地难探寻，
悄无轻声，
堪绝顶聪明。

大盗临门喜相逢，
唯恐锁不定。
暗笑聪明者，
如此聪明，
丧了卿卿命。

欲知后事如何

且听下回分解

胥力浦山水画作品《俚岛人家》

下 卷

《本经阴符七篇》《持枢》《中经》

《本经阴符七篇》阐述的是如何修身养性、决策转圆、趋吉避凶等。

《持枢》阐述的是君主治国要遵循自然规律，顺应民意，才能国泰民安，基业永固。

《中经》阐述的是立身处世、争取人心的五种方法。

世间一切事物，人是最宝贵的，健康的身体，良好的精神状态和工作状态，是完成大业的必备条件。《鬼谷子》下卷，重点阐述的就是修身养性的秘籍。

这些秘籍是运用鬼谷子智慧的基础和保障，如果没有这些基础和保障，任何谋略都是不能成功的。

第十五回　修身养性蓄势待发　进退自如轻取天下

【本经阴符七篇】

　　《本经阴符七篇》，从具体内容和思想来说，这七个部分注重的是人在内修涵养方面所需要的素质。与侧重技巧的前十四篇相比，看似有明显区别和侧重点，它阐述的是如何修身养性、决策转圆、趋吉避凶等关于修身、修体、修心、修神等方面的养生修为之要领。但是，它与人的智慧修炼及运用息息相关，是智慧基础之基础；既是前十四篇的根源，更是对《符言》篇的进一步深入挖掘。简言之就是修心的智慧。

【《本经阴符七篇》原文】

本经阴符七篇　　第十五

盛神法五龙。盛神中有五气，神为之长，心为之舍，德为之大。养神之所，归诸道。道者，天地之始，一其纪也。物之所造，天之所生，包宏无形化气，先天地而成。莫见其形，莫知其名，谓之神灵。故道者，神明之源，一其化端。是以德养五气，心能得一，乃有其术。术者，心气之道，所由舍者，神乃为之使。九窍十二舍者，气之门户，心之总摄也。生受之天，谓之真人。真人者，与天为一。而知之者，内修炼而知之，谓之圣人。圣人者，以类知之。故人与生一，出于化物。知类在窍，有所疑惑，通于心术。心无其术，术必有不通。其通也，五气得养，务在舍神，此之谓化。

化有五气者，志也、思也、神也、德也，神其一长也。静和者养气，养气得其和，四者不衰，四边威势，无不为，存而舍之，是谓神化归于身，谓之真人。真人者，同天而合道，执一而养产万类，怀天心，施德养，无为以包志虑、思意，而行威势者也。士者，通达之，神盛乃能养志。

养志法灵龟。养志者，心气之思不达也。有所欲，志存而思之。志者，欲之使也。欲多则心散，心散则志衰，志衰财思不达也。故心气一则欲不惶，欲不惶则志意不衰，志意不衰则思理达矣。理达则和通，和通则乱气不烦于胸中。故内以养志，外以知人，养志则心通矣，知人则分职明矣。将欲用之于人，必先知其养气志，知人气盛衰，而养其气志，察其所安，以知其所能。志不养，则心气不固。心气不固，则思虑不达。思虑不达，则志意不实。志意不实，则应对不猛。应对不猛，则志失而心气虚。志失而心气虚，则丧其神矣。神丧，则仿佛。仿佛，则参会不一。养志之始，务在安己。己安，则志意实坚。志意实坚，则威势不分，神明常固守，乃能分之。

实意法螣蛇。实意者，气之虑也。心欲安静，思欲深远。心安静则神明荣，思深远则计谋成；神明荣则志不可乱，计谋成则功不可间。意虑定则心遂安，则其所行不错，神者得则凝。识气寄，奸邪得而倚之，诈谋得而惑之，言无由心矣。

故信心术，守真一而不化，待人意虑之交会，听之候之也。计谋者，存亡枢机。

虑不会，则听不审矣，候之不得，计谋失矣。则意无所信，虚而无实。故计谋之虑，务在实意。实意必从心术始。无为而求安静，五脏和通六腑，精神魂魄固守不动，乃能内视、反听、定志，思之太虚，待神往来。以观天地开辟，知万物所造化，见阴阳之终始，原人事之政理。不出户而知天下，不窥牖而见天道。不见而命，不行而至。是谓道，知以通神明，应于无方而神宿矣。

分威法伏熊。分威者，神之覆也。故静固志意，神归其舍，则威覆盛矣。威覆盛，则内实坚。内实坚，则莫当。莫当，则能以分人之威而动其势，如其天。以实取虚，以有取无，若以镒称铢。故动者必随，唱者必和，挠其一指，观其馀次，动变见形，无能间者。审于唱和，以间见间，动变明而威可分。将欲动变，必先养志以视间。知其固实者，自养也。让己者，养人也。故神存兵亡，乃为知形势。

散势法鸷鸟。散势者，神之使也。用之，必循间而动。威肃内盛，推间而行之，则势散。

夫散势者，心虚志溢。意衰威失，精神不专，其言外而多变。故观其志意为度数，乃以揣说图事，尽圆方，齐短长，无间则不散势，散势者待间而动，动势分矣。故善思间者，必内精五气，外视虚实。动而不失分散之实。动，则随其志意，知其计谋。势者，利害之决，权变之威。势败者，不以神肃察也。

转圆法猛兽。转圆者，无穷之计。无穷者，必有圣人之心，以原不测之智，以不测之智而通心术。而神道混沌为一，以变论万类，说义无穷。智略计谋，各有形容。或圆或方，或阴或阳，或吉或凶。事类不同。故圣人怀此之用，转圆而求其合。故兴造化者为始，动作无不包大道，以观神明之域。天地无极，人事无穷，各以成其类。见其计谋，必知其吉凶成败之所终也。转圆者，或转而吉，或转而凶，圣人以道，先知存亡。乃知转圆而从方。圆者，所以合语。方者，所以错事。转化者，所以观计谋。接物者，所以观进退之意。皆见其会，乃为要结，以接其说也。

损兑法灵蓍。损兑者，机危之决也。事有适然，物有成败，机危之动，不可不察。故圣人以无为待有德，言察辞，合于事。兑者，知之也；损者，行之也。损之说之，物有不可者，圣人不为辞也。故智者不以言失人之言，故辞不烦而心不虚，志不乱而意不邪。当其难易而后为之谋，自然之道以为实。圆者不行，方者不止，是谓大功。兑之损之，皆为之辞。用分威散势之权，以见其兑威。其机危，乃为之决。

故善损兑者，譬若决水于千仞之堤，转圆石于万仞之谿。而能行此者，形势不得不然也。

【翟杰纵论《本经阴符七篇》】

《本经阴符七篇》从具体内容和思想来说，这七个部分注重的是人在内修涵养方面所需要的素质。与侧重技巧的前十四篇相比，看似有明显的区别和侧重点，它阐述的是如何修身养性、决策转圆、趋吉避凶等关于修身、修体、修心、修神等方面的养生修为之要领。但是，他与人的智慧修炼及运用息息相关，是智慧的基础之基础；既是前十四篇的根源，更是对《符言》篇的进一步深入挖掘。简言之就是修心的智慧。

《本经阴符七篇》，顾名思义，分为七个部分，依次为：

（1）盛神法五龙；

（2）养志法灵龟；

（3）实意法螣蛇；

（4）分威法伏熊；

（5）散势法鸷鸟；

（6）转圆法猛兽；

（7）损兑法灵蓍。

上述内容，对鬼谷子的弟子——茅蒙的养生术有研究的人，一看便知这七篇内容，正是茅蒙创立"五禽戏"养生术的来源和基础。

前面的《盛神》《养志》《实意》三篇，旨在说明，如何充实意志，涵养精神，讲的是内养项目。

《盛神》主张合道炼神，保持旺盛的神气，使身体健壮、精神饱满。

《养志》主张专一做事，少些欲望，从而保持灵活多变、通达事理的头脑。

《实意》主张要获取更多的知识充实自己，从而保持思维清晰、心性通明。

后面的《分威》《散势》《转圆》《损兑》四篇，旨在说明：人要懂得进退、急缓、应变的哲学。讲的是外练项目。

《分威》《散势》主要是说人要明白进退之理，当进则进，当退则退，变通地把握策略与方法。

《转圆》训练的是谋略的速度。要洞察了解事物的原委，以求使用相应的策略去解决问题。

《损兑》训练的是变换言辞的速度，把握事物的发展变化和不同的发展阶段，灵活及时地选择或变换游说言辞。

如能做好这七点，便可以成为一个进退自如、来去自愿的人。

纵论《本经阴符七篇》主要智慧点：

（1）盛神法五龙。

要保持旺盛的神气，精神饱满，就要效法合道练神天地开通的五龙。就要效法五行中的龙仙。龙仙是我国古代人们通过美好想象勾画出来的一种神形动物，以寄托人类战胜一切的意愿。

旺盛的精神中包含：神、魂、魄、精、志五气，神气居于首位。心灵是五气所居的地方：心神、心魂、心魄、心精、心志。五气的统领是神气，人的神气充盈才能使人心安静、安详、安然、安全。因为，心是居住在五气之中的。

德是为人的根本，养神的途径，归于道。德行善良则心境平和，德行恶劣则心神不定，这就是一个人心境的规律。

品德是精神在人身上的表现。例如"患"字，从串、从心，也就是操心、担心、烦心、忧心一连串的心神不宁，就容易生疾患。再如"炎"字，"火"上加"火"，也就是上火、心火、肝火、胃火，等等，导致发"炎"。

道的含义：凡属培养精神的方法，都归于"道"。所谓道，就是天地的本源，是天地的纲纪。创造万物的地方，就是天产生的地方。

化育万物的气，在天地之前就形成了，可是没有人见过它的形状，也没有人知道它的名称。于是称之为"神灵"。所以说，道是神明的源泉，而"一"是变化的开端。

术的含义：品德可养五气，心能总揽五气，于是产生了"术"。

"术"是心气的通道，是魂魄的使者。人体上的九个孔和十二舍，是气进出人体的门户，心是它们的总管。

化的含义：人之所以能知晓事物，主要是有九个可以接受事物的"窍"。如果对事物有所疑惑，就要采取一定的方法去排除，如果仍然不通，就是方法不当，没抓住"内楗"，更无从谈"抵巇"。当九窍畅通之时，五气就会得到滋养，滋养五气就要使精气住下，这就是所说的"化"。

所谓化，必须有五气，主要是指志、思、神、心、德。其中"神"是五气的总帅。如果宁静、祥和就能养气，养气就能得到祥和。这几个方面都不衰弱，周围就构不成威胁，对这种情况可以用"无为"处之。把五气寓于自身，就是所谓神化，当这种神化归于自身时，就称为真人。

真人与圣人的含义：真人，就是从上天得到生命的人。他把自身与自然融为一体，与大道完全符合，以大自然的胸怀，广施善德，滋养五气，坚守无为法则，化育万物，包容智虑、思意，施展神威。

士人如能心术通达，心神盛大，就能修养心志，而成为圣人。明白道术的人，是通过内心修炼实现的，他与万物一起生成，明白一切道理，更不畏惧任何困难。正如古人所说：平生不做亏心事，夜半不怕鬼叫门。

（2）养志法灵龟。

要培养人的心智，滋养意志，就要效法长寿通灵的神龟。就是要专一做事，少些欲望，从而保持灵活多变、通达事理的头脑。人有了欲望，就要存于心中去思想，心志就会被欲望所驱使。欲望多则心气散；心气散，志气就会衰弱；志气衰弱，思想就不能通达。要养好心智，就要心无旁骛，专心致志。反言之：心气专一，欲望就会减少；意志不消沉，思想就会通达；思想通达，就会和顺畅通；和顺畅通，乱气就不会淤积胸中。

所以，对内要培养心志，对外要了解他人。养志就会心气通畅，知人就会责任明确。如用来考察人，要先了解他的养志功夫，知道他五气的盛衰；然后培养其五气和心志，考察其安详程度，以了解他的才能。既要养自身之气，让心气稳定泰然；又要查他人心气，知人善用。

心志不培养，就不能得到巩固；心气不巩固，思虑就不通达；思虑不通达，意志就不坚实；意志不坚实，应对就不果断；应对不果断，就易丧失心志，心气就会虚弱；丧失心志，心气又虚弱，神气也会随之丧失；神气丧失，就会恍惚不精明；意志恍惚不精明，志、心、神三气交会就不纯一。

养志的开始，务必安定自身；安定自身，才会意志坚定、威势不散。神明才能固守。这样就可凝聚自身的威势，分散对手的威胁。

（3）实意法螣蛇。

要具有坚定意志，充实思虑，就要效法委曲屈身的螣蛇。坚定意志就是要在五气和思想上下功夫，心情要安详宁静，思虑要周到深远；只要心情安详宁静，精神就会愉快；只有思虑深远，计谋才能成功；精神愉快，心志就不会紊乱；计谋成功，功业就不可抹杀；意志和思虑安定，心情就能安详；语言行为没有差错，精神就能宁静。

如果胆识和心气都是暂时寄住，那么奸邪就会乘虚而入，诈谋也会乘机施展，讲出的话也不是经过用心考虑的，是不完善的。

所以，要坚信通达心灵的方法，信守纯真始终不变，静静地等待意志和思虑的交汇，期待这一时机的到来。

计谋是国家存亡的关键，思虑不与意志交会，所听到的事就不详明。即使等候，时机也不会到来，计谋也就失去了作用，意志也就无所依赖，计谋也就成了虚而不实的东西。

所以，思虑计谋时，务必让内心做到意志坚强，心气宁静。安静五脏，畅通六腑，使精神、魂魄固守纯真，不为外界所动。

这样就可以对内自我省察，对外听取消息；凝神定志，神游太虚幻境，等待时机与神仙往来，观察开天辟地的规律，了解自然界万物演变的过程，揭示阴阳变化的规律，探索人世间治国安邦的道理。

这样，人不出门就可以知晓天下大事；不开窗就可以看见天之大道。没看见民众就可以发出命令，没推行政令就可以天下大治，这就是所谓的"道"，也正是"秀才不出门，便知天下事""运筹帷幄之中，决胜千里之外"的境界。

（4）分威法伏熊。

要出师有名，处事有力，就要效法先伏后击的伏熊。所谓分威，就是把威风一部分掩蔽起来。要平心静气地坚持志向，使精神归于心舍，威风就会因为阻碍而更加强劲。威风因隐伏而强劲，内心就更坚定有底；内心坚定，就会所向无敌；所向无敌，就可用分布隐伏威风来壮大气势，使其像天一样壮阔。以实取虚，以有取无，就像用镒称珠一样轻而易举。

因此，只要行动，就会有人跟随；只要呐喊，就会有人附和；只要屈起一个指头，就可以观察其余各指；只要能见到各指活动的情形，就说明外人无法离间；如果通晓唱和的道理，就可用离间法加大他人的裂痕；如果审察透彻，就可使他人弱点暴露出来。这样行动就不会盲目，威势也可以分散一些。

有所行动必须先修养心志，并把意图隐蔽起来，暗中观察对方的漏洞，这就是《抵巇》篇的内容。凡是懂得坚持自己意志的人，就是能自我养气的人；凡是知道谦让的人，就是能替人养气的人。因此，要设法让精神的交往发展下去，让武力争斗得以化解，这才是真正的目的。

（5）散势法鸷鸟。

要巧妙散发威势，舒展气势，就要效法凶猛敏捷的鸷鸟。散开气势由精神支配，实行时必须沿着缝隙运行，才能威风壮大、内力强盛。散开气势的人，能包容一切，决定一切。但是意念一旦丧失威势，精神就会陷于涣散，言语就会外露无常。

为此，要考察对方意志的度数，以便用"揣摩"来图谋大事；比较方圆，衡量长短；如果没有缝隙，也就是"无巇可抵"，就不要分散气势。

向外散发力量时，首先要积蓄内在的心气和意志，然后找准时机，找好方向，找到切入点，也就是"内楗"；然后再分布好自己的力量，适时出击，这样才能达致成功。换句话就是：凡事要量力而行。

（6）转圆法猛兽。

要使智慧像转动的圆一样没有穷尽，就要效法灵活应变威力无穷的猛兽。所谓转圆，是一种变化无穷的计谋。转圆训练的是谋略的速度，要洞察了解事物的原委，以求使用相符的策略去解决问题，并把握事物之间共性与个性的区别与联系，从中总结经验、归纳原则，然后按其内在规律办事，以提高决策的能力和效率。

要有无穷的计谋，必须有圣人的胸怀，以施展深不可测的智慧；有了这种智慧就可以有效地进行心理沟通，哪怕在神明与天道混为一体之时，也可以推测出事物变化的道理，也可以解释宇宙无穷无尽的奥秘。

不论是智慧韬略还是奇计良谋，都有各自的形式和内容。或是圆略，或是方略，有阴谋、有阳谋、有吉智、有凶智，都因事物的不同而不同。圣人凭借这些智谋的运用，转圆变化，求得术与道相合。

转圆有不同的结果：有的转而成吉，有的转而成凶。圣人通达事理，能够转圆成方，转凶成吉。圆是变化无穷的，方是确立四方求得安定。转化，是为了观察计谋的优劣；接物，是为了观察事物的进退原则。圆的计谋不擅自运行，方的计谋不随意停止，这就叫做"大功"。它告诉我们：在制订计划、谋划方案时，要以长远的眼光、博大的胸怀、灵活的应变，使自己达到预期的效果。

（7）损兑法灵蓍。

要预测事物的损益，就要效法知晓得失预知祸福的蓍草。损兑训练的是变换言辞的速度。把握事物的发展变化和不同的发展阶段，灵活及时地选择或变换游说言辞，就能更有效、更迅速地达到目的。这就要求游说者有丰富的知识和较强的观察力，以及随机应变的能力。

所谓损兑，就是损益，是指对危险的判断依据。凡事都有偶然，凡物都有成败。危险的征兆，不可不认真观察。损，就是实施行动。益，就是了解对象。聪明人决不会因为自己能言善辩就抛弃他人的观点。要做到言词不烦琐，内心不虚伪，心志不迷乱，思虑无邪念。

当事物遇到难易的关键时刻，就要进行谋划，以事物发展的自然之道作为内容。对方用圆的计谋，令其不能实行；对方用方的计谋，令其不能停止。这就称为大的成就。用分威、散势中的权变方法，使其危机暴露，而后抓住机会，处理事务。此篇与《量权》《转丸》篇结合，其威力更大。

随机应变有三种形态：

第一种：思维应变；

第二种：语言应变；

第三种：行为应变。

一个人无论能够做到哪一种应变，都可称之为智者。思维应变快的人，思维敏捷；语言应变快的人，先声夺人；行为应变快的人，抢占先机。能做到这三点，就能在变幻莫测的社会中，无往而不胜。

所以说，善于损兑的人，就像在千仞大堤上决口放水一样，一泻千里；又好像在万丈高山上向下滚动圆石一样，势不可挡。

【翟杰横论《本经阴符七篇》】

《本经阴符七篇》重点阐述了养心、养志、养气、养威、养德、养变、养言七个方面的修炼。有了这七个方面的修炼，在运用上述十四篇的谋略和智慧时，才能达到五龙、灵龟、螣蛇、伏熊、鸷鸟、猛兽、灵蓍的境界；如果没有这七个方面的修炼，在运用上述十四篇的谋略和智慧时，就可能出现力不从心，为富不仁，损人利己，阴谋诡计的现象。这也正是为什么我在每次讲课时特别强调"黑五类"之人性，不适合听鬼谷子课程，也根本掌握不了鬼谷子真正智慧的原因。即使"黑五类"进入我的课堂，如果我发现，也会把他"请"出去。

我所说的"黑五类"：

第一类，心术不正者；

第二类，胸无大志者；

第三类，不思进取者；

第四类，墨守成规者；

第五类，悟性低下者。

鬼谷子养心经可归纳为：常运动以健心，多静省以收心，戒酒色以清心，去物欲以养心，诵古训以警心，悟至理以明心，勿赊欠以安心，厉行善以爱心，贵知足以悦心，惜友情以暖心。

在此基础上，心小了，小事就大了；心大了，大事就小了；大其心，容天下之物；虚其心，爱天下之善；平其心，论天下之事；定其心，应天下之变。

鬼谷子养志经可归纳为：能走多远，靠的不是双脚，是志向；鸿鹄志在苍宇，燕雀心系檐下。能登多高，靠的不是身躯，是意志；强者越挫越勇，弱者逢败弥伤。能做什么，靠的不是双手，是智慧；勤劳砥砺品性，思想创造未来。能看多远，靠的不是双眼，是胸怀；胸中装世界，世界才容你。能说什么，靠的不是嘴巴，是头脑；幽默欢笑天下，应变改变世界。

鬼谷子养气经可归纳为：多读书以养才气，慎言行以养清气，重情义以养人气，能忍辱以养志气，温处事以养和气，讲责任以养贤气，系苍生以养底气，淡名利以养正气，不媚俗以养骨气，敢作为以养浩气，真实干以养锐气，讲宽容以养大气。

鬼谷子养威经可归纳为：逆境时，抬头是一种勇气和信心；顺境时，低头是一种冷静和低调；位卑时，抬头是一种骨气和动力；位高时，低头是一种谦卑和含蓄；做人，要有昂首挺胸的勇气；做事，要有肯于低头的大气。

鬼谷子养德经可归纳为：中正于心，喜悦平和，无忧无虑；中庸于事，收放自如，不偏不倚；中和于人，轻松简约，和谐自然；中淡于财，物化随形，随心所欲。

鬼谷子养变经可归纳为：天下难事，寻求简易；天下大事，必做精细；天下急事，静能制动，缓能制急；天下要事，驾轻就熟，力擎千钧。

鬼谷子养言经可归纳为：口开神气散，口闭全是金；开口就杀人，杀人不见血，杀尽天下妖魔；开口就烦人，烦恼无根生，烦尽天下佞人；开口就服人，为人民服务，扬尽天下好事；开口就乐人，欢乐撒人间，播尽天下幸福。

【翟杰纵横论《本经阴符七篇》】

《本经阴符七篇》告诉我们，要如此运用本篇智慧：

一要合道练神，就要像天地开通的五龙一样。养精蓄锐，保持旺盛神气，使身体健壮、精神饱满。

二要滋养意志，就要像长寿通灵的神龟一样。做事专一，少些欲望，保持灵活多变、通达事理的头脑。

三要充实思虑，就要像委曲屈身的螣蛇一样。丰富知识，保持思维清晰，心性通明，使谋略大获成功。

四要分散威势，就要像先伏后击的伏熊一样。把部分威风隐藏起来，进退自如，使精神归于心舍，威风会更加强劲。

五要发散威势，就要像凶猛敏捷的鸷鸟一样。内力强盛，散开气势，洞察一切根源，用相符策略提高决策效率。

六要灵活应变，就要像威力无穷的猛兽一样。洞察了解事物的原委，加强谋略的速度，提高决策能力和效率。

七要知晓得失，就要像预知祸福的蓍草一样。把握事物的不同发展阶段和发展变化，灵活及时地选择变换游说言辞，提升随机应变的能力。

【智慧案例：完币归陈说亚运】

1998 年泰国曼谷亚运会，我的一个朋友陈某，认为这是一个赚钱的好机会，于是想方设法预订了 100 张开幕式门票，价格是每张 300 美元。当时美元兑换人民币国家挂牌价是 1:8.7，那时外汇交易还没有放开，这个价格，市场上是根本换不到的；民间的黑市价格是 1:10 左右，也不是容易换到的。那就是说，一张票的价格，相当于人民币 2600 ~ 3000 元。这在 18 年前来说，可算是超高价了。面对这样的外汇市场价格和诱人的亚运会开幕式观赏，加上刚刚开放的旅游市场，又与沈阳电台这家颇具实力的媒体联营，有强势的广告宣传，等等。陈某认为：这个旅游兼体育文化的生意，观念超前，项目新颖，并能够预订到开幕式的门票，又有新闻媒体的助力，一定会大发一笔洋财。于是，全款交上了预订金，便开始了销售行动。

果然不出所料，一提起这个项目，很多人都表示了极大的兴趣，纷纷表示愿意参加。可是一旦到了付款的关键时刻，问题出现了，因为那个年代，出国观赏体育运动会，还是个新鲜事儿，人们既有热情，又非常谨慎，而且都知道，泰国是全球制造假证件、假票据最猖獗的地区。所以，凡是购买者，都要求一手钱、一手票，一次交易成功，生怕上当受骗，买到假票。可是，泰国亚运会组委会，也是因为这个原因，制定了特别的保护措施，以防出现假票而扰乱正常秩序，采取了高科技的制票技术和非常严格的售票规则。根据泰国警方了解，制造假票团伙的技术设备非常先进，即使是使用最高端科技的磁卡票券，对于他们来说，也只需要一周便可制出与真票一模一样、畅通无阻的假票。最后，经过组委会研究决定：泰国亚运会门票，特别是开幕式最热门的入场券，只能在开幕式前一周发出。

这样一来，门票的防假问题解决了，可是我们的难题却严峻起来了，提前一周发票，从泰国到中国，即使加急邮寄，最快也要三天时间。可是，对于购票者来说，没见到票不能付款，更不能办理护照和签证手续，等门票到了，还有三天时间，一切手续都来不及办了。于是，本来计划得很好、市场前景很热的生意，就这样遭到了致命的打击。最后能够成行的游客，只有十几个人。此刻，我们手上剩下的86张轻如鸿毛的泰国亚运会开幕式门票，犹如泰山上一块块千斤巨石，沉甸甸地压在我们每个人的心上。怎么办？只有三天时间，别说是万里之遥的国外，就是守家在地的沈阳，此时此刻，想销售出这价格不菲的86张门票，也不是一件容易的事。

面对如此严峻的窘境，大家你看看我，我看看你，面面相觑，全都没了主意，一个个沮丧着脸，低下了头，一言不发。最后，还是陈某做出了大胆的决策："翟杰，只能你亲自出马了。既要把这14位游客带好，还要把这86张票卖出去。"

我深知，这么艰巨的任务交给我，一方面是对我的信任，一方面也是没有任何办法了。因为这个项目，到了今天这种境地，完全没有盈利的可能，并且会血本无归。更关键的是，我接受了这个任务，这个项目的一切责任都负于我一人之身了，还有一个需要验证的问题就是，我手上的这些门票，不到泰国也不知是真是假。此刻，按我为人处世的原则，既不能推脱，又不能夸下海口，只提出了一个问题："能接受的损失是多少？"

陈某想了想回答说："如果一张票没卖，我也接受；如果能卖的话，能卖三折我就烧高香了。三折以上的收入，全归你作为奖励。"

有了这番话，我的压力似乎减轻了一些。于是，我便在当天晚上启程前往泰国亚运会开幕式举办地——曼谷。

到了曼谷之后，住在一个事先联系好的朋友家中，这位朋友一家人给了我很多帮助，到如今，已经18年过去了，每当想起这件事，我还是心生感激。对于这个项目，他们也是陌生的，没有能力给予我实质性的帮助，只是每天用车把我送到亚运会售票中心，晚上再把我接回来，仅此而已。

再说，我只身一人到泰国，路，完全不熟；人，只认识这一家三口；泰语只会一句"水晶晶"，意思是漂亮、美丽；英语只会四个单词："您好""中国""谢谢""再见"。就凭这些，在异国他乡，在三天之内，要卖掉86张门票，谈何容易？然而，到了泰国亚运会售票中心，我才知道难度不仅这些，更让我不寒而栗的是：泰国为了打击票贩子，在每个售票点，都实行了军事管制。我所在的售票中心，共有20多个售票口，每个售票口都有两个头戴钢盔、身穿迷彩防弹衣、荷枪实弹的军人把守，发现倒票者，立即抓捕带走，接受法律制裁。看见此番情景，我的一切希望都破灭了。

但是，重任在肩，又让我不得不费尽心机，创造时机，试图使事情有转机。

★智慧测试题：如果你是我，你将如何处理这个问题？

特别提示：请先不要着急阅读下一页的答案，开动自己的大脑，设想几套方案，来测试一下自己的智慧。

★智慧测试答案

　　12月的沈阳，冰天雪地；可此时的泰国曼谷，却是炎热酷暑。第一天，我在售票处对面一个临时搭起的露天冷饮摊儿，买了一瓶可口可乐，一边纳凉，一边观察对面售票处的动静。一上午的时间，把守的军人忠于职守，没离开岗位半步，我一点机会都没有。就这样，宝贵的半天过去了。中午，我在摊点买了一块三明治，就算午餐了。

　　到了下午两点钟，也是一天中最热的时候，有几个把守的军人不知是天气太热受不了，还是有其他的任务，离开了售票窗口。于是，我看见机会来了，马上来到售票口，把我所会的四个英语单词全用上了："您好！"售票小姐回复："您好！"接着售票小姐再说什么我就全然不知了。不管她说什么，我拿出几张门票交给这位售票小姐，用我学过的一点手语反复比划着，意思是：请帮我看看这门票是真的吗？经过几个回合，售票小姐似乎明白了我的用意，指指门票，竖起大拇指说："OK！"听到小姐的回复，我高兴极了，说明我手上的门票不是假票；接着小姐用疑问的眼神指了指我，我马上明白：她问我从哪里来的。于是我欣喜地用英语回答："China！"售票小姐马上现出了惊讶的神情，点了点头，什么都没说。

　　完成了第一步，我的心情稍有轻松，但是面临的第二步才是真正的难点，那就是怎么把这86张票卖出去？经过这大半天的烈日曝晒，我浑身已经湿了个透；但我看见售票小姐在空调房里还热得汗流满面时，我的"怜香惜玉"之心油然而生，我数了数售票窗口的数量，一共是22个，于是我买了22听可口可乐，一一地送到了每一个窗口的小姐面前，得到的回复是一张张可爱的笑脸和一句句温柔的"谢谢！"就在这时，几个把守的军人回来了，我马上离开了售票窗口，回到了对面的摊点。

　　也许就是这每人一瓶的可口可乐，使奇迹发生了。没过多久，一位中年男子，走到我的面前，用东南亚华语问道："先生，听说您这里有开幕式门票？"

　　这让我好不惊讶，我不认识他，他怎么知道的？我不由自主地想到了售票小姐，当我把目光投向对面的售票窗口时，发现多个窗口的售票小姐，都向我投来了点头的微笑。我明白了，这位中年男子之所以来找我买票，是售票小姐介绍的呀！我顾不上许多，将中年男子拉到稍远一点的僻静处，偷偷地卖出了三张门票，并简要地告诉他我此行的经历，最后一再提醒他，把我的票再拿到售票窗口验证一下真伪。

中年男子走到了售票窗口，不知和售票小姐说了些什么，旋即与我远远地挥挥手，走远了。这是我来到泰国卖票的第一单，共卖出了三张票。在泰国惊心动魄的第一天也就这样过去了。

第二天，我又如期而至。有了昨天的经验，第二天我稍感从容一些。一到我就给每位售票小姐各送去一听可口可乐，一切照旧。而此时，业绩就跟昨日完全不同了。一大早，先后来了几拨买票的人，一买就是十几张，没过半天，所剩的83张门票全部售罄。

在这个过程中，我也逐步了解到，票之所以卖得如此顺利，不仅有售票小姐的介绍，更有第一天中年男子买票人的默默帮助。原来这位中年男子经售票小姐介绍，买过票之后，又把我的境遇告诉了他的同行——旅行社的朋友。正是经售票小姐和中年男子的介绍，多家旅行社的采购人员才慕名而来，找我买票。

在他们的帮助下，我将86张门票全部全价售出，共计25800美元。我从中拿出一部分作为泰国朋友一家人的酬劳，其余部分准备"完币归陈"。

泰国朋友得知我"完币归陈"的想法后提示过我，既然他已答应三折以上作为奖励，你可讲明情况，直接将你应得的部分留下，以免对方承诺不兑现，你白白付出那么大的风险和辛苦。我虽然认为他说的有道理，但我心想，不管陈某是否"符言"，我是一定要"符言"的。

回国后，我便将所卖票款一分不少，"完币归陈"。

然而，陈某果然如他们所说的没有"符言"。可是我坚决地"符言"了。

有人说："翟杰。你吃亏了！"

我却认为，其实算是我赢了！因为如果陈某"符言"了，到现在，我最多是个优秀的非专业临时"票贩子"。

亲爱的读者，你的答案是什么呢？你从中悟到了什么呢？你的答案你自己满意吗？你还有更好的计策吗？

从另一个角度讲，修为是无止境的。你在修为时，他人也在修为，最后看谁的修为好？谁的修为高？谁的修为深？在修为中，能否找到"本经"？就是最根本的"经"；能否实现"阴符"？就是在默默中悄悄地有所作为；能否做到鬼谷子所要求的"七篇"？就是为人处世的七种方法。所以，修为是无止境的。

这正是:

暗香·本经阴符

宇宙天地，育万物生息；

德养五气，心生纯一，人生自古三寸气。

内气强盛不衰，更何况，深谋远虑。

圣人道，厚积薄发，静心炼狱。

进退，慎思绪。

分威与散势，转圆实意。

足不出户，人间祸福巧洞悉。

精神饱满威力，奈我何，暴风骤雨。

左逢源，右逢源，来去自己。

欲知后事如何

且听下回分解

第十五回 修身养性蓄势待发 进退自如轻取天下

李翠珍作品《青山不老水长流》

第十六回　民意为天民生为地　天地之间无民不立

【持枢】

《持枢》篇，阐述的是君主治国要遵循自然规律，顺应民意。

持枢，是指春季的耕种、夏季的生长、秋季的收割、冬季的储藏，这是大自然的正常运行，决不可改变和违背这些规律。违背者即使暂时成功，最后也必定要失败。所以为人处世，要把握住这个枢纽。

这个枢纽就是天道，就是人与自然、人与社会、人与人之间的内在、外在规律。我们掌握了它，就会万事顺意；没有掌握它，就会违背道义。

【《持枢》原文】

持枢　第十六

持枢，谓春生、夏长、秋收、冬藏，天之正也。不可干而逆之。逆之者虽成必败。故人君亦有天枢，生养成藏。亦复不别干而逆之，逆之虽盛必衰。此天道，人君之大纲也。

【翟杰纵论《持枢》篇】

《持枢》篇，阐述的是君主治国，要遵循自然规律，顺应民意。《持枢》与上述十五篇相结合，阐述的是：不论是运用谋略，还是自身修养，以及从政经商，为人处世，都要遵循并掌握其根本的规律。

持枢，是指春季的耕种、夏季的生长、秋季的收割、冬季的储藏，这是大自然的正常运行，决不可改变和违背这些规律。违背者即使暂时成功，最后也必定要失败。所以为人处世，要把握住这个枢纽。这个枢纽就是天道，就是人与自然、人与社会、人与人之间的内在、外在规律。我们掌握了它，就会万事顺意；没有掌握它，就会违背道义。

纵论《持枢》篇主要智慧点：

（1）领袖要按照自然规律治国、治民，以推动个人和社会在正常轨道上运行。

（2）领袖要顺应民情民意，不违四时，调动人的主观能动性，才能做到国泰民安。

（3）自然与社会规律有许多相似之处，提倡天人合一的思想。

（4）体现民主氛围，倡导人民休养生息，这对推动社会发展有积极意义。

【翟杰横论《持枢》篇】

掌握大自然的规律，掌握从政经商的规律，掌握人际交往的规律，掌握一切人或事物的规律，就相当于找到了大自然的运行规律，找到了从政经商的基本规则，找到了人际交往的重要原则，找到了一切人或事物的发展变化趋势，相当于找到了人的中枢神经；然后，再掌握好这个中枢神经的"楗"，就等于把持了最重要的枢纽，一切尽在掌握中。

【智慧案例：翟公门联辨人心】

汉文帝时期，翟公任廷尉。在职时，很多人鉴于他位高权重，纷纷登门拜访拉关系，以求升迁发达。翟公家里经常是门庭若市，宾客盈门。

于是，有一些嫉妒翟公的官场小人，经常到汉文帝那里诽谤污蔑翟公，致使汉文帝对翟公产生偏见，找了一个借口，将翟公停职罢官。

顿时，翟公家门客人稀少，以致门可罗雀。"门可罗雀"这句成语，就出自此。

可是。过了一段时间，汉文帝发觉自己错怪了翟公，于是亲自来到翟公家中，赔礼道歉，将翟公官复原职。

第二天，翟公家门前，来了许多要求拜访的宾客。

★智慧测试题：如果你是翟公，你将如何处理这个问题?

特别提示：请先不要着急阅读下一页的答案，开动自己的大脑，设想几套方案，来测试一下自己的智慧。

然后再将自己的方案与翟公的方法对照比较，孰高孰低，以便继续努力。

★智慧测试答案

翟公见此情景，便在家门上写道：

一生一死，乃知交情；

一贫一富，乃知交态；

一贵一贱，交情乃见。

意思是说：人与人之间的交往情意，通过生死的考验才能知道；人与人之间的交往态度，通过贫富的差别才能知晓；人与人之间的情谊真假，通过贵贱的等级才能体现。

来访的宾客看到这三句话，不由得扪心自问。有的羞愧而退，有的惭愧自责，有的后悔当初，更有赞叹不已、肃然起敬、引以为戒者。

亲爱的读者，你的答案是什么呢？你从中悟到了什么呢？你的答案你自己满意吗？你还有更好的计策吗？

如果你的答案比翟公的好，当然皆大欢喜，说明你的智慧可与廷尉级官员媲美！如果不如，还是劝你认真阅读，仔细研究《翟杰论说鬼谷子》这本书中的鬼谷智慧。

【翟杰纵横论《持枢》】

《持枢》篇告诉我们，要如此运用持枢智慧：

持枢，探讨的是君主治国要遵循自然规律，顺应民意，若违背了这种法则，即使暂时成功也必然最终失败。

在我十多年的记者生涯中，采访了很多大大小小的人物。有的"小人物"在我采访他时，还只是夫妻俩开的小作坊，然而他们谦虚好学，兢兢业业，若干年后，当年的小作坊成为全国的知名品牌，连锁店遍布神州，成为集团公司。相反，有的"大人物"在我采访时，飞黄腾达、唯我独尊、骄横跋扈，可是若干年后，或锒铛入狱，或破产倒闭，或奄奄一息，或销声匿迹。

什么原因？前者，顺应了天地人的规律，从小到大，由弱到强，前程辉煌；后者，违背了天地人的规律，从大到小，由强变弱，前景黯淡。所以，我们要掌握自然的法则，要掌握天地人的规律，这才是真正的明智。

宓不齐，字子贱，人称宓子贱，是孔子弟子，鲁国人。

齐国攻打鲁国，战火向单父挺进。宓子贱做单父宰相。正值麦收季节，到手的粮食很可能被齐国抢走。父老乡亲建议，肥水不流外人田，谁收了就归谁，把这些粮食抢下来，可增加鲁国的粮食，不然也会被齐国抢劫做军粮。

宓子贱坚决不同意。结果齐国军队来了，麦子被抢劫一空，乡亲父老非常不满，鲁国的大贵族季孙氏也派使臣向宓子贱问罪。

宓子贱说："今天没有麦子，明年我们可以种。如果官府发布告令让人们去抢麦子，虽然抢回来一些麦子，但是那些不种麦子的人会不劳而获，那些趁火打劫的人以后会年年盼望敌国入侵，民风会越来越坏。失去一些麦子是眼前的小利，而让鲁国的百姓产生借敌国入侵能获得意外财物的心理，才是危害鲁国的大害。"

这个案例，就是最典型的《持枢》智慧。有些人只看眼前利益，见利忘义；有些人只巴结高官显贵，趋炎附势；这些现象，都是没有掌握《持枢》智慧的表现。

从另一个角度讲，但凡人或事物，你都能抓住主要问题、把握好枢纽，也就是"持枢"，你就能掌握大局、控制大局，永远占据主动地位；如果对方掌握了"持枢"智慧，而你不能，也许你就会处于劣势，只能亦步亦趋，处处被动；如果双方都能够掌握"持枢"智慧，那么完全可以既合纵，又连横，同心协力，共创辉煌，为中华民族伟大复兴的中国梦，奉献聪明才智。这正是本书作者——翟杰的用意，更是千年谋圣——鬼谷子老先生的愿望！

这正是：

满庭芳·持枢

风霜雨雪，日月星辰，
周而复始循天伦。
浩瀚长空，天道唯独尊。
大地江河湖海，尽飞奔，浪涛阵阵。
看繁花，姹紫嫣红，尽染山林。

人间，亦如此，
千姿百态，五彩缤纷。

唯民意，万古不变永存。

水可载舟覆舟，须扬帆，碧波粼粼。

眺远方，万象更新，天人皆感恩。

欲知后事如何

且听下回分解

第十六回　民意为天民生为地　天地之间无民不立

漆一蓉山水画作品《山家雨过爆声喧》

第十七回　赈救穷窘趋人急难　立身处世摄心施善

【中经】

《中经》篇，阐述的是帮助穷困，救济危难，而且将这种德行施之于能言善辩、品德淳厚的人。

如果解救了牢狱中的人，这个穷途末路的人一定不会忘记对方的恩惠。而能救人于牢狱的人，更能收获平民。

【《中经》原文】

中经　　第十七

　　中经，谓振穷趋急，施之能言厚德之人，救拘执，穷者不忘恩也。能言者俦善博惠，施德者依道，而救拘执者，养使小人。盖士当世异时，或当因免阗坑，或当伐害能言，或当破德为雄，或当抑拘成罪，或当戚戚自善，或当败败自立。故道贵制人，不贵制于人也。制人者握权，制于人者失命。是以见形为容，象体为貌，闻声和音，解仇斗郄，缀去却语，摄心守义。

　　本经记事者纪道数，其变要在《持枢》《中经》。

　　见形为容，象体为貌者，谓爻为之生也。可以影响、形容、象貌而得之也。有守之人，目不视非，耳不听邪，言必《诗》《书》，行不僻淫，以道为形，以德为容，貌庄色温，不可象貌而得也。如是隐情塞郄而去之。

　　闻声和音，谓声气不同，则恩爱不接，故商角不二合，微羽不相配。能为四声主者，其唯宫乎？故音不和则不悲，是以声散伤丑害者，言必逆于耳也。虽有美行盛誉，不可比目，合翼相须也。此乃气不合、音不调者也。

　　解仇斗郄，谓解赢微之仇。斗郄者，斗强也。强郄既斗，称胜者，高其功，盛其势。弱者哀其负，伤其卑，污其名，耻其宗。故胜者斗其功势，苟进而不知退。弱者闻哀其负，见其伤则强大力倍，死而是也。郄无极大，御无强大，则皆可胁而并。

　　缀去者，谓缀已之系言，使有余思也。故接贞信者，称其行，厉其志，言可为可复，会之期喜。以他人之庶，引验以结往，明疑疑而去之。却语者，察伺短也。故言多必有数短之外，议其短验之。动以忌讳，示以时禁。其人因以怀惧，然后结以安其心，收语盖藏而却之。无见己之所不能于多方之人。

　　摄心者，谓逢好学伎术者，则为之称远方验之，敬以奇怪，人系其心于己。效之于人，验去乱其前，吾归于诚已。遭淫色酒者，为之术音乐动之，以为必死，生日少之忧。喜以自所不见之事，终可以观漫澜之命，使有后会。守义者，谓守以人义，探心在内以合也。探心深得其主也。从外制内，事有系由而随也。故小人比人则左道，而用之至能败家夺国。非贤智，不能守家以义，不能守国以道。圣人所贵道微妙者，诚以其可以转危为安，救亡使存也。

【翟杰纵论《中经》篇】

《中经》篇，阐述的是立身处世、赈救穷窘、趋人急难、争取人心的五种方法。帮助困难的人，固然是好事，但是只能帮助那些品德淳厚的人、心地善良的人。如果解救了这样的人，他们不仅不会忘记你的恩惠，还会为社会发挥积极的作用。

所以我们在为人处事时，要由表及里，透过现象看本质，通过声音听风云，多做调和与和谐的事情，在人来人往中判断是非，摄取真情，恪守正义。

纵论《中经》篇主要智慧点：

一、见形为容，象体为貌

观察一个人，可以从他的言语表达、外在形貌体态等方面探知他的内心世界，这也是与《揣情》篇相结合的内容。修养深厚有操守的人，他们目不斜视、耳不旁听、言语适度；他们以道为外形，以德为面容；这样的人，无法用体貌形态来判断他们的内心世界。遇到这种情况最好的办法是：先隐藏自己的真情，避免言语出现漏洞，可以静静地观察对方的真实情况，然后作出正确的判断。

二、闻声和音

人与人之间，如果言语不合、意气不投，就不会相互恩爱友善，就像不协调的音符一样。因此要保持美好的操行和盛誉，就要像比目鱼和比翼鸟那样亲密无间，互相帮助。

三、解仇斗郄

遇事要尽力调节两个敌对方的争斗。如果有两个强者彼此争斗，必有胜负。胜者夸耀战功，恃强凌弱；败者慨叹伤感，磨刀霍霍。长此下去，冤冤相报何时了？如果我们能够站在公正的立场上，考虑双方各自的利益，从中找到双方都能接受的切入点，调节双方的矛盾，这样既可以使双方满意，又可以成为双方的好人，得到双方的尊重，一举三得。

四、缀去却语

向即将离开的人倾吐挽留的言语，使对方走了还十分留恋，百分珍惜、万分牢记。

属下要离开时，称赞他的品行，鼓励他的志气，甚至请他吃一餐送别宴，送他一份小礼物。这样做的好处至少有两个：

（1）他离开后不会轻易成为你的对手或伤害你的人。

（2）也许他经过比较还会回来，再度与你真诚合作。

上司要离开时，赞美他的人格，赞扬他的政绩，甚至让上司留下一段话，写上一幅字，以示尊重和感激之情。这样做的好处更多：

（1）上司到了新的工作岗位，还会记得你。

（2）上司新的工作岗位用人，也许会想到你。

（3）上司新的工作需要合作，也许会找到你。

总之，有百利而无一害，你懂的！

俗话说：言多语失。把对方语失之处记在心里，必要时作反驳的证据。要了解对方的实情，可先用对方忌讳的问题触动他，使他恐惧；然后，再用诚信的姿态，争取和安抚对方的惶惧之心。最后，再把以前的话拉回来，巧妙地、诚恳地劝告和批评对方。就是将《捭阖》《忤合》《量权》《转丸》等篇，有机地结合，效果更好。

五、摄心守义

遇到喜欢学习、有一技之长的人，要替他扬名，使远近皆知。然后，从多方面去检验他的能力水平，做出正确的评价。使他惊讶于我们的知识广博和真知灼见，从内心深处佩服我们。让他心甘情愿地效力，心悦诚服地归顺我们，这也是与《飞箝》篇相结合的智慧。

遇到沉湎酒色、玩物丧志的人，先用音乐打动他们，再用道理提醒他们，使他们萌生生命会日益缩短的忧患意识，再用那些他们所不曾见过的美好景象，刺激他们的情绪，使他看到人生的道路丰富多彩，对未来充满信心。使之对我们感激不尽，愿与我们再次相会，这也是与《忤合》篇相结合的智慧。

不论对什么人，都要从心智出发，以心智鼓励、激励，以心智教诲、教育；让对方体会到我们是为他好，使之产生对我们的好感，从内心服从我们的领导。

要遵守人的义理，探寻人的内心想法，以求得判断与事实相符。探究对方的内心世界，深入了解他的本性，从外到内控制他的内心。如果能探测到他的真心，就可以掌握他内心的真正想法。

小人与君子相比，他们为人处世会采用左道旁门，得逞了很可能导致败家亡国。只有圣人和智者，才能用义理治理国家，用道德保卫国家。圣人所以珍视"道"的微妙，因为"道"可以转危为安、救亡图存。

【翟杰横论《中经》篇】

《中经》篇，在上述十六篇的基础上，从见形为容，象体为貌、闻声和音、解仇斗郄、缀去却语、摄心守义五个方面，更加深入地阐述处理人际关系的方法。本篇是《鬼谷子》最后一篇，可谓"收官"篇。它将以上各篇所阐述的内容，作了精要的概括总结，那就是：中——平衡、和谐、中正；经——经典、经络、标准。

【智慧案例：陶朱公双赢贩马】

陶朱公刚刚经商时，本钱不多，然而他本着生财有道、互惠互利的原则，很快就成为富可敌国的商圣。关于他卖马的故事，在民间广为流传，人们都以他双赢的经商理念为榜样，合作经商。

话说这一年，陶朱公了解到：地处东南的吴越之地，需要一大批好马。凭着他对马匹市场的了解，西北地区的马匹最好，收购也并不难；吴越之地需要大量马匹，当然卖掉也不难；这单生意一定能获得很大的收益。但是，其中最难的是如何把这些马匹从大西北运输到东南沿海，这一东一西、一南一北，可谓天南地北，路途遥远。人吃马喂、晓行夜宿费用暂且不说，最大的问题是正值兵荒马乱，千里迢迢运输之路，沿途强盗猖獗，大多商家被强盗抢劫一空，血本无归且不说，能保住性命就已经很不容易了。

怎么办？这的确是一笔好生意，但又是一个风险巨大的冒险生意。如何能够达成这笔生意，将风险降到最低？

★智慧测试题：如果你是财神爷陶朱公，你将如何处理？

特别提示：请先不要着急阅读下一页的答案，开动自己的大脑，设想几套方案，来测试一下自己的智慧。

然后再将自己的方案与财神爷陶朱公的方法对照比较，孰高孰低，以便继续努力。

★智慧测试答案

围绕这个难题，陶朱公进行了市场调查，经过调查了解到：当地有一个很有势力、经常贩运麻布等货物，来往行走于西北与吴越之间的巨商姜子盾。姜子盾是专做贩运生意的运输商，用今天的话解释就是——做物流生意的。因他经常来往于这条强盗劫匪出没的沿途，早已用金银收买了这些强盗，并与他们有了一些交情，每每经过一地，象征性地交一些过路费，打点一下，也就获得通行了。

了解到姜子盾的特殊身份，陶朱公苦思冥想，用什么办法既达到自己的目的，又能给对方带来利益，实现双赢共好同获利呢？经过几天的思考，陶朱公终于有了主意。

这一天，陶朱公写了一张榜文，用现在的话说就是广告，张贴在城门口，上面写道："本号新建马队一支，开业酬宾，以利天下。免费提供马匹，由西北至吴越之地运送货物。"

告示一贴出，便引来很多围观者，人们看后议论纷纷："这家商号的老板一定是傻子，要么是个疯子。哪有这样的人？白白地帮人运货而分文不取？照这样做生意，连老婆孩子都得赔上……"

正当人们议论纷纷之时，一个身材高大、虎背熊腰的红脸汉子挤进了人群，他一看告示，大喜道："我正愁租用马匹运输货物的资金不够呢，这个叫陶朱公的商号就给我送来了，还分文不取就帮我运货，这等好事我岂能错过！于是，一挥手揭下了告示。

这个大汉不是别人，正是陶朱公要找的姜子盾。一直守候在告示旁的陶朱公见此情景，立即上前施礼道："您一定是姜子盾先生吧！久闻大名，不敢打扰，小弟已在此恭候多时。"

姜子盾见陶朱公一表人才，又彬彬有礼，便也收敛了几分匪气，非常客气地说："您大仁大量，敬佩敬佩！这顿饭我请客！"于是两人进了一家小酒馆。一个急于运输货物，一个急于贩运马匹，两者之间又不需要一文钱的讨价还价，自然谈得顺利，一拍即合，很快达成合作协议。

姜子盾从沿途安全起见，尽管劫匪大多是旧交，但还是为防万一遇到陌生劫匪，以免落得人财两空，于是带着武士保镖上路了。一路上，遇上旧交劫匪，就给几个钱；遇上新劫匪，就拉拉关系，必要时武士保镖也派上用场，就这样走了半个多月，到达了目的地。姜子盾的货物省了运费，陶朱公的马匹安全到位，两全其美，各取所需，各得其利。

从此之后，凡是姜子盾走这条路线，陶朱公都无偿提供马匹，帮助姜子盾运送货物。经过十几次这样的合作，两人建立了长期友好的合作关系。

就这样，陶朱公未担一分风险，未出一分佣金，不费吹灰之力，就将马匹完好无缺、毫发无伤地运到吴越之地；又很快地将马匹卖出，赚了一大笔钱。

再说姜子盾，既节省了运输费，又降低了成本，还交了一个商界朋友，也赚得钵满盆满。

这正如民间一首打油诗所说：

> 天上下雨地上滑，
> 自己跌倒自己爬。
> 兄弟朋友拉一把，
> 酒换酒来茶换茶。

这样一来二去，天长日久，姜子盾总感觉到，老是这样无偿使用陶朱公的马匹，欠陶朱公太多人情；于是，选了一个良辰吉日，摆下盛大的宴席，答谢陶朱公。酒席宴间，姜子盾长揖谢道："仁兄，我这十几次的生意，都是您无偿帮助，让我获得了大利，在此深表感谢！"接着，姜子盾让仆人拿来一个包裹，又说："这是十缢之金，以表我对仁兄的谢意，还望仁兄笑纳。"

陶朱公赶忙还礼，诚恳地说："要说感谢，我应当感谢您姜兄才是呀！"

姜子盾闻听，不解地问道："您无偿地免费帮我，分文不取，为何还要谢我呢？"

陶朱公微微一笑解释说："我本钱不多，雇不起保镖，不敢在千里迢迢、劫匪出没的沿途贩运马匹，只有借助姜兄的威力，才能把我的马匹安全护送到吴越之地。在您的帮助下，我已经顺利地将二百多匹马卖到吴越，赚到的钱比您的运输利润还多呢！"

听到陶朱公说的这番话，姜子盾才恍然大悟。两人拥抱在一起，开怀的笑声不绝于耳！

从这个案例不难看出，互惠互利，双赢共好，才能彼此都获利。一路同行，货物连同马匹都安全到达吴越，马匹在吴越很快卖出，范蠡因此赚了一大笔钱。范蠡贩马的故事令人深思，他不仅善于发现商机，而且还善于借势把握商机，与人双赢合作，达到合作双赢。

这正是陶朱公抓住了经商的"中经"，那就是获利；又抓住了合作的《中经》，那就是双赢；更抓住了商道的"中经"，那就是生财有"道"。

这个"道"，既是商业规律之"道"，又是经营方法之"道"，更是人间正道。

亲爱的读者，你的答案是什么呢？你从中悟到了什么呢？你的答案你自己满意吗？你还有更好的计策吗？

【翟杰纵横论《中经》】

《中经》篇告诉我们，要如此运用中经智慧：

一、为人处世要以义理当先

抓住了"义理"这个"中经"，处理一切人或事物，就有了标准，有了方向，更会产生更多、更好的方法。有些人做事每每成功，就是抓住了"义理"；有些人做事屡屡失败，就是没有遵循"义理"。即使有些人，一时发迹，如果没有掌握"义理"，注定不会长久。

二、用义理识别小人与君子

小人与君子的明显差别，就体现在"义理"上。小人为人处世不按"义理"，处处背信弃义，不讲伦理；君子为人处世以"义理"为准则，事事忠义在先，遵规循理。

三、守住义理即守住了一切

谁能坚守"义理"，谁就会顺应天地人之真理，也就掌握了天地人的规律，一切尽在掌控中。如果不能守住"义理"，就会逆天地人之真理，背道而驰，处处碰壁。

中国历史上有无数的富商巨贾，为什么独有范蠡陶朱公能成为真正的财神爷？

下面，我就讲讲中国拜财神习俗的来历。

鲁国人钱生，自幼父母双亡，家中一贫如洗，但他非常聪明好学。

一天，他看见一个人，卖一些泥捏的鸡、鸭、鹅、狗等小动物，生意很好。

于是，便回家自己也和了些黄泥，捏了起来。经过一段时间的研究实践，他把鸡、鸭、鹅、狗之类的小动物做得惟妙惟肖。于是，担起挑子，走街串巷贩卖；可是，生意并不怎么好。

于是，钱生找到陶朱公，说明来意。

陶朱公想了想说："小动物不一定人人都喜欢，你要是能根据每个人的样貌，进行现场捏泥人，大部分人都会喜欢，你试试看。"

钱生谢过陶朱公。回家后，遇见邻里乡亲，不管认识不认识，都现场临摹那人的模样捏个泥人。人家认为像自己，满意了，自然给几个钱；不满意，不要，也没什么太大的成本损失。这样一来，生意好了许多。

为了感谢陶朱公，钱生悄悄地捏了一个陶朱公塑像，摆在家中正堂，每天都要凝视几分钟，鞠三个躬，天天如此。

过了一段时间，钱生的生意又有些萧条冷落。什么原因呢？

钱生再次找到陶朱公请教。陶朱公帮他分析：捏泥人在一般情况下，捏一次也就够了，很少有人要求捏第二个，可是身边的熟人有限，总有需求满足的时候，所以生意就冷落了。要想长期生意好，有两个方向：一个是扩大范围，远走他乡，寻找更多的客户；另一个是守家在地，坚守信誉，做一个能永久经营的生意。

钱生听罢，选择了第二个方向，即做永久经营的生意。原因是：

（1）不必与家人分别，背井离乡，能尽家长之责。

（2）不必远走他乡，浪迹天涯，承受风餐露宿之苦。

（3）做一项市场及客户永不枯竭的生意。

（4）最重要的是能与陶朱公生活在一地，经常得到指点。

陶朱公沉思良久，只说了一句"逐十一之利"，便休息去了。

钱生听罢这五个字，回家后认真琢磨："逐者，求也；十者，钱也；一者，亦为钱也，以十钱而生一利，哎呀，这是以钱生钱的生意呀！"

十个钱可多得一个，人人都愿意。于是，钱生向别人借了一千钱，答应每年每十钱还十一钱；又把这一千钱向外借，每十钱每月按十一钱还。就这样，钱生很快富了起来，并且建立了自己的钱庄。这就是古代最原始的金融生意。

陶朱公死后，钱生万分悲痛。他手捧陶朱公塑像，披麻素衣，号啕大哭，前往陶山奔丧。

他边哭边喊："陶朱公走了，变成财神爷回来了！"

这时，在场的众人才知道，钱生是受了陶朱公的指点，又供奉陶朱公塑像，所以才成为了大金融家。

众人们不禁在陶朱公塑像前齐声高喊："陶——朱——公！财——神——爷！我们永远不忘您的大恩大德！"

祭拜过后，很多人到钱生这里订制陶朱公塑像，把陶朱公当成财神爷供奉。

消息一传开，人们接踵而至，慕名来到钱生这里订制尊请陶朱公塑像。从此，中华民族便有了拜财神的习俗。而这又成为钱生一家人千年不倒的生意。

这尊财神像，不仅具有祈福人们发财致富、幸福生活的作用，更有提示人们生财有道、散财助人、善财利国的商业道德。

本书最后解密：鬼谷子有一位学生，是著名的经济学家——计然。

而计然正是被人们尊为财神的——范蠡陶朱公的老师，正是他对陶朱公范蠡的指导，才使陶朱公范蠡成为人们千年祭拜的财神爷。

从某种意义上说，陶朱公范蠡就是鬼谷子的师孙。由此可见学习鬼谷子智慧在中国乃至人类史上，对从政经商的伟大作用。

从另一个角度讲，无论什么人，为人处世不能离经叛道，必须坚守"中经"的原则。首先是"义理"，讲求仁义、道义、礼义、情义，而不是非义、非道、非礼、非情。在此基础上，要灵活运用本篇阐述的争取人心的五种方法。掌握了这些，就等于掌握了民心；掌握了民心，就等于掌握了世界。这如老子所言：民为水，官为舟，水可载舟，亦可覆舟。悟到了这个道，就能做到得道多助失道寡助。得民心者得天下，失民心者失天下。你失了民心，你就失去了天下；他得到了民心，他就得到了天下，这里也就没有你的天下了！

这正是：

好事近·中经

人初性本善，
赈救穷窘急难。
和颜悦色待人，
不轻言争战。

人生何处不相逢，
善心施明鉴。
坚守仁义道德，
好事近身边。

尾声

全书到此即将结束，我就《鬼谷子》各篇之间的关系，做一个总结性概述，以便读者诸君能够全面、系统、连贯地掌握《鬼谷子》智慧的总体思路和谋略技巧。

《鬼谷子》上卷包括：《捭阖》《反应》《内楗》《抵巇》四篇。

第一篇《捭阖》纵横捭阖阴阳之间　天地之道左右逢源

阐述纵横捭阖左右逢源阴阳互动的谋略，是全书的总纲，是纵横学说的主要理论依据。

第二篇《反应》欲擒故纵潇洒应对　张网而待不争不费

阐述鬼谷子出其不意与众不同的奇特谋略，一开篇就反映出鬼谷子与众不同的思维方式。

第三篇《内楗》察言观色一语千金　把握时机入木三分

阐述提建议找问题并被对方接受的谋略，告诉人们如何找到人或事物关键问题的谋略方法。

第四篇《抵巇》见缝插针高瞻远瞩　攻守兼备开合有度

阐述找到问题战胜对手保护自己的谋略，告诉人们进退自如的法则。

上卷四篇，即《捭阖》《反应》《内楗》《抵巇》，阐述的是从人或事物的外部环境，观察问题、分析问题、解决问题的思路和方法。

《鬼谷子》中卷包括：《飞箝》《忤合》《揣情》《摩意》《量权》《谋虑》《决物》《符言》《转丸》《祛箧》十篇。

第五、六两篇，即《飞箝》《忤合》，阐述的是从人或事物外部环境向内部环境过渡，观察问题、分析问题、解决问题的思路和方法。

第五篇《飞箝》投其所好顺水推舟　扭转乾坤胜券在手

阐述运用褒扬之词控制对方的管理谋略，告诉人们解决问题必先换取人心。

第六篇《忤合》刚柔相济软硬兼施　恩威并重忤合曲直

阐述运用反向激励实现双方共赢的谋略，告诉人们，必要时反向激励更能奏效。

下述五篇，即《揣情》《摩意》《量权》《谋虑》《决物》阐述的是对人或事物要从内部环境研究问题、分析问题、解决问题的谋略。

第七篇《揣情》由表及里见微知著　一滴知水一叶见木

阐述不动声色察言观色判断事物的谋略，告诉人们对人或事物静态推测的各种方法。

第八篇《摩意》神机妙算情理得当　谋之于阴成之于阳

阐述进入姜太公之境界，把握一切的谋略，告诉人们对人或事物动态推测的各种方法。

第九篇《量权》审时度势权衡利弊　三思而行一矢中的

阐述如何取舍得当，平衡一切事物的谋略，告诉人们对人或事物进行全面分析权衡的方法。

第十篇《谋虑》运筹帷幄决胜千里　上兵伐谋出其不意

阐述设谋定谋运谋制定奇谋的超人谋略，告诉人们对人或事物制定科学方案的方法。

第十一篇《决物》抚往察今当断即断　一锤定音高奏凯歌

阐述如何体现大将风范当断即断的谋略，告诉人们对人或事物的处理并做出决断的方法。

第十二篇《符言》名实相符言出必信　有容乃大摄取民心

阐述如何将初衷与结果完美统一的谋略，告诉人们处理人或事物要遵循的标准。是《捭阖》篇的前后照应篇。

第十三篇《转丸》唇枪舌剑巧言善辩　口舌生风兴邦丧权

即阐明处理人或事物过程中语言的重要性。

第十四篇《祛篋》防人之时莫忘自困　天外有天人外有人

阐述如何不陷入聪明反被聪明误的谋略，进一步提示在处理人或事物过程中，不要聪明反被聪明误。

《鬼谷子》下卷包括：《本经阴符七篇》《持枢》《中经》三篇。

下卷各篇主要阐述的是如何修身养性、决策转圆、趋吉避凶，解决人或事物各种问题，要遵循自然规律，顺应民意及如何立身处世、争取人心。是前十四篇

尾声

243

基础之基础，是鬼谷子谋略科学运用的根源。

第十五篇《本经阴符七篇》修身养性蓄势待发　进退自如轻取天下

阐述修身养性决策转圆趋吉避凶的谋略，告诉人们如何修身养性、决策转圆、趋吉避凶。其中，前三篇是内养项目，后四篇是外练项目。

第十六篇《持枢》民意为天民生为地　天地之间无民不立

阐述为人处世掌握天道地道人道的谋略，告诉人们为人处世的基本纲领。

第十七篇《中经》赈救穷窘趋人急难　立身处世摄心施善

阐述赈救穷窘趋人急难争取人心的谋略，告诉人们立身处世、博爱天下的方法。

《鬼谷子》共十七篇，彼此互为关联，层层递进，层层剥笋，一环扣一环，环环相连，真可谓步步为营，步步深入，直到人或事物的最深处，不愧为中国乃至世界的谋略奇书。

这正是：

如梦令·智慧

昨日梦中如令，
今日如梦方醒；
众里寻千年，
方才求得真经。
鬼谷智慧，
点津华夏精英。

七律·如一

细听潮涨潮汐，
品味人生四季。
笑看云卷云舒，
静观日出月匿。
万物皆入我胸，

万象尽收眼底。

任凭风吹浪打，

目标始终如一。

鬼谷子颂

悠悠历史	巍巍中华	炎黄创立	千古华夏
春秋战国	诸子百家	先贤圣哲	传承文化
伏羲大智	创立八卦	文王演绎	发扬光大
鬼谷践行	闻名华夏	纵横始祖	风云叱咤
战国七雄	割据天下	狼烟四起	群雄争霸
云梦山中	鬼谷岭下	一代奇才	独创一家
战国军庠	鬼门育才	出将入相	效力国家
清溪幽谷	深藏智慧	桃园万顷	声声喊杀
舍身台前	磨炼精英	五里鬼谷	英才出发
苏秦合纵	嘴吞六国	张仪连横	统一中华
孙膑兵谋	承上启下	庞涓韬略	一方独霸
范睢后继	远交近攻	范蠡商圣	举世共夸
凡此丰功	才出一家	凡此伟绩	鬼谷策划
纵横捭阖	平定天下	千古留名	毁誉不怕

欲知后事如何

请由您来分解

胥力浦山水画作品《桃李无言花自红》

结束语

　　鬼谷子一个一个数着 500 多座大大小小的坟冢，感慨万千，慨叹统一大业来之不易："孙膑、庞涓、苏秦、张仪、范雎、毛遂、翟璜、陈轸、司马错、甘茂、邹忌……我的弟子们哪，你们都是我华夏的精英，你们都是我民族的英雄，你们都是我中华大统的不朽功臣，你们都是我杰出的弟子。孔老夫子弟子三千，不过七十二贤人；你们兄弟五百，个个出将入相，堪称国家栋梁。我尽其一生心血，布下你们这 500 枚棋子，赢得了中华统一这盘大棋，老师已经心满意足了！只可惜，当和平世界来临之际，你们却永远长眠在这神秘幽静的山谷之中。你们的生命没有白白付出，你们的鲜血也没有付之东流。你们换来了一个崭新的世界，你们创造了一个伟大的时代！世世代代的炎黄子孙，将永远铭记你们的丰功伟绩。今天，你们安息了！也让老师过一段和平安定的生活吧！百年战乱，老师虽隐居山林，却没过上一天安生的日子。现在华夏统一了，战乱消除了，老师也该歇息了。"

——摘自翟杰、翟羽佳电影文学剧本《鬼谷子》

附录

一、鬼谷子概述

话说在我国的春秋战国时代，那是一个国之外交、兵之谋略、语之智慧发挥到极致的时代。在那个时代，不可抗拒的纵横家、多谋善战的军事家、无与伦比的论辩家，各领风骚的诸子百家，他们利用政治、军事、经济、文化和语言的智慧，频频掀起连横浪潮，阵阵刮起合纵飓风，达到连横合纵、克服危机、天下大统的目的，生动地描写了亘古以来神州大地的千年美景。

就这样，两千年过去了。有人说：19世纪是靠军事征服世界，那是英国人的天下，拼的是洋枪洋炮；20世纪是靠经济征服世界，那是美国人的天下，玩的是美元钞票；而进入21世纪则是用文化创造世界，那是东方人的天下，行的是圣人之道。

于是，我国博大精深、源远流长的国学文化便闪烁出灿烂的光辉，其中包括：孔子、孟子、墨子、庄子、老子、荀子、管子、列子、孙子、官子、慎子、晏子、吴子、申子、阚子、范子、宓子、尸子、韩非子、尉缭子、胡非子、尹文子、於陵子、公孙龙子等一百九十八家的圣人。

然而，在这浩如烟海的诸子百家圣人当中，有一位最具神秘色彩，纵横天下又神龙不见首尾的旷世奇才，被誉为中国谋圣的千年隐士，他就是——鬼谷子！

说到鬼谷子，他并不像孔子、孟子、墨子、老子、孙子那样为众人所知，但是他在中国历史上所起到的伟大作用，是不可替代又无法比拟的。

其实，鬼谷子，本不姓鬼，他姓王名蝉，字栩，人称鬼谷子。

在战乱纷争的春秋战国时代，一个风雨交加的夜晚，一个身怀六甲的女人，因意外怀有身孕，被赶出了家门。

随着一阵婴儿的啼哭声，一个男孩降生了，他就是王蝉——鬼谷子。

当王蝉长到六、七岁时，其母亲因积劳成疾，不幸身亡。一日，王蝉与一群阔少涉赌棋艺，发生殴斗。由于王蝉身单力薄，被一群阔少打得奄奄一息。幸好被父亲挚友行人强撞见，救下王蝉。

行人强将王蝉背回家中，为王蝉精心调养，其女儿秀霞、养子翟谷也忙前忙后，关怀备至。行人强得知王蝉系挚友之子，对王蝉更加关怀备至。并开始教授王蝉、秀霞、翟谷文韬武略。经过几年时间，王蝉和翟谷出落成风华正茂、玉树临风、文武双全的英俊少年，秀霞也长成闺秀模样，同时与二人产生了爱慕之情。

秀霞对王蝉之爱，是情爱；对翟谷之爱，是兄妹之爱。而翟谷深知王蝉与义妹秀霞是真挚的情爱，于是把自己对秀霞的那份爱，深深地埋在心底，从未表露。

一个月清风朗的夜晚，王蝉与秀霞在皎洁的月光下，以月为媒，以风为妁，定下终身。

行人强为让王蝉和翟谷了解社会，实现匡服天下之志，让他们深入到社会各个阶层，上至宫廷官宦、政治论坛，下至农工兵商，市井赌场。经过几番生死情仇的磨砺，王蝉和翟谷逐渐成熟。

灰衣营想得到行人强手中兵书——《无字天书》，一直在暗中跟踪。行人强则将翟谷派往灰衣营做卧底，以探听内情或备未来一用。

为得到行人强手中《无字天书》，灰衣营深夜潜入行人强一家人住处，准备刺杀行人强，抢走《无字天书》。面对灰衣营几十人的围攻，行人强预料这是一场恶仗，情急之中将《无字天书》交予王蝉、秀霞，并护送二人逃走。行人强在与灰衣营的搏斗中寡不敌众，被灰衣营杀害。

灰衣营又继续追杀王蝉、秀霞二人，企图夺回《无字天书》，斩草除根。王蝉、秀霞二人于混战中失散。

秀霞当时怀有身孕，一年后，生下一子，取名王纵横。秀霞一个人带着孩子沿街乞讨，度日如年。

翟谷得知义妹秀霞境况，经过几番寻找，终于与秀霞、王纵横久别重逢。为能够照顾秀霞和王纵横，两人商定以夫妻名义共同生活，伺机寻找王蝉。

王蝉几经周折，分别在楚国、魏国、齐国为官，看尽官场世态炎凉。因智慧超众，多国国王欲占王蝉为己有，得不到就设计谋害。

这使王蝉厌倦了官场的你争我斗，加之对秀霞的思念越来越深，决计退出官场。从此隐姓埋名，以假发化妆成算卦老道人，以占卜为生。

王蝉手举卦幡，周游列国。一方面借此身份了解各国政治、军事、经济、文化及风土人情，为他匡扶天下做准备；一方面，画了秀霞的画像，借以打探秀霞的下落。经过 10 年的道士生活，当王蝉揭去花白的假发，走到清溪河边，透过溪水映衬的形象，看到自己已从化妆的老道士，变成了真正的老道士，不无感慨。

经过几十年的人生沧桑，王蝉知道自己老了，再难以冲锋陷阵，只能培养有胆有识有志有为的年轻人，来完成自己的夙愿。从此，他隐居鬼谷岭，改名鬼谷子，著书立说，传道授徒。

鬼谷子传授五百弟子，一个个文韬武略，倾尽心血，终使华夏统一。然而，大秦帝国建立之后，鬼谷子看到的却是：长城脚下孟姜女在哭泣，阿房宫工地百姓惨遭毒打，焚书坑儒等残暴的画面……

面对秦始皇的暴政统治，鬼谷子严厉痛斥："秦嬴政，我率五百弟子，抛头颅，洒热血，为你打下大秦江山，目的是让你统领百姓，过上幸福安定的生活，可你却大兴土木，残暴施政，让百姓重陷水深火热之中，你违背民意，江山不会长久！我可以帮助你建立大秦帝国，也同样可以推翻你的残暴统治。除非你顺应民心，顺应天意。"

鬼谷子的严厉痛斥，惹怒了千古一帝秦始皇，于是发兵一万，围剿鬼谷岭，欲除掉鬼谷子这个心头大患。

秀霞、翟谷、王纵横一行三人，一路打探王蝉下落，来到鬼谷岭。发现秦国大军正在围攻鬼谷岭。于是，让王纵横躲在林中，秀霞、翟谷二人分别装扮成鬼谷子模样，绕路上山设法营救。

面对秦始皇的千军万马，鬼谷子毫无惧色。

鬼谷子被秦军一步一步逼向山巅，鬼谷子在山巅顶端的一块巨石前，历数秦始皇罪状。

秦始皇命万箭齐发，射向鬼谷子。

千钧一发之间，扮成鬼谷子模样的翟谷从远处跳至鬼谷子身前，挡住万箭，坠入山谷之中。鬼谷子则毫发无伤。

这一幕，被秦始皇及其弓箭手看个真真切切。秦始皇发疯地吼叫："再射！"

又一次万箭齐发，又一个鬼谷子模样的人从远处飞来，挡在鬼谷子身前，再一次挡住了箭雨，倒在鬼谷子怀中。

鬼谷子定睛一看，原来是秀霞。

鬼谷子悲痛欲绝，高声怒吼："秦嬴政！不推翻秦王暴政，我誓不为人！"

山谷一阵阵回荡着鬼谷子的怒吼声。

见此情景，弓箭手们吓得哆哆嗦嗦，魂飞魄散。有的闭上了眼睛，有的手不停地颤抖着。

秦始皇简直疯了，歇斯底里地喊道："再射！再射！"

说时迟，那时快。鬼谷子将手中的《无字天书》抛向空中，朗声大笑。

又一阵万箭齐发，这次不如前两次那样集中目标，而是乱七八糟地散落在鬼谷子周围。

万束箭矢射在山崖之上，只留下鬼谷子身形，却不见鬼谷子踪影。

天边一片祥云，缥缈在鬼谷岭山峦之间，渐渐化为鬼谷子形象云团。鬼谷子的吼声仍在久久回荡。

秦始皇："啊！鬼谷子成仙了！"

众兵丁全体跪下，顶礼膜拜！

王纵横藏在丛林中，《无字天书》从天而降，打在王纵横头上。王纵横打开一看，只字皆无。忽然仰头，发现鬼谷子云像，再看看《无字天书》，然后若有所思，把《无字天书》紧紧握在手上，脸上铭刻出坚毅的表情。

或许有人还是会问，为什么那时的人们要将"鬼谷子"这么个神秘的称谓送给王蝉呢？

开国领袖毛泽东，对鬼谷子深有研究，他说："鬼谷是个地方，出了个先生，所以叫鬼谷先生。"毛泽东的这段话，为我们揭开了"鬼谷子"这个名字来源的谜底。毛泽东介绍说：鬼谷，本是个地名，是王蝉隐居的地方。王蝉在这里传道授徒，教书育人，是一位先生，也就是老师。慢慢人们知道，在鬼谷那个地方，有一位非常伟大的老师，古时人们对特别尊敬的老师和圣人，都尊称为"子"。例如：孔丘，称孔子；孟轲，称孟子；李耳，称老子；墨翟，称墨子；孙武，称孙子，等等。因此，人们渐渐淡化了"王蝉"的真名，强化了"鬼谷子"这个尊称，久而久之人们便更习惯地称他为"鬼谷子"。

我讲授鬼谷子课程，至今已十年有余。在讲课时，经常有学员问："翟杰老师，中国历史上有众多比鬼谷子更知名的圣人你不讲，为什么偏偏要讲这位鲜为人知、亦鬼、亦神、亦仙、亦人的鬼谷子呢？"

《易经》讲阴阳五行，鬼谷子又有阴阳家的风范，我就以此阐述这其中的五个原因。

第一，从个人角度讲。我的父亲烟酒无度，英年早逝。按照中国民间习俗和李清照诗中所写："生当作人杰，死亦为鬼雄。"这里把死去的人称为"鬼"，这就有了一个字——"鬼"；我的母亲本家姓"谷"，这就有了第二个字——"谷"；我又是他们唯一的儿子，这就正好凑足了第三个字"子"。把这三个字连起来，正好就是"鬼谷子"。所以，我不讲鬼谷子都不行。当然这是一个小幽默，目的是博大家一笑，让学员们在轻松愉快中领略和感悟鬼谷子的超人智慧。

第二，从历史渊源讲。鬼谷子是中国历史上第一次大统一的幕后总策划师，他率领五百弟子，纵横捭阖，出将入相，前赴后继，建立了第一个封建帝国，实现了中华统一。

战国时期的四大公子之一——信陵君，这样评价鬼谷子："鬼谷子出生云梦，既平息韩魏战火，又凭寸舌说动武王下诏，吴起退兵。适时归隐，能屈能伸，推出孙膑、庞涓两位风云人物，使诸侯闻之惊惧，乃大夫所为也。"

当时，有这样一副对联是形容鬼谷子的：一怒而诸侯惧，安居方天下熄。意思是说，鬼谷子一发怒，诸侯各国都非常恐惧害怕；鬼谷子安歇下来，天下世界才有平息。据此可见当时鬼谷子的威力有多大。

人们把鬼谷子尊为神，并给予他一个神位，称之为王蝉老祖。现在我国很多名山大川，祭祀圣地都有他的神位。

纵横家侍奉他为鼻祖，并且世代秘传。所谓秘传，就是只传弟子，不传外人。鬼谷子的教学方法与孔子、孟子、老子都不同，这三位圣人走到哪，讲到哪，有教无类。而鬼谷子不仅不讲公开课，就连自己的弟子都是因材施教，个别辅导，相当于辅导现在的研究生、博士生，所以他的学生质量高，而自己的知名度却不高。再者，他又是隐士，藏身于密林山谷中，所以，人们知之甚少，以致他生于何年？卒于何年？到现在还是个谜。

有人这样问：天做棋盘星为子，谁人能下？

我的回答是：鬼谷子左手执白右手执黑，纵横捭阖左右逢源成大业。

有人这样问：地做琵琶路做弦，哪个敢弹？

我的回答是：鬼谷子十指拨动七国战局，连横合纵文韬武略奏凯歌。

清代小说家冯梦龙在《东周列国志》中评价鬼谷子道："其人通天彻地，有几家学问：一曰数学，日星象纬，在其掌中，占往察来，言无不验；二曰兵学，六韬三略，变化无穷，布阵行兵，鬼神莫测；三曰游学，广记多闻，明理审势，出词吐辩，万口莫当；四曰出世学，修真养性，服食引导，祛病延年，冲突可俟。"

从冯梦龙的这段评价，我们可以看出，鬼谷子精通数学星纬，兵学韬略，游学势理，养性舍身及纵横术。他隐居山林，著书立说，传道授徒。

鬼谷子，是一个活生生的人，又是一部书，书名就叫《鬼谷子》。这是现在保留下来的唯一一部比较完整的鬼谷子专著。该书集纵横家、兵家、道家、仙家、阴阳家等思想于一体。这些理论，小到为人处世，经商致富；大到治理国家，消除战争。无所不包，无所不容。是放之四海而皆准的千古秘籍，是历代统治者做而不言、行而不宣的千古秘籍。

一副对联概括了《鬼谷子》这部书的内容及其作用：

上联——鬼谷三卷隐匿天下。

下联——兵家七国才出一门。

上联说的是：《鬼谷子》这部书共分上、中、下三卷，一共十七篇。掌握了这部书的智慧，就能神不知、鬼不觉地治理天下一切事物。

下联说的是：战国后期交战各方一共有七个国家——秦、楚、燕、齐、韩、赵、魏。这七个国家的人才都出自一个师门，也就是这七个国家的人才都是一个老师培养出来的，这个老师就是鬼谷子。

因此，迄今为止，全世界的兵家都崇尚鬼谷子的奇谋韬略，无论中国的还是外国的知名军事院校，都要讲到鬼谷子的军事谋略。还有一点，就是鬼谷子在两千多年前就开办了人类历史上的第一所军事学校，叫战国军庠，就是战国时期的军事学校。

在这所名曰"战国军庠"的军事学校里，鬼谷子培养出了五百多位"副部长级"以上的各方人才。

纵横家代表人物：苏秦、张仪、毛遂、翟璜；

兵家的代表人物：孙膑、庞涓、司马错、乐毅；

商家的代表人物：计然、白圭、吕耕；

道家的代表人物：茅蒙、徐福。

还有范雎、陈轸、尉僚、邹忌、蔡泽、甘茂、郦食其、田忌，等等。这些鬼门弟子叱咤风云，出将入相，左右着当时狼烟四起的社会时局变化，促进了中国的统一。

那么，在那个年代，孔夫子是中国最伟大的教育家之一，他有弟子三千，七十二贤人，为什么没有一个弟子能够超过孔子？而鬼谷子却能将五百弟子，个个都培养成超越自己的时代精英呢？这应了中国的一句成语：严师出高徒。

鬼谷子有他独特的教学方法。别人是"严师出高徒"的教学方法，而鬼谷子是"岩石出高徒"的训练方法，仅一词一字之差，结果却相去千里。

有人说鬼谷子是"魔鬼式拓展训练的发明人"，同时又是"中国培训师的鼻祖"，又有人说鬼谷子是"职业生涯规划师的鼻祖"，这些说法都不为过。其实听了下面这个故事，您就找到了真正的答案。

话说鬼谷子在鬼谷岭隐居后，开始招收弟子，传道授徒，但是他招收弟子的考试非同一般。入门考试时，他要求每一位拜师者不准借助绳索、藤条之类的牵引物，只身从十多米高，名为"舍身台"的悬崖上，跳到下面光嗒嗒的石板上。如毫发无伤，安然无恙，视为考试合格，收为弟子；如果摔得鼻青脸肿，缺胳膊少腿，回去养伤，来年再考；如果摔死，一命呜呼，叫人用草席一卷，到山里一埋了事。

每当我课程讲到这里，学员们都是嘘声一片，议论纷纷：鬼谷子这老头儿，太残忍了！太残酷了！太无情了！

其实不然，鬼谷子心里是有数的。下面我仅举两例，您就明白这其中的智慧和奥妙了。

鬼谷子考试的这一跳，一般人都会被吓一跳。但这不是简简单单的一跳，更不是一次随意的冒险，这一跳就是鬼谷子考试的三门课，这三门课分别是：忠诚、勇武、智慧。

首先，鬼谷子要求他的弟子必须忠诚，敢不敢跳可以验证考生的忠诚。

其次，鬼谷子要求他的弟子要有勇气和武功，能不能跳可以验证考生的武功。

再次，鬼谷子要求他的弟子要有智慧，能不能用智慧弥补不足和缺陷。

这就是鬼谷子跳崖考试的三门课。这三门课，只要两门合格，就视为考试通过，收为弟子，正式进入师门。如果将这三门课合为 100 分的话，两门及格就相当于 66 分，为及格。两千年过去了，我们现在的百分制考试，仍然沿用鬼谷子的 60 分及格制，只是将零头的 6 分舍去而已。

这一天，来了一个考生，叫方史，扬言一定要拜鬼谷子为师。鬼谷子眯缝着眼睛问道："你为什么要拜我为师呀？"

方史恶狠狠地说："我要成为全村的霸王，想打谁就打谁！"

鬼谷子听罢，微微一笑说："考试规矩知道吗？"

方史满不在乎地说："早有耳闻。"

鬼谷子不紧不慢地说："跳吧！"

方史说："老鬼先生，我武功还不行，您通融一下，收下我吧，日后还有……"说着，把几块碎银塞进了鬼谷子的衣袋中。

鬼谷子似乎没有察觉，说道："放心跳吧，苏秦一天武功都没练过，不也是从舍身台上跳下来，毫发无伤地通过考试了吗？你害怕什么呢？"

听了鬼谷子的这番话，方史松了一口气，心想：都说鬼谷子呼风唤雨，无所不能，他一定会保佑我。于是，一咬牙，一闭眼，一腾空，"嗖"地跳了下去，只听得"噗"的一声，这方史已摔成了肉泥，一命呜呼。

鬼谷子看了看死去的方史，说道："咎由自取，又除掉一害。"然后对身边的弟子说："找张草席埋了吧！"接着，伸手从衣袋里掏出了刚才方史塞给他的碎银，交给一个弟子说："老规矩，分发给当地穷苦百姓。"

再说苏秦，他不会武功，怎么经过跳崖考试，并且还及格了呢？是不是走了后门呢？原来是这样：

苏秦慕名来到鬼谷岭考试，同样经历了跳崖考试。

鬼谷子问："为什么从洛阳城里路途迢迢来到这深山峡谷拜我为师呀？"

苏秦答："为了天下和平，为了消除战争，为了国计民生。"

鬼谷子一听，心中暗喜：这正是我需要的弟子。

鬼谷子："知道考试规则吗？"

苏秦："知道。"

鬼谷子："练过武功吗？"

苏秦："没有。"

鬼谷子："敢跳吗？"

苏秦："敢！"

鬼谷子："没练过武功，跳下去必是一死。"

苏秦："愿为民族命运，抛头洒血，又何惧一死！"

鬼谷子暗自欣喜：可来了好徒弟了。便说："我宣布，三门课的考试，你已经完成了两门，第一门科目是忠诚，你及格了，你忠诚于国家和人民；第二门科目是勇武，你没练过武功，不及格；接下来的最后一门科目，就是测试你的智慧，考试继续。"

苏秦听到这里，似乎感觉到鬼谷子在提醒和暗示自己，最后一门课事关考试成败，必须认真对待。于是，苏秦眉头一皱，计上心来。苏秦观察了一下周边的环境，发现漫山遍野生长着一种植物——麻叶。这种植物叶片很大，呈纤维状，很结实，当地村民平日将它晒干后，搓成麻绳。于是，苏秦采来大量的麻叶，又挖了一些草根，将一片一片麻叶绑在一起，撑成一个巨大的降落伞，然后借着风的反作用力，跳下山崖，安全落地，通过考试。

因此说，魔鬼式拓展训练形成于此，鬼谷子是鼻祖。

鬼谷子对《易经》的研究及运用无人匹敌，被民间占卜人尊为师爷，也就是卦业先师。学过历史的人大概都知道，八卦图的发明人是伏羲，周文王在此基础上，推演出八八六十四卦，成书《易经》，又名《周易》，继而孔子韦编三绝注释、传播《易经》，这些先贤都早于鬼谷子，怎么卦业先师的名分落在鬼谷子的头上了呢？

伏羲、周文王、孔子对《周易》的贡献不容置疑，他们确为中国卦业的产生、研究和发展作出了伟大的贡献，但是他们仅限于理论研究，而并未进行实际践行，让卦业成为三百六十行中的固定职业。正是鬼谷子实现了这一点，也就是说，鬼谷子是践行中国卦业职业化的第一人，正是鬼谷子把卦业当成了自己生存的一种职业，开创了卦业职业生涯的先河。因此，卦业把鬼谷子奉为鼻祖。

鬼谷子卦术影响中国两千多年，就连明代吴承恩撰写的《西游记》中都有相关记载：

《西游记》第三十五回 "外道施威欺正性，心猿获宝伏邪魔"中，就有这样一段文字：孙悟空在平顶山莲花洞前，用宝葫芦装了银角大王，他把那葫芦摇摇，一发响了，他道："这个像发课的筒子响，倒好发课。等老孙发一课，看师父什么时才得出门。"你看他手里不住地摇，口里不住地念道："周易文王、孔子圣人、桃花女先生、鬼谷子先生。"

从这段文字不难看出，像孙悟空这样上天入地、腾云驾雾、大闹天宫的齐天大圣，遇到难题都要求救于鬼谷子，都要找鬼谷子算一算，可见鬼谷子的神功，何等了得！

至今，在中国、在东南亚及世界各地华人聚居区，还有眼镜业供奉鬼谷子、鞋业供奉鬼谷子的民间习俗。传说因为鬼谷子发明了中式放大镜、望远镜，才有了今天的眼镜和眼镜业；鬼谷子发明了原始皮鞋，才有了今天的皮鞋和鞋业。

还有这样的说法：中国企业家的鼻祖是范蠡陶朱公，陶朱公的老师是计然，而计然的老师正是鬼谷子。因此，鬼谷子是中国企业家的祖师爷。

鬼谷子不仅是一位政治家、军事家、教育家，还是经济学家，他所撰写的《致富术》是世界第一本阐述经商致富方法的专著，可惜已经失传。传说鬼谷子将他的经商致富术传给了计然，计然又传给了他的学生——中国商圣——范蠡陶朱公。

关于这方面的详细论述，在我的另一部国学专著《瞿杰话说财神爷》中，您可以找到更多的答案和经商发财的智慧。通过这本书，您了解到作为中国企业家鼻祖的范蠡陶朱公，是怎样生财、发财、理财，三次成为世界首富，创造人类经商发家致富史上至今无人超越的伟大神话的。哪怕从书中掌握了一条财神爷发家致富的秘诀，并科学地践行，您也会掌握一秘诀，胜过十年苦。

我从几十年从政经商、为人处世的社会实践中体会到，学鬼谷智慧，走财神之路，是最快捷、最有效的成功途径。也就是说，用鬼谷子智慧提升自己，用财神爷商道成就自己。我的无数学员，通过"学鬼谷智慧，走财神之路"高端弟子班的课程学习，都得到了满意的收获。

鬼谷子智慧从哪里来的？也是通过学习和实践得来的。

相传，鬼谷子从师父行人强手中继承了竹简一卷，上写"天书"二字。这卷《天书》，白天看一字皆无，夜幕降临，一行行蝌蚪文字才闪闪发光，因此被称为《无字天书》。

鬼谷子得到此书，从头至尾，一气呵成，每夜必读，背之成诵。

第一夜诵之，将书中《捭阖》《反应》《内楗》《抵巇》等各篇，用之于军事兵法。

第二夜诵之，将书中《飞箝》《忤合》等各篇，用之于人际交往，外交谈判。

第三夜诵之，将书中《揣情》《摩意》等各篇，用之于察言观色，相面推命。

第四夜诵之，将书中《量权》《谋虑》《决物》《符言》等各篇，用之于发财致富，经商管理。

第五夜诵之，将书中《转丸》《祛箧》等各篇，用之于待人接物，口才论辩。

第六夜诵之，将书中《本经阴符七篇》《持枢》《中经》等各篇，用之于修身养性，益寿延年。

每夜诵之，必有新的收获；可谓包罗万象，无所不有，取之不尽，用之不竭。

中国有句名言：有比较才有鉴别。鬼谷子如此之神奇、如此之神秘、如此之高深，他的独到之处在哪里？他与诸子百家的不同和区别是什么呢？这是我在讲课中，学员们经常探讨的话题。

我用恩师——中国教育艺术泰斗李燕杰教授的一段话作为引子，阐述学习国学，更具体地说——学习诸子百家的一些问题。

学习国学就好比读书、看戏、听音乐、赏歌曲。

文中有戏，戏中有文；若识文者看文，不识文者看戏。

音里藏调，调里藏音；若懂调者听调，不懂调者听音。

歌中有曲，曲中有歌；若喜歌者赏歌，不喜歌者赏曲。

国学博大精深，蕴含丰富，人性千差万别，必然是各取所需。

一百多年前，国学泰斗章太炎，回顾总结了两千多年国学文化的历史后说："儒家不兼纵横，则不能取富贵。"

两千多年来，由于历史原因，儒家思想一直占有重要地位。但是章太炎先生这段话，揭示了一个重要的观点：仅仅靠儒家思想，是不够的，是不能取得富贵的，而必须兼有纵横家的思想，才能够国家昌盛，人民富贵。

我的研究成果是：要"富"，必学陶朱公；要"贵"，必学鬼谷子。

学陶朱公商道可以强国富家，学鬼谷子智慧可以纵横天下。

因此，我的课程"学鬼谷智慧，走财神之路"讲的就是这两家的智慧，商家——陶朱公，纵横家——鬼谷子。

为进一步说明鬼谷子与诸子百家之不同，我选择了诸子百家中最有代表性的八大家，即：

儒家——代表人物：孔丘、孟轲

道家——代表人物：李耳、庄周

佛家——代表人物：释迦牟尼

兵家——代表人物：孙武、孙膑

法家——代表人物：韩非、商鞅

墨家——代表人物：墨翟、禽滑厘

商家——代表人物：范蠡、子贡

纵横家——代表人物：鬼谷子

根据李燕杰教授指导，我将这八大家做八组比较，以便您对纵横家鬼谷子有更加深入的认识：

（一）

人在得意时信奉儒家

人在失意时信奉道家

人在迷茫时信奉佛家

人在绝望时信奉兵家

人在求变时信奉法家

人在仗义时信奉墨家

人在贫困时信奉商家

人在奋发时信奉纵横家

（二）

儒家主要讲修德

道家主要讲修身

佛家主要讲修心

兵家主要讲修武

法家主要讲修能

墨家主要讲修义

商家主要讲修信

纵横家主要讲修智

（三）

儒家讲正气 摒邪气

道家讲清气 摒浊气

佛家讲和气 摒力气

兵家讲士气 摒丧气

法家讲争气 摒懦气

墨家讲义气 摒闲气

商家讲财气 摒贪气

纵横家讲神气 摒惰气

（四）

儒家主张入世为主

道家主张出世为主

佛家主张渡世为主

兵家主张战世为主

法家主张救世为主

墨家主张爱世为主

商家主张富世为主

纵横家主张创世为主

（五）

学儒家就要拿得起

学道家就要放得下

学佛家就要想得开

学兵家就要勇得智

学法家就要狠得心

学墨家就要守得住

学商家就要获得利

学纵横家就要干得妙

（六）

儒家讲的是智者乐水

道家讲的是上善若水

佛家讲的是心静如水

兵家讲的是兵贵似水

法家讲的是端平碗水

墨家讲的是爱民胜水

商家讲的是获得利水

纵横家讲的是海纳百川

（七）

学习儒家就要超脱

学习道家就要洒脱

学习佛家就要解脱

学习兵家就要摆脱

学习法家就要挣脱

学习墨家就要了脱

学习商家就要通脱

学习纵横家就要活脱

（八）

学儒家就要堂堂正正做人

学道家就要真真切切做人

学佛家就要清清白白做人

学兵家就要忠忠勇勇做人

学法家就要公公平平做人

学墨家就要慷慷慨慨做人

学商家就要诚诚信信做人

学纵横家就要轰轰烈烈做人

从上述八组比较可以看出：

儒、道、佛三家——倾于柔

兵、法、墨三家——倾于刚

商家陶朱公——寄缓相通

纵横家鬼谷子——刚柔相济

在此基础上，我进一步总结发现，纵横家与其他七家相比：

儒家主张中庸仁爱，纵横家与儒家相比，多了一份刚；

道家主张无为而治，纵横家与道家相比，多了一份治；

佛家主张慈悲为怀，纵横家与佛家相比，多了一份真；

兵家主张胜者为王，纵横家与兵家相比，多了一份谋；

法家主张强法术势，纵横家与法家相比，多了一份柔；

墨家主张兼爱非攻，纵横家与墨家相比，多了一份隐；

商家主张生财有道，纵横家与商家相比，多了一份义。

因此，我们应该做到：

以儒持家；

以道养身；

以佛修心；

以兵安邦；

以法治国；

以墨济民；

以商富国；

以纵横平天下。

《礼记·大学》，提出了格物、致知、诚意、正心、修身、齐家、治国、平天下八个条目，影响了诸子百家的哲学思想。

格物：为墨家所为，体现了墨家的非攻思想

致知：为名家所为，体现了名家的学知思想

诚意：为商家所为，体现了商家的经营思想

正心：为佛家所为，体现了佛家的慈悲思想

修身：为道家所为，体现了道家的修身思想

齐家：为儒家所为，体现了儒家的仁爱思想

治国：为法家所为，体现了法家的变革思想

平天下：为纵横家所为，体现了纵横家辩证思想但要注意，智慧是一把双刃剑：

学儒家：不要成为孔乙己

学道家：不要情绪太消极

学佛家：不要学得太痴迷

学兵家：不要效仿好战者

学法家：不要修成独裁君

学墨家：不要陷入泛爱论

学商家：不要求为富不仁

学纵横家：不要充当阴谋家

那么，什么才是纵横家应有的风范呢？

2012年8月25日，我应邀到黄山脚下的一座小镇，讲授鬼谷子课程，我为那里淳朴的民风，恬静的风景所迷恋，触景生情地写下了一段心中的感受，也许其中有一些纵横家的体验，是以分享。

当他人耸立肩膀宛如巍峨高山时，

我是溪水，在山间冲出沟壑深谷；

当他人挥动拳头宛如坚硬顽石时，

我是水滴，在石上慢慢穿心而过；

当他人举起手臂宛如参天大树时，

我是细雨，在指间决定它的生命；

当他人挺起胸膛宛如万吨巨轮时，

我是浪花，载舟覆舟尽在掌控中；

愿他人是山、是石、是树、是船，

我永远是——水：

时而升腾太空，时而从天而降，

时而润泽大地，时而汇入海洋。

纵横捭阖天地间，上下求索在人寰。

第三，从现实需要讲。可能有人要问：为什么在这个时候搬出这个两千多年前的隐士——鬼谷子？鬼谷子智慧的现实意义究竟是什么呢？

这里，原因有三：

首先，我国古代，正是因为有了战国七雄的争战，才有了如今天下大统的中国。而实现中国统一的主要有功之臣，除了秦始皇之外，那些出将入相，为中国统一抛头颅、洒热血，叱咤疆场，纵横捭阖的志士，几乎都是鬼谷子的弟子，他们所采用的谋略，大都是鬼谷子的奇谋韬略。

其次，当代 WTO 国际商战与战国时期非常相似，前者是刀枪剑戟的拼杀，后者是经济文化的博弈。所以人们将当今世界的 WTO 商战称之为——后战国时代。因此，鬼谷子学说更具有强劲的应用价值。同时也得到了国际社会的广泛关注。

德国史学家、政治家斯宾格勒高度评价《鬼谷子》的谋略，并在其代表作品《西方的没落》中写道："鬼谷子的察人之明，对历史可能性的洞察以及对当时外交技巧（合纵连横的艺术）的掌握，必然使他成为当时最有影响的人物之一。"

美国前国务卿、长达半个世纪连续担任美国国家安全事务助理的基辛格博士，就是鬼谷子的研究专家。当他上任美国国务卿之时，他的老师斯宾格勒，送给他一本书，告诉他：掌握了这本书的智慧，就掌握了天下，就本书就是《鬼谷子》。在基辛格卸任时，他毫不隐讳地表示：从政期间，《鬼谷子》这本书，让他受益匪浅。

日本著名企业家大桥武夫，在《鬼谷子与经营谋略》一书中，挖掘鬼谷子在经济活动、商业谈判中的经营谋略，给企业领导者提供了中华国学智慧的营养。

《鬼谷子》一书在德国、美国、日本及东南亚各国都具有广泛影响。

2014 年 6 月，我去美国哈佛大学、加州大学演讲期间，有幸途经美国加州北部旧金山的硅谷工业区。那里是当今电子工业和计算机业的王国，计算机公司已达 1500 多家，拥有英特尔、惠普、朗讯、苹果等世界知名公司。

在与硅谷人交谈时，很自然地谈到了鬼谷子。令我惊喜的是，当地的硅谷人，常常借谐音把"硅谷"与"鬼谷"联系在一起。

他们说："硅谷"和"鬼谷"，这不仅仅是发音上的相似，硅谷许多科技富翁，尤其喜欢中国的"鬼谷子"。硅谷的怪才多，"鬼点子"也多。作为硅谷第一位华裔创业家李信麟，早在 1972 年，在硅谷未成型之时，就已在那里创立了"魔鬼系统"。

甚至连中国元代"鬼谷子下山图"青花瓷罐，都受到前所未有的热捧，创造了当时中国陶瓷工艺品国际拍卖的最高天价。那是 2005 年 7 月 12 日，在伦敦佳士德举行的"中国陶瓷、工艺精品及外销工艺品"拍卖会上，元代"鬼谷子下山图"青花瓷罐，以 1400 万英镑拍出，加佣金后为 1568.8 万英镑，折合人民币约 2.3 亿元，创下了中国艺术品在世界上的最高拍卖纪录。与此同时出土的元代青花瓷罐，仅仅是因为画面的人物不同，只卖到了百倍以下的价格。

再者，《孙子兵法》与《鬼谷子》并称为中国历史上最伟大的两部军事谋略著作。《孙子兵法》侧重于战略，理论性较强；《鬼谷子》侧重于战术，实战性较强。鬼谷子的战术，并不是简单"术"的层面，而是"术"中有"道"之"术"，可谓：道术结合。

古往今来，知《孙子兵法》者众，知《鬼谷子》者寡。因此智者多，圣人少。毛泽东、基辛格等国家领袖，都是既精通《孙子兵法》又擅长《鬼谷子》智慧的政治外交领袖，最终都获得了人生的成功。

回顾改革开放三十年中，我国市场经济和企业管理方面的情况：经济建设突飞猛进，市场经济空前发展，国力、财力、科学技术飞速发展，这些，世人有目共睹。然而，市场经济非常残酷，不给任何人留一点情面，使得一些在竞争中失利的企业及企业家纷纷落马，一蹶不振。

那么，究竟为什么：

有些企业名噪一时昙花一现？

有些企业家各领风骚三五年？

有些从政的官员高处不胜寒？

究其重要一点，就是他们缺乏中华国学智慧的修养，而过于急功近利，过于目光短浅，没有真正掌握当今从政经商、为人处事的谋略和规律。

那么，为什么有些企业在市场竞争中处乱不惊稳如泰山？有些企业家在商战博弈中闲庭信步稳操胜券？有些从政的官员在官场上纵横捭阖左右逢源？

具体地说，就是他们真正掌握了儒家的中庸仁爱，道家的无为而治，佛家的慈悲为怀，兵家的上兵伐谋，法家的唯才是举，墨家的兼爱非攻，商家的生财有道，纵横家的纵横捭阖，等等，这些在当今从政经商中不失为经典和精髓的智慧韬略。

第四，从市场出发来讲。俗话说：物以稀为贵，人以品为高。在国学复兴的时代，人们纷纷开始重温国学，传播国学，宣讲国学，国学受到教育工作者的热捧。

一时间众多讲师、专家、学者，蜂拥而至，讲儒家孔子、讲道家老子、讲佛家释迦牟尼，讲《论语》、讲《道德经》、讲《心经》、讲《弟子规》、讲唐诗宋词、讲四大名著、讲琴棋书画、讲诗词歌赋，等等。

在2005年，一次历时三天的"国学大讲堂"论坛上，我应组委会邀请，做论坛主持人。那次论坛可谓国学名家云集，专家荟萃，包括现今百余岁的国学大师文怀沙先生，现今86岁的中国教育艺术泰斗、国学大师李燕杰教授等几十位国学专家。

如此高规格的盛会，主办单位挑选主持人非常慎重，一再和我说："这次国学论坛非同小可，每一位演讲者都是国学大家，您的主持一定要体现国学风范。"

作为有着上千次各类主持经历的我来说，对主办单位的要求和担心非常理解；因为，一个会议的成功与否，主持人起着非常重要的作用。同时我认为，主办单位对我的千叮咛、万嘱咐也不为过。原因是：在我与主办单位的以往合作中，我所主持的会议和活动，大多是活跃、欢快、互动的居多，组委会以为这是我主持的唯一风格，所以倍加叮嘱。

但我心里想，国学正是我几十年如一日，时时修炼的文化，只是这些年一些人崇洋媚外，全盘西化的思想，抑制了国学的发扬，以致我从未公开讲过国学，甚至我的亲朋好友也不知道我的国学功底，组委会更不可能知道我对国学的酷爱与修炼，他们的担心也是顺理成章的。这就是国学提倡的厚积薄发。

论坛开始了，我一改常态，出人意料地惊堂木一拍，折叠扇一摇，以评书的表现方式，主持整个论坛。介绍每一位演讲者出场时，现场即兴一段开场诗；每一位演讲者演讲结束时，又即兴一段收尾诗。就这样第一天的主持，获得圆满成功，我的主持风格得到了与会者的高度认可。

晚餐时，问题出现了。一位讲师因年老体衰，突然患病，不能参加第二天的演讲。这样，第二天的论坛出现了一个空缺，谁来补这个缺？主办单位犯难了，临时找人来不及，即使来得及，也难以保证演讲人的国学功力。正在焦头烂额之际，文怀沙老先生指着我说："我们今天的主持人国学功底不凡，明天由他来临阵救场一定能胜任！"

此刻，我的老师李燕杰教授也说道："翟杰是我的大弟子，凭我对他的了解，他有能力担此重任。"

面对眼前两位国学大师的推荐与肯定，我内心喜悦，但又觉责任重大。主办单位负责人见此情景，更是欣喜若狂，好像得到了及时雨，马上决定：由我来做第二天的"替补队员"。

"替补队员"的问题解决了，演讲的内容又出现了麻烦——讲什么？

在场人纷纷说："不管讲什么，只要是国学内容就行，翟老师能把'空'填上就算帮我们的大忙了！"

只有我不这么认为。我想，既然是国学这么郑重严谨的论坛，只为"填空"，随便讲讲，那是有悖于国学精神的，更对不起先贤圣人关于一丝不苟、精益求精的教导。于是我说："我们用排除法来确定我明天的演讲主题吧，这道题虽然是一道'填空题'，但也不能随便'填'，多了这一分，也许论坛就增一分光彩，少了这一分，也许论坛就减一分光彩。"众人见我有如此治学精神，纷纷表示赞同。

于是，我拿出论坛程序表，一个一个地确认，一个一个地排查。儒家有人讲了，划掉；道家有人讲了，划掉；法家、佛家、诗经、乐府、楚辞、唐诗、宋词、元曲、三国演义、红楼梦、西游记，等等，几乎所有国学经典都有人讲了……这时，大家你看看我，我看看你，面面相觑，一时没了主意。

我沉思了片刻，说了一句话，使在场所有人都大吃一惊："鬼谷子没人讲，我讲鬼谷子可以吗？"

当我说完这句话，最先表态的是文怀沙老先生："翟杰，如果你讲鬼谷子，明天我一定来听！"接着，文老又对李燕杰教授欣喜地说："你的这位大弟子，国学功底深厚，非同小可呀！"

作为一名"替补队员"，临时接受了这道"填空题"，到家已经是晚上八点多钟，明天一大早六点就要赶赴会场，既要主持论坛，又要"替补演讲"，谈何容易！

当我坐在书房电脑前，才深深感到古人所说"书到用时方恨少，事非经身不知难"的深刻内涵。我清楚地知道，此刻，做任何准备是来不及的，只能靠平时的储备。

于是，我回忆以往的国学学习中，关于鬼谷子方面的积累和储备，又找来《鬼谷子》一书的原文，便开始了这次"替补队员"临阵磨枪的课件准备。从《鬼谷子》的第一篇，一直到第十七篇，不仅每篇都做了提纲挈领的说明，又引经据典地插入一些经典案例，并且每一篇的结尾，都用一首我根据宋代词牌填写的那首"准宋词"，也就是本书每一篇结尾的那首词。

为什么叫"准宋词"呢？因为，我当晚仅用四个小时填写的所谓"宋词"，没有完全按照宋词的严格要求，必须平仄、合辙押韵，而是顺口上口、用词达意准确即可。在这方面，我非常赞同开国领袖毛泽东和新文化运动旗手鲁迅先生，对填词阐述的观点：不必过于拘泥于格律，押大致相近的韵，朗朗上口，文辞达意即可。

第二天，我带着昨夜准备好的课件，既完成了主持的任务，又第一次登台讲授中国谋圣鬼谷子。这堂既偶然又必然的课程，我首创的评书式授课方式，得到了现场与会者的一致好评！

大约一个星期后，我的助理接到中共中央党校有关负责人电话，说有一个干部培训班，请我去讲《鬼谷子与从政经商智慧》这堂课，我如期赴约。本来是讲一堂课，校方根据学员的要求，又加了一堂课。从此，我便开始了传播鬼谷子智慧的职业生涯，至今，已经十年过去，可谓十年磨一剑。

第五，从猎奇心理讲。鬼谷子是一位千年隐士，神龙不见首尾，来无影，去无踪，生于何年，死于何处，至今无人详知。

仅仅鬼谷子的名字中的"鬼"字，就足以让人产生猎奇心和神秘感。加之历代民间传说，又给这位千古圣人披上了一件件神秘的面纱。

有的说，鬼谷子是王母娘娘的私生子，怀胎 36 个月才出生；有的说，他的母亲因为吃了一粒谷子而受孕，生下鬼谷子；还有的说，鬼谷子呼风唤雨，算卦天下第一，无不灵验；更有人说，鬼谷子活了一千多岁，唐朝名将薛仁贵的儿子——薛丁山还请鬼谷子看过病；电视剧《杨家将》中更有佘太君出征前请鬼谷子算卦这一幕，《西游记》第三十五回也描写了孙悟空向鬼谷子求签的情节，香港电视连续剧《上海滩》中也有鬼谷子卦摊，冯敬尧、许文强算命的画面……

凡此种种，五花八门，真假难辨，各执一说，莫衷一是，不可不信，不可全信。

俗话说：外行看热闹，内行看门道。鬼谷子满足了各类人的好奇心和猎奇心。

上述五点，就是我为什么研究鬼谷子，讲授鬼谷子，传播鬼谷子，打造鬼谷子文化产业的原因所在。

正如我创作的一首歌词所言：

爱无悔

我爱天，彩霞飞虹；我爱地，沉默无声；

我爱山，蜿蜒起伏；我爱水，清澈明净。
我爱天，电闪雷鸣；我爱地，草木皆兵；
我爱山，狼烟四起；我爱水，波涛汹涌。

我爱华夏，我的深情；我爱神州，我的信奉；
我爱炎黄，我的祖宗；我爱祖国，我的生命。

爱你无悔悔无爱，付出生命命永生。
爱你无悔悔无爱，付出生命命永生。

二、天津快板

鬼谷子

竹板这么一打呀，别的咱不谈，
谈一谈春秋战国，鬼谷子王蝉。

鬼谷子不姓鬼呀，他本名叫王蝉，
他晚年隐居在鬼谷岭，赛过神仙。

他传道又授徒哇，他智慧非凡，
他培养出了五百弟子，个个是好汉。

人们尊敬他呀，称他为鬼谷子，
他为中国大统一，披肝沥胆。

他从小就聪慧，悉心钻研，
认真研读《无字天书》，把握关键。

那《无字天书》，非同一般；

白天嘛字儿都没有，必须晚上看。

从政经商，外交谈判；
文韬武略样样有，谋略大全。

鬼谷子徒弟呀，有孙膑和庞涓，
二人共同来学习，就在一个班。

墨子作伯乐呀，他们先后都出山，
推荐他们去魏国，都把军师担。

孙膑技高一筹呀，常把上风占，
庞涓心眼儿小呀，他口蜜腹剑。

他阴谋陷害孙膑，处处暗算，
孙膑遭迫害呀，两腿致残。

鬼谷子知道后，他心烦意乱，
为了救出孙膑，他亲自下了山。

在墨子的帮助下，孙膑逃到济南，
这一段历史故事，刻在了青花罐。

这个青花罐，叫鬼谷子下山，
国际拍卖最高价，两亿三千万！

孙膑逃到齐国呀，立誓报仇冤，
马陵之战杀庞涓，让他万箭穿。

孙庞斗智，一死又一残；

统一大业未完成，只因报私怨。

鬼谷子王蝉，他痛在心里边，
武力相拼求统一，计划未实现。

穷则要思变哪，调整方案，
经过反复思索后，有了新篇。

武力来治国呀，生灵遭涂炭，
你死我活两相斗，百姓受灾难。

文韬促统一呀，和平谈判，
于是派出了苏秦，合纵六国间。

苏秦这个人哪，真是不简单，
六国大权一人握，相印挎腰间。

秦国畏惧他，不敢越函谷关，
势均力敌不相扰，各自占半边。

鬼谷子见此情，心里不舒坦，
"两个中国"怎么行？必须大团圆。

又派出张仪，连横策略搬，
运用远攻近交策，把合纵拆散。

各个击破，左右逢源，
六国联盟被瓦解，曙光在前面。

可远攻近交策，出现了新困难，

刚刚攻下几座城，转眼又还原。

你来我就往啊，形成了拉锯战，
得而复失真头痛，事倍功半。

鬼谷子一看，仔细再盘算，
必须再派一个人，把张仪来替换。

派谁最好呢？想了大半天，
认为范雎深谋远虑，能把任务担。

范雎一出山哪，形势大改变，
远交近攻的策略，与张仪正相反。

历史到这里，出现了新局面，
秦国终于统一华夏，中华大团圆。

回顾历史，总结经验，
鬼谷智慧给我们，树立了典范。

民族要复兴，中国梦实现，
鬼谷文化要弘扬，大家齐争先。

鬼谷电视剧呀，鬼谷子书院，
鬼谷手表鬼谷酒，鬼谷子文化园。

现在到这里呀，故事已讲完，
若要了解更详细，翟杰再讲演。

2015 年 7 月 20 日　纽约

附录

三、快板书

鬼谷子

天地纵，江河横，

沧海桑田人为中；

春秋雨，战国风，

炎黄后裔尽英雄；

上下求索天地间，

左右逢源任驰骋；

方圆世界巧博弈，

黑白人伦斗智勇；

为求天下大一统，

千古绝唱论——纵——横！

咱们说纵横，是论纵横，

诸子百家他最行；

统一中国是秦始皇，

可冲锋陷阵，出将入相，前赴后继的五百位精英，

他们都是鬼谷子的好学生。

（白）鬼谷子是谁呀？有姓鬼的吗？

您还真别说：中国历史上，还真没有这个姓，

其实呀，鬼谷子他本姓王，

王蝉，才是他真正的姓和名。

（白）这人怎么起了这么个稀奇古怪的名？

要问这，请您听我慢慢给您说分明：

我们的开国领袖毛泽东，

对鬼谷子的研究最精通；

（白）他说道："鬼谷是个地方，出了个先生，所以就叫鬼谷先生。"

（白）意思是说：鬼谷子这个名字，是由地名而得来。

因为他隐居在鬼谷岭，著书立说，传道授徒，

是个老师，所以人们尊称他为：鬼谷子。

鬼谷子，鬼谷子，

他培养了时代精英五百名，

这里有：孙膑庞涓司马错，

还有苏秦张仪和吕耕，

毛遂徐福尉缭子，

还有范雎翟璜和茅蒙，

正是这五百弟子精英群，

他们抛头颅，洒热血，连横合纵，纵横驰骋，

才成就了千古一帝的秦嬴政。

话说那是在公元前，

战国七雄频征战；

秦楚燕齐韩赵魏，

七个国家，把那百年争霸战火燃；

民不聊生山河碎，

黎民百姓遭涂炭。

鬼谷子，看在眼，

心中急如烈火燃；

如何拯救我华夏，

要让中华统一，人民大团圆。

国要强，民要安，

培养人才是关键；

神秘鬼谷办军校，

培养了首批弟子孙膑和庞涓。

鬼谷子，细盘算，
孙膑庞涓毕业要出山；
决定让他们去魏国，
得找个猎头公司来推荐；
多年的好友叫墨翟，
主动把伯乐的角色来承担。

再说孙膑和庞涓，
到了魏国，二人共事，
孙膑总把那上风占；
庞涓羡慕嫉妒恨，
设阴谋迫害孙膑使他双腿残。

鬼谷子看到这个局面，
两朵愁云飘在那眉宇间；
他马上带领苏秦的弟弟叫苏代，
怀揣锦囊妙计，星夜下山；
在墨子和翟谷的帮助下，
救出了孙膑，把他护送到了济南。

孙膑逃到齐国后，
把庞涓的一箭之仇刻心间；
在马陵交战的过程中，
巧用鬼谷子的摩意术，
将庞涓大槐树下万箭穿。

鬼谷子，泪涟涟，
慨叹孙庞不作脸；
培养你们为的是干大事，
可是你们不顾大局结私怨；

两败俱伤，把统一的大业抛在一边。

（白）嗨！不成器的弟子呀！

你们哪知道：老师我统一中华的大宏愿！

鬼谷子，泪擦干，

制定了培养人才的新方案；

苏秦张仪是好材料，

胜过那不顾大局的孙膑和庞涓；

冤冤相报何时了，

莫让那一死一伤的悲剧再重演。

咱们说苏秦，那可不一般，

勤学苦读巧钻研；

他每次读书都把那尖尖的锥子带在身边，

为的是挑灯夜读犯困倦，

（白）困了怎么办？

困了就拿锥子扎向自己的大腿间！

（白）用现在的话说，那就叫自残。

不然的话，怎么会有"锥刺股"的名言万代传。

苏秦学业有成毕了业，

就要告别老师，只身下山；

鬼谷子秘密传授合纵术，

让他联合六国，

凭借智慧依靠谈判来斡旋；

苏秦果然不负老师的期望，

联合六国共同来抗秦，

还出任了六个国家的首相官。

在苏秦合纵联盟的抵御下，

那秦国连续十五年，

他一步也没敢越过函谷关。

再说秦惠王，他是真遗憾，

经常独自一人在宫中长吁短叹：

当年苏秦曾经十次来求见，

都怪我有眼无珠，有珠无眼，

送上门的人才我把他冷淡，

现在可倒好，

就是这个苏秦和我在作对，

搞得我一国对六国，

一筹莫展，举步维艰；

长此这样下去，

何时才能横扫天下，

一统江山？

面对即将形成"两个中国"分裂的局面，

鬼谷子谨思索，再盘算，

一条妙计藏心间；

既然苏秦江郎才已尽，

又把那张仪叫到他身边：

"你去投靠苏秦师兄，

谋个一官半职求发展。

我已给他写了一封信，

让他盛情把你来接见。"

（白）谢师父！

那张仪，谨遵师命，

晓行夜宿一路走得欢，

满怀希望去把他的师兄苏秦见。

可是苏秦见了张仪的面，

没有好话反倒给冷眼。

（白）"下面是谁呀？来我这里有何贵干？"

噢！这大大出乎张仪的预见：

怎么当了官的人脾气，

就像那孙猴子的脸，说变他就变！

（白）哎？转念又一想：不会呀！

老师已给苏秦写了信，

他不看僧面，也要看佛面！

（白）对了！人家现在是六国首相，

相当于现在的联合国秘书长。

无非他是做做样子给人看。

想到这儿，张仪的心情得到了平缓：

（白）"在下张仪，拜见苏相国，

愿求一职。你我师兄共同来发展。"

（白）"张仪，你的能力不在我之下，

怎么混到今天，还是这样惨？"

"啊！"

"看看你，衣衫褴褛，蓬头垢面，

就像那落汤鸡一般；

听说你还借着我的名，

欠了酒店很多钱。"

"我！"

苏秦的一番话出口，

可让张仪丢人又现眼，

一时不知说啥好，

瞠目结舌，哑口无言，

进退维谷，左右为难；

本来高高兴兴欢欢喜喜乐乐呵呵投奔苏仁兄，

没想到，却遭他百般奚落，让人无颜面。

（白）张仪这个气呀！

他一气之下回到酒店，

收拾行囊就要回家转；

忽然间，上来几个大汉把路拦：

（白）张先生，我们已经听说了，

你被苏相国赶出来了，

不结完账就别想走，

本店概不受赊欠。

"啊！"

张仪此时难上难，

真个是：一文钱难倒堂堂七尺的英雄汉！

后悔不该来这里，

都是那可恶的苏秦把我来欺骗！

双方正在纠缠间，

来了一个过路人，

亮开嗓子高声喊：

（白）什么事？什么事？不就一点钱吗？

欠了多少我来还！

噢！半道杀出个程咬金，

一身豪气，赛过那行侠仗义的绿林好汉！

他迅速结完账，

把张仪来规劝：

"你的苏仁兄，

官升脾气变，

要报此仇并不难，

去到秦国和他对着干。"

张仪说："感谢您的好情义，

要去秦国没人推荐少盘缠。"

（白）"张先生，

如果您要有意愿，

一切事情都由我来办！"

（白）"哎呀！这位大人，您可太好了！

留个姓名，日后我加倍来偿还。"
（白）"我的名字叫贾舍人，
我是路见不平，拔刀相见！"

长话短说，一个月后，
二人来到秦国的地盘，
先把那馆驿安排好，
贾舍人便每天起早贪黑，
为张仪去跑官。
（白）啊！敢情那时候就有跑官这一说！

再说秦惠王，独自正犯难，
听说张仪要求见，
这可把他乐颠了馅儿；
（白）"真是天助我也呀！
还是苍天有眼！
昔日我失去了一个苏秦，
今天又来了一个张仪，
他们都是鬼谷子的得意门生，
水平上下应该差不了多远。见！"

张仪见了秦王的面，
连横策略尽展现，
远攻近交成霸业，
听得秦王笑开颜。
笑开颜，笑开颜，
张仪已把那脚跟站，
正要回报贾舍人，
贾舍人一旁开了言：
"别谢我，莫谈钱，

这其中一切的一切，

都是您的师兄苏秦让我来经办，

我的任务已完成，

明天就要把家还。"

啊？唉！

闻听此话张仪真汗颜，

老师的计谋实在太高远；

明明这是忤合术，

可是我却没有把它来看穿，

这都是老师对我的厚爱，

苏秦师兄，他也牺牲自己把我来成全。

这张仪，不简单，

两次出任秦国的首相官；

运用老师的连横术，

把合纵的国家一个一个都拆散，

为秦国统一打下了坚实的基础，

开创了统一中国的新局面。

长话短说到后面，

张仪的远攻近交又遇新困难：

虽然攻下了座座城，

可是鞭长莫及，难以掌管，

过了几日城又失，

还是人家的地盘。

看来远攻近交有缺陷，

还要再派一个人，

去接张仪那个班。

鬼谷子，经过仔细的推算，

使出了他的收官棋子解疑难；

这个人的名字叫范睢，

他深谋远虑，可非同一般，

他与张仪正相反，

运用远交近攻的策略，

终于帮助秦国完成统一大业，平定中原。

就这样，在鬼谷子的统领下，

他的五百弟子刀枪剑戟，唇枪舌剑，前赴后继，百年征战，

让鬼谷子的阴阳五行之谋略，

得以最后实现。

这正是：

鬼谷智慧高于天，

纵横捭阖尽逢源，

五百弟子成大业，

五位精英定坤乾，

五湖四海大一统，

大秦帝国定——江——山！

看今朝，我华夏，

鬼谷文化开新花；

鬼谷书，鬼谷画，

鬼谷箱包走天涯；

鬼谷酒，鬼谷壶，

鬼谷扑克赢万家；

传播鬼谷子文化，

让鬼谷子智慧振兴我们的大中华！

2015 年 7 月　纽约

好书是俊杰之士的心血，智读汇为您精选上品好书

亲爱的读者朋友：

我们倡导学以致用、知行合一，特别推出互联网时代学习与成长的"三个一工程"——一书一课一社群。

1. 关注智读汇书友订阅号，回复试读本编号，即可阅读试读本。

2. 所有"智读汇·名师书苑"的精品图书背后，都有老师精品课程值得关注。希望到课堂现场聆听作者的智慧分享，请与我们联系。愿我们共同分享阅读、学习和成长的乐趣！

试读本编号	书名	作者	简介	定价（元）
005	不可思议的潜能	张钦源	本书对潜能进行了综合阐述，帮助希望走向成功的人走向成功。	38.00
006	决不管理	施淇丰	书中内容来自一线，作者一针见血地分享了"唯有团队才能成就伟大公司"的独家秘籍！	38.00
007	让青春在店铺中闪光	姚慧连	第一本真正改变中国门店终端不负责心态、打工者心态的智慧宝典。中国门店终端80后、90后店员美好人生规划书！	38.00
008	我看见了你：都市身心灵觉知课	杨新明	本书是第一本对电影《阿凡达》的权威解读。詹姆斯·卡梅隆将他自己觉悟的灵性思想告诉全世界。	38.00
009	有料：舌尖上的智慧，魅力领袖的说话之道	杨 斌	本书通过三篇教你如何成为口才达人：第一篇"取料"，第二篇"倒料"，第三篇"加料"。	39.00
010	花开的感觉	王莲宇	本书分三卷，是作者对生命意义的一些领悟，以期给读者的心灵带去引导与教益，在生命修行的路途中共同绽放。	48.00
011	教导型组织（最新版）	侯志奎	本书根据"教导模式"课程而来，至今已风靡近十年，影响波及东南亚，改变了数十万人的命运。	39.00
012	赢在薪酬	郑指梁 范 平	从战略、匹配、绩效、实操和工具五个层次，全面解读成功企业高效率薪酬体系设计！	45.00
013	这样开店赚翻天	刘俭文 杨 敬	书中每一个案例都源自于终端门店的第一线，每一种方法都经过门店一线员工的亲身检验，可谓是经营连锁裤装品牌必读宝典。	38.00
014	精英：未曾选择的路	星 辰	吹糠见米，为你详尽解读精英阶层走向成功的思维力、关系力和行动力！	39.80
015	解密 HRBP 发展与体系构建	徐升华	中国 HRBP 界第一本书，国际人力资源顶级大师 Dave Ulrich 鼎力推荐！	49.80
016	绩效增长：向绩效管理要利润的中国实践	江竹兵	本书已有 5000 多家企业学习，400000 名学员见证，解读行动成功王牌课程"绩效增长模式"！	49.80
017	让生命绽放	侯志奎	作者谈人生、谈事业、谈成功，向我们展示了一个充满灵性的生命旅程，具有思想启迪与行动指导意义。	45.00
018	成交宝典	汪 明	本书共 5 章，作者将为大家破解成为公众行销成交高手的秘密。书后附有学员见证和成交宝典 50 条语录。	39.80
019	走在梦想的路上	王鹏程	本书以小说生动细腻的笔触 + 专业的职业生涯指导，写就一部毕业十年最感人职场与爱情双丰收励志小说！	39.80
020	南聊：南柏智慧箴言	南 柏	央视百家讲坛大咖鲍鹏山、韩田鹿、郦波联袂推荐，已使成千上万企业家学员受益！	45.00
021	支点 撬动企业快速成长的黄金法则	李 骁	作者系统研究和借鉴现代管理营销，创新地提炼出了"支点理论"，并系统地阐述了其方法和运用法则！	45.00
022	培训进化论	张立志	本书融合 5 家企业大学案例，凝练 10 个学习设计模型，归纳 80 个实战工具图表。最实效的培训必读书！	49.90
023	精解 HRBP 实战案例·工具与方案	徐升华	《解密 HRBP 发展与体系构建》姊妹篇，更多实战案例、工具与方案，传统 HR 向 HRBP 转型必备工具书！	49.80
024	好预算定乾坤	方 岚	以对小说细节精刻求精画的匠心及作者二十多年的专业和权威，详解全面预算管理基本理论、实操细节、执行要点！	45.00
025	新三板市值管理	施淇丰 王 凯	新三板市值管理第一本书！已（拟）挂牌企业、券商、投资公司、基金公司、中小企业局新三板市值管理必备书！	68.00

"智读汇·名师书苑"系列精品图书诚征优质书稿

智读汇创意出版中心以"内容+"为核心理念的教育图书出版平台，与出版社及社会各界强强联手，整合一流的内容资源，多年来在业内享有良好的信誉和口碑。现为《培训》杂志理事单位，《中国培训》2017年"我是好讲师""我有好课程"活动图书出版支持单位。

向致力于为中国企业发展奉献智慧，提供培训与咨询的培训师、咨询师诚征优质书稿。同时兼顾讲师品牌及课程价值塑造相关的音像光盘、微电影、电视讲座等。

咨询热线：021-61175958　13816981508（兼微信）

试读本编号	书名	作者	简介	定价（元）
026	全景营销	潘多英	本书大量实操性的工具、方法，都来源于一线实践，可以帮助系统思考、掌握工具，全面提升理论和操作素养。	49.90
027	掘金母婴店	王 同	本书为母婴店开店选址、组货、与供应商合作、门店业绩等方方面面提供了翔实而有效的指导。	49.90
028	培训的力量	许盛华	培训为何以需求为导向，以及如何进行量化管理，本书有答案、有工具。这是互联网+时代培训管理与创新必备指南。	58.00
029	秒懂逻辑	李伟希	本书从逻辑的起点开始，到形式逻辑的三大基本规律、三大基本推理，再到19种逻辑谬误等概念浅近直白地呈现出来。	49.90
030	案例即本质：工业品营销实战案例精解	丁兴良	本书所表述的是实际营销工作中攻与守的应对之策，对营销工作的日后开展具有一定的启迪和借鉴意义。	59.00
031	营销总监成长记	闫治民	本书从业绩、管理方面，阐述了营销人如何从菜鸟到高手，展示了营销人的成长风采。	49.90
032	掘金网络大电影	林 凯 谌秀峰	爱奇艺创始人、CEO 龚宇隆重推荐！一本书读懂网络大电影创意策划、融资建组、拍摄剪辑、宣发上线的秘籍。	42.00
033	搞定不确定：行动学习给你答案	石 鑫	通过案例和理论相结合的方式进行全景式的深度解剖和分析。案例丰富，分析透彻。	49.90
034	横渡，不一样的人生	史振钧等	一本描写那些徒手横渡琼州海峡的牛人们的励志书，是献给横渡爱好者、游泳爱好者、运动爱好者们的礼物。	49.90
035	灵魂有血性的男人	徐利伟	他的卓越，让他成为世界第一名的销售大师乔·吉拉德唯一亲自颁发自己随身佩戴的NO.1勋章的顶尖销售大师！	49.90
036	地产喧嚣十八年	曹春尧	编年体房地产当代史书，历史泼墨中面和点、线勾勒，翔实、简洁共容，人物与政策、事件联通，缘由、经过和结果贯穿。	68.00
037	向3M学创新	梁家广 甘德林	这是一本向3M光辉创新历史致敬的书，也是作者为回归创新初心而写的作品。	49.90
038	为自己代言：魅力演说的终极心法	杨 林	本书通过演说智慧、销讲智慧、导师智慧、领袖智慧帮助企业家提高演讲水平，更好地"为自己代言"。	45.00
040	赢销特种兵	萧金城	精心提炼19条业绩倍增实战宝典，营销本质一看就懂；匠心设计19道业绩倍增思考练习，能力提升一学就会。	49.80
041	阿米巴经营领先之道	宗英涛	本书是一个阿米巴经营顾问的咨询感悟，一本中国企业阿米巴经营落地教材，一把打开阿米巴经营宝库的金钥匙。	59.90
042	金融战争的奥秘	田 凯	金融爱好者的知乎宝典，金融从业者的头条秘籍，一本书读懂金融战争背后的金融学。	59.90

＊ 更多试读本尽在智读汇书友订阅号。

关注智读汇书友公众号，好书不断，福利连连

智读汇书友公众号

1. 好书周周送
2. 精选推荐书单
3. 精彩内容抢先读
4. 获赠作者签名本
5. 其他意外惊喜

购书通道

智读汇书友淘宝店

智读汇书友微店